U0154484

東吳大學政治學系國會研究系列

國會立法與國會監督

黃秀端 ◆ 主編

盛杏湲、蔡韻竹、陳進郁、林瓊珠、許恒禎、
吳志中、廖達琪、陳月卿、黃秀端、邱禹捷、
陳耀祥、陳鴻章、宋秉仁 ◆ 著

五南圖書出版公司 印行

序言

　　《國會立法與國會監督》是東吳大學政治學系國會研究系列第四本專書。第一本專書為《黨政關係與國會運作》，第二本為《轉型中行政與立法的關係》，第三本為《認識立法院》。每一本專書皆是本系國會研究中心的精心規劃與製作。為了堅持論文的品質，本書所有的文章皆經過雙向匿名外審，文章經過多次的修改終於完成，得以出版。

　　本書共有十篇文章，三大部分，第一部分主要焦點放在立法院內的立法行為，包括立法成功的因素、是否有極化現象、立委的論述框架是否受選區影響。第二部分牽涉到國會對行政部門的監督與制衡，並進行跨國的比較，包括台灣、波蘭、斯洛伐克、法國等國之比較。第三部分則是外部對國會的監督，包括要求黨團協商透明化，也包括公督盟對立法委員評估的各種指標對立委的影響。

　　第一章為盛杏湲的「立法委員立法成功表現的影響因素」，探討立委的立法成敗是僅被動的決定於立法院中的立法生態或政黨競爭，或是立委可以因本身的條件與努力，如擔任召委、程委、黨鞭、年資、積極提案、願意花時間在立法院、在委員會建立資深專業性等，使立法成功的機會提高。該研究以第二屆到第七屆的立委為分析對象，結果顯示：立法院的政治生態與政黨競爭對立委之立法表現雖然有影響力，但立委本身的條件與努力，對法案成敗亦有重要的影響。

　　立法院內政黨的競爭是否有極化的趨勢，是國人所關心，也是政治學者所關心的議題。第二章蔡韻竹的「同中求異？政黨在記名表決中的形式與實質對立」，探討政黨在表決立場上的壁壘分明、高度對立，是否如外界所認為已經進入一個兩黨惡鬥甚至極化的階段。該文發現兩黨在實質主張上的距離並非外界想像那麼嚴重極化。該文由記名表決的內容和結果來觀察，發現兩黨儘管看似競爭對立、處處衝突不斷，但在法案立場上，絕大多數實質差異不大。主要政黨因「求異」與「求同」的雙重動機，使得政黨在表決中的形式對立程度高於法案主張上的實質對立。形式對立程度的高張，是政黨政治和選票算計、品牌區隔的考量結果。

　　第三章陳進郁的「立法委員論述框架與選區的關係：以老農津貼及軍公教優惠存款的修法為例」，則從立委在立法院的發言來觀察立委與他的選區及政黨之間的關係，並以老農津貼及軍公教優惠存款為例。立委連任需要鞏固其基本票源，因此必須重視選區意見，立法議題若與選區相關，立委必須表達立場，以便向選區選民交代。另外，立委需要政黨提名，必須支持黨的政策。選區考量與所屬政黨立場皆會影響立委審議法案的論述框架，在兩者意見一致時，立委可以積極的論述。然而，若在選區利益與所屬政黨立場明顯衝突時，便成為立委抉擇之難題，如國民黨農業區立委面對國民黨執政時擬刪減老農津貼的請領人數，此時，國民黨農業區立委須面對自己選民可能被剝奪利益的狀況，其論述框架選擇以選區意見為優先考量。作者發現，針對重要議題，立委審議法案的論述，常隱含框架立場，而此論述框架的建構，則以他的選區考量最為關鍵。

　　第四章林瓊珠的「政黨能力形象和國會表現滿意度」一文檢視政黨能力形象對立法院表現滿意度的影響。該文分析的資料以台灣選舉與民主化調查2012年總統和立委選舉的面訪結果。該文發現認為國民黨能力較佳的民眾（當時執政的為國民黨），給予立法院過去四年表現較高的評價，同

時滿意馬英九當總統表現的民眾，也給予立法院表現較高的評價。政治效能感愈高的民眾也愈滿意立法院的表現，而政治知識愈高的民眾則愈不滿意立法院的表現。民進黨認同者有愈高的政治知識，愈不滿意立法院的表現，但國民黨認同者，政治知識高低無顯著差異。政黨認同愈強烈，其選擇性消化或扭曲資訊以符合其黨派認同的想法的程度愈高，是以，弱民進黨認同者，因黨派意識較不強烈和不穩定，對國民黨的評價或喜歡度都比強民進黨認同者高。

第二部分牽涉到國會對行政部門的監督與制衡，並進行跨國的比較，許恒禎比較台灣、波蘭與斯洛伐克三個國家；吳志中探討法國；廖達琪、陳月卿比較台灣立法院與法國國民議會。

許恒禎首先從不信任案權、質詢權、對新任總理的信任投票，比較台灣、波蘭與斯洛伐克三國國會對總理的監督制衡。接著再從罷免、彈劾、反否決權、對總理的人事權，來比較三國的國會監督總統之權。

吳志中一文探討法國國會多重職務的演變，該制度之改變一方面希望地方的政治人物能夠專職處理地方愈來愈繁雜的政治事務，並將更多職務開放給不同的人，而不是僅集中於少數菁英。更重要的是，強化法國國會的角色，讓國會發揮監督政府的力量。過去，國會議員的地方事務占據議員大部分的時間，使得法國國會無法完全發揮其在三權分立精神中應該扮演的角色。

廖達琪、陳月卿比較半總統制下的台灣立法院與法國國民議會的國會監督實際作為，並以「退撫」、「軍購」及「核電」三議題進行分析。該研究參考Polsby的光譜概念，將國會的監督方式以兩種極端類型作為光譜的兩端，光譜的兩端分別是表演傾向與實作傾向。其研究發現：台灣立法院在三個議題上，都展現使用「表演傾向」強的監督作為，尤其是「口頭

質詢」的行使頻率，貫穿三議題遠高於法國國民議會的行使情形，其次是「法律提案」，立法院也相對行使較積極；至於法國國民議會，則整體展現較強的「實作傾向」監督作為，除了「委員會聽證」及「研究報告」這兩項遠較立法院行使得多，在「委員會審查」及「院會審查」這兩項也較具「實作傾向」的監督作為。

第八章黃秀端與邱禹捷的「公民監督國會對立委行為之影響：以公督盟的評鑑為例」則觀察外部的民間團體對國會的監督，並把焦點放在長期對立法院進行監督的社團法人公民監督國會聯盟（簡稱公督盟）。公督盟自2007年成立以來，每一會期皆公布評鑑結果，慢慢形成對立法委員的壓力。該文觀察公督盟評鑑指標變化的情形並檢視指標變動是否影響立委行為。這些改變包括：對委員會質詢的計算、對提案筆數設限和現場直播之效應等。他們發現立委確實愈來愈重視評鑑的結果，而隨著指標的改變，立委的行為也會做調整。

陳耀祥的「論國會資訊公開制度：以立法院黨團協商之公開為例」從政府資訊公開的憲政基礎，來論證國會資訊公開為政府資訊公開制度之一環，是建立「透明政府」與落實「民主課責」的必要制度。立法院為政府資訊公開之義務主體，自然須依政府資訊公開法或立法院職權行使法等規定主動公開或應人民申請提供各項立法相關資訊，包括「黨團協商」之內容。

最後一章為陳鴻章與宋秉仁之「誰來監督監督者：以檢察總長任命的國會授權與監督為例」探討一個被期待能夠讓檢察總長超然獨立，特別偵查組可以專司重大案件的制度變革，在經歷十年左右的運作，為何不但沒有如當初所預期，反而留下遭到監察院彈劾請辭的陳聰明檢察總長、官司纏身的黃世銘檢察總長。

　　作者很詳細的分析與比較2006年法院組織法修改前後，所呈現的制度結構差異。作者認為檢察總長在此次制度變革中，權力獲得大幅度擴張，掌握有特偵組，同時也可以影響檢察人事，除了國會的同意權行使外，制度上沒有相關配套機制，可以在實質上相對應的節制檢察總長的權力。研究發現，立法院聯席委員會檢察總長被提名人的資格審查，是一個形式意義大於實質意義的過程，無法期待立法院會是一個適格的監督者。

　　本書的出版要感謝這十三位作者的參與，沒有他們的寫稿，自然就沒有這本書。另外，也要感謝所有審查者的用心審查，讓我們有機會提升文章內容品質。再來，系上同仁對國會研究中心以及研討會的支持與共同努力亦是本書出版之動力。當然也要感謝我的助理高韻茹與牟筱雯的協助校對與各種行政協助。對於五南圖書出版公司多年來對本系的支持，願意持續協助本系出版國會研究系列叢書亦是由衷的感激。同時，也對於該公司編輯的專業感到佩服。

　　最後，再度要感謝東吳政治學系66級大學長，也是富蘭克林證券投資顧問股份有限公司的亞洲地區總裁劉吉人先生的慷慨解囊，提供本書的論文審查費用、校對之工讀費及其他相關費用，讓本書得以順利出版。

黃秀端

於外雙溪

2019/02/28

目錄

序言

◼ 第一章　立法委員立法成功表現的影響因素 / 盛杏湲 1

壹、前言　　　　　　　　　　　　　　　　　 1

貳、文獻檢閱　　　　　　　　　　　　　　　 2

參、影響立委立法成功的因素　　　　　　　　 8

肆、模型估計與研究發現　　　　　　　　　　 12

伍、結論　　　　　　　　　　　　　　　　　 23

◼ 第二章　同中求異？政黨在記名表決中的形式

　　　　　與實質對立 / 蔡韻竹 31

壹、前言　　　　　　　　　　　　　　　　　 31

貳、文獻檢閱　　　　　　　　　　　　　　　 33

參、同中求異的行動策略　　　　　　　　　　 43

肆、研究設計與方法　　　　　　　　　　　　 47

伍、資料分析　　　　　　　　　　　　　　　 53

陸、結論　　　　　　　　　　　　　　　　　 62

📖 **第三章　立法委員論述框架與選區的關係：以老農津貼**

及軍公教優惠存款的修法為例 / 陳進郁 **71**

　壹、前言　　　　　　　　　　　　　　　　　　　　71

　貳、隱含立場的論述框架　　　　　　　　　　　　　73

　參、立委的選區屬性　　　　　　　　　　　　　　　77

　肆、老農津貼的修法案例　　　　　　　　　　　　　81

　伍、軍公教優惠存款的修法案例　　　　　　　　　　88

　陸、結論：選區考量影響論述框架　　　　　　　　　92

📖 **第四章　政黨能力形象和國會表現滿意度** / 林瓊珠 **97**

　壹、前言　　　　　　　　　　　　　　　　　　　　97

　貳、國會滿意度和政黨能力相關文獻檢閱討論　　　　99

　參、資料來源、變數建構和研究方法　　　　　　　103

　肆、實證分析　　　　　　　　　　　　　　　　　106

　伍、結語和討論　　　　　　　　　　　　　　　　117

📖 **第五章　半總統制下國會的監督與制衡權：台灣、波蘭與**

斯洛伐克的憲法設計比較 / 許恒禎 **127**

　壹、前言　　　　　　　　　　　　　　　　　　　127

　貳、國會對總理監督制衡之權　　　　　　　　　　131

　參、國會監督制衡總統之權　　　　　　　　　　　137

　肆、結語：半總統制國會監督制衡型態的追尋　　　140

📖 **第六章　法國半總統制下國會制度之探討：以多重委任政治**

職務（Dual mandate / Cumul des mandats）的

改革為例 / 吳志中 **147**

　壹、前言　　　　　　　　　　　　　　　　　　　148

　貳、法國多重政治職務制度的形成原因研究　　　　149

參、國會議員多重委任政治職務的現狀　152

肆、國會議員多重政治職務制度對法國政治制度
的影響以及改革　157

伍、與他國的比較：歐洲各國國會的多重政治職務　163

陸、結論：法國半總統制的改革　171

第七章　半總統制下國會監督實際作為之初探：台灣立
法院與法國國民議會之比較／廖達琪、陳月卿 177

壹、前言　177

貳、理論及實證回顧　183

參、研究設計及方法　190

肆、議題案例之解析及評估　201

伍、結論　206

第八章　公民監督國會對立委行為之影響：以公督盟
的評鑑為例／黃秀端、邱禹捷 223

壹、前言　223

貳、公民團體對國會的監督　224

參、國外對國會監督的相關團體與文獻　227

肆、對國會的監督是否會影響國會議員的行為？　229

伍、公督盟評鑑指標變化　232

陸、指標變化與立委行為　238

柒、結論　245

第九章　論國會資訊公開制度：以立法院黨團協商
之公開為例／陳耀祥 253

壹、前言　253

貳、政府資訊公開之憲法基礎　254

參、國會資訊公開之義務　　　　　　　　　　257

肆、黨團協商內容為資訊公開之標的　　　　263

伍、結論　　　　　　　　　　　　　　　　268

■ 第十章　誰來監督監督者：以檢察總長任命的國會授權

與監督為例／陳鴻章、宋秉仁 271

壹、前言　　　　　　　　　　　　　　　　271

貳、檢察司法獨立與課責　　　　　　　　　272

參、司法檢察類型與資料蒐集　　　　　　　275

肆、2006年法院組織法修法前後的制度差異　279

伍、特偵組的組成　　　　　　　　　　　　284

陸、「誰是檢察總長」、「檢察總長是誰」　291

柒、結論　　　　　　　　　　　　　　　　307

第一章
立法委員立法成功表現的影響因素

盛杏湲[*]

壹、前言

　　民主轉型之後的台灣，立法院脫去橡皮圖章的角色，立法委員逐漸積極自主的參與立法過程，其中一個重要的現象是立委個人對法律提案的踴躍。在1989年之前，立委提案僅占不到所有法律提案的10%；在1990年至1992年之間，立委個人提案提升到近五成；全面改選之後的第二屆立法院，立委的提案更高達所有法律提案的七成五。每位立委的提案數也從1980年代之前的一個會期平均不到一個，提升到第五屆時一個會期平均3.7個，到第七屆時提升到10.5個（盛杏湲，2014a），到第八屆時立委提案更大幅飆升到一個會期超過30個以上（黃莉婷，2013：19）。有關於何以立委有提案的動機與行為，過去的研究已經提供我們一些答案，然而對於這些為數甚眾的立委個人提案最終是否會成為法律，以及究竟哪些立委比較能夠讓立法通過，相關的研究較為有限。

　　國內對於立法成敗的研究，最主要聚焦在提案或法案層次的立法成敗上，這些研究諸如分立政府是否會造成立法的滯塞、行政部門或立法部門對立法成功的影響力、提案類型對立法成功的影響等等。至於對於立委層次的立法表現的研究，大多僅止於關注立委提案的多寡、提案的種類與影響立委提案的原因，這些研究雖然都觸及立委的提案行為，但是對於立

*　本研究感謝科技部經費補助，計畫名稱為「立法成功的邏輯」（計畫編號：MOST 102-2410-H-004-130-MYZ），作者感謝陳宏銘教授於研討會時的評論與指正，以及兩位匿名評審者的指正。

委提案之後，是否會進一步努力以促成立法通過，則較少探討。如此一來，對於我國立法政治的理解仍舊留下未解的疑問，筆者認為對於我國立委立法表現的理解，不能夠只停留在立法提案的階段，而必須更進一步去探討，立委提案之後是否會進一步去努力，以及之後造成的果效（成功或不成功），如此方能對我國立法政治做全面的理解。本研究具體的研究問題在於：究竟立委的立法成敗是受到哪些因素的影響？是僅被動的決定於立法院中既有的立法生態或政黨競爭？還是立委可以因為本身的條件與努力，如擔任召委、程委、黨鞭、年資、積極提案、願意花時間在立法院、在委員會建立資深專業性等，而使立法成功的機會提高？

　　本研究以第二屆到第七屆的立委為分析對象，研究顯示：立法院的政治生態與政黨競爭對立委個人立法表現的影響雖然有影響力，但立委本身的條件與努力，才是影響立委立法成功表現的最重要因素。此一研究也顯示，法案成敗固然如過去學者所指出的受到政黨政治、行政與立法互動等關係的重要影響，但是立委本身的因素也對法案成敗有相當重要的影響。

貳、文獻檢閱

　　有關於立法成功這個課題的討論，可以分為兩個層次：第一個層次在於提案或法案層次，探討是哪些提案或法案最後可以立法成功？以及是哪些原因促成立法成功？第二個層次在於國會議員層次，探討是哪一些國會議員能夠成功立法？是國會議員的哪些個人特質、條件、資歷或努力可以促成立法成功？國外在立法成功這個領域，無論是在提案層次或國會議員層次，都累積了相當豐富的研究成果，因此對這部分的文獻檢閱將僅聚焦在與本文直接相關的國會議員層次的立法成功上。

　　在美國的研究發現都指出，多數黨成員身分是最主要的影響立法成功的因素（Anderson, Box-Steffensmeier, and Sinclair-Chapman, 2003; Moore and Thomas, 1991）。Moore and Thomas（1991: 969）指出，若兩個國會

議員所有的條件完全相等，唯一的差異是一個是多數黨，一個是少數黨，結果二者的立法表現大有不同，前者的成功率是63.16%，而後者的成功率是0。由於美國多數黨掌控所有的制度性職位，如眾院議長、委員會與次級委員會主席，這些掌握制度性職位的政黨領導者有強烈的動機去設定有利於自己政黨的議程，一方面以負面議程設定去阻擋對自己政黨不利的法案，另一方面透過正面議程設定去通過自己政黨偏好的法案（Cox and McCubbins, 1993; 2005），而同黨國會議員在為了解決集體行動的困境（指若無領導者則大多國會議員不會想努力去促成立法），與同享法案成敗與選舉成敗的共同命運下，有強烈的動機去遵循政黨的主導立法（Cox and McCubbins, 1993），因此多數黨國會議員的立法表現遠優於少數黨國會議員。此外，Hasecke 與 Mycoff （2007）研究發現也指出，政黨忠誠度（包括在表決上忠於政黨與貢獻政治獻金給政黨）愈高的，愈容易立法成功，這是因為政黨領袖會以立法成功作為選擇性利益，獎賞給忠於政黨的國會議員。

　　許多研究也指出，國會議員若具有制度上的職位，譬如是政黨領導者、是相關委員會成員、或是委員會或次級委員會主席，愈有利於立法成功（Hasecke and Mycoff, 2007; Miquel and Snyder, 2006; Moore and Thomas, 1991）。一方面這些擁有制度上職位的人可以掌握立法議程的設定，另一方面這些人本就在委員會待得夠久，有足夠的專業，也知道要如何提出較能夠讓委員會成員通過的法案，況且他們本身就是多數黨成員，也有利於立法成功（Anderson, Box-Steffensmeier and Sinclair-Chapman, 2003: 367）。

　　此外，許多研究不約而同指出，愈是資深的或愈是專業的國會議員，愈容易立法成功（Amorim Neto and Santos, 2003; Anderson, Box-Steffensmeier and Sinclair-Chapman, 2003; Hasecke and Mycoff, 2007; Miquel and Snyder, 2006）。這是因為國會議員在國會愈久，就愈會學習立法的竅門，也容易與國會同僚建立關係，並且發展出專業能力，凡此種種，皆有利於立法的成功。除此之外，有研究也指出國會議員意識型態

立場比較不極端的（Moore and Thomas, 1991），有行政經歷的（Amorim Neto and Santos, 2003），比較能夠立法成功。

　　另外，國會議員的選區因素也是被相當多研究討論的焦點。Anderson 等人（2003）的研究指出，國會議員若提出愈多與選區有關的法案，則愈容易立法成功。Moore and Thomas（1991）指出，國會議員對於選區的關照愈是形式多於實質（亦即不是常回選區的），也就是愈少花時間在選區而將時間花在國會的，愈能夠立法成功。但是，國會議員在選舉上愈是安全的，究竟會使其愈容易立法成功？或反之因為他在選舉上的安全，使他成為受託者（trustee）而非代理者（delegate），以至於他在立法上愈具有彈性，反而使立法成功的機會減小？關於此一問題相關的研究，並沒有一致的答案。Anderson等人（2003）的研究發現指出，前次選舉得票愈多的，與立法成功呈現負方向的關係，主要的原因可能在於前次選舉愈是選得驚險的，將促使國會議員要努力用立法表現來獲得選民的青睞，以期望在下次選舉可以選得漂亮。然而，Amorim Neto與Santos（2003）對巴西國會議員的研究，就選舉結果對於立法成功提出了不一樣的推論：他們認為選舉的權重（選票獲得多寡）會轉化為在立法的影響力，得愈多選票的國會議員愈容易使立法成功，但是此一命題並未在研究結果上獲得證實，也因此選舉結果對於國會議員立法成功的影響仍有待更多的探索。

　　然而，究竟國會議員介入國會的情況愈多，譬如提出的法案愈多、發言愈多，是否愈容易立法成功？還是國會議員只要集中心力在少數立法領域，比較容易立法成功？這方面的研究結論不太一樣，Anderson等人（2003）以美國眾議員為研究對象，發現提出法案多的，但不要太多；發言多的，但不要太多，愈有利於國會議員的立法成功；但是Moore and Thomas（1991）以美國參議員為研究對象，發現參議員愈是集中心力在少數立法領域，立法的效能愈佳。

　　國內對於提案層次的立法成功，近來逐漸累積了一些研究成果。至於，針對國會議員層次的立法成功，則研究較為有限。在提案層次上，近年來許多研究以分立政府為焦點，探討在分立政府時期是否立法較不

易成功，這些研究大多指出在分立政府之下，在野黨或在野聯盟常對行政院的政策方案加以阻絕（吳東欽，2008；黃秀端，2003b；2004；葉怡君，2009；歐陽晟，2008；賴金靈，2007），因此分立政府對於立法成功造成不利的影響，不僅通過的提案較少，且通過的時間拖長（盛杏湲，2003；黃秀端，2003a）。但是邱訪義（2010）則指出，分立政府不必然造成立法僵局，除非行政院與立法院多數黨有弱化對方表現，以提高自己在下次大選時勝選機率的政治考量。另外，邱訪義與李誌偉（2012）以立法提案的成功與否為焦點，比較「過半政黨聯盟」和「過半多數黨」對於立法議程和立法產出的影響。他們發現多數聯盟的立法成功，相當程度取決於提案的推動成本與優先性，當多數聯盟是由多個政黨組成或聯盟席次較少時，推動成本會較高，因此降低其提案通過的比例。此外，他們也進一步指出在分立政府時期，若行政院提案的優先順序與多數聯盟有差異時，則會對行政院提案的通過造成負面影響；但是當行政院策略性地提出多數聯盟較關注的政策時，則分立政府的狀態對於立法產出不會有影響，同時，他們也指出當多數黨或多數聯盟的席次愈高時，其提案通過的機會愈高。

　　另外一個以立法提案為研究主軸的是：立法院與行政部門的互動對於立法成敗的影響，盛杏湲（2003；2014a）檢視在立法議程設定與立法產出上，究竟是立法院或行政院較易使其提案通過，研究發現顯示行政院相對於立法院，立法效能較高（指提案較易通過），即便是在分立政府時亦然。此外，盛杏湲（2014a）也指出，立法院與行政院採取合作最利於立法成功，若某一法案同時有立委與行政院的提案，相對於僅有立委個人提案的法案，有較大的機會完成立法，也因此立委有動機搭行政院提案的便車（盛杏湲，2014a）。

　　另有些學者將研究焦點置於總統與國會的互動關係上對立法的影響，李鳳玉（2011）比較我國與法國總統的黨政關係，她以政府提案通過的比例，作為衡量黨政關係的指標，發現我國的政府提案，相較於法國的政府提案，通過的比例不算高，大約是在四成三到六成五之間，而即便當總統

兼任黨主席（她以馬英九為例），也沒能有效改善政府提案通過率不高的
狀況。但是，李鳳玉與黃建實（2015）針對陳水扁總統是否兼任黨主席加
以檢視，發現當總統兼任黨主席時，較總統非兼任黨主席時，能使政府提
案率較為提升。陳宏銘（2012）則以馬英九政府在第七屆立法院推動立法
的成效來看，發現雖然馬英九總統的態度可能影響立法的方向，但是對於
法案的通過時效與通過機率，並沒有正面的影響效果，即便馬英九擔任黨
主席時亦然。上述研究針對總統是否擔任黨主席，對立法成效的影響，有
些不同的發現。那麼，究竟是不同總統表現的差異，還是其他因素使然，
值得仔細審視。由於總統不會對所有的法案介入，而只會對重大，甚至較
具爭議性的法案介入，而重大或具爭議性的法案本就比較難通過，或者即
使通過也比較耗費時日。因此，當將所有不具爭議性的法案合併來看時，
總統介入法案的立法成績可能並不特別突出，但當控制其他因素之後，總
統介入比不介入，可能立法成效較佳。邱訪義與李誌偉（2015）根據跨第
二屆到第七屆的分析，更能有效說明跨不同的總統，究竟總統的角色對提
案通過與否，是否造成影響？他們發現當總統滿意度高、總統公開宣示立
場、或總統兼任黨主席，對提案三讀通過有正面影響，而政黨輪替之新任
總統時期，則對提案三讀通過有不利的影響。此外，他們也指出，相較於
分立政府之下，一致政府時期，由於行政院與立法院同屬一政黨，總統公
開宣示立場與兼任黨主席，更能有效促進行政院提案的通過。顯然總統的
立法影響力是不容忽視的。

　　就不同類型法案的立法成敗看來，顧客型政治的法案，或說分配政策
或特殊利益的法案，亦即那些利益集中在特定少數人，但成本是由多數人
負擔的立法，長久以來被認為是立法院最常通過的法案類型，也就是說立
法院常常犧牲多數利益，以通過有利於少數人特殊利益的立法（黃秀端，
1998）。盛杏湲（2012）的研究也呼應這個看法，相較於顧客型政治的立
法提案，企業型政治（成本集中在特定的少數人，而利益是分散給普遍多
數人的政策）的立法提案，確實較不容易通過。然而，盛杏湲（2012）進
一步提出媒體報導對法案類型的影響，她指出，若企業型政治的立法提案

獲得媒體青睞而大幅報導，將會獲得大眾的關注，如此使得以連任為目的的立委有極高的動機推動立法，從而使得該類提案通過的可能性大增。

　　相對於對提案或法案層次的立法成敗的豐富研究，國內對於國會議員層次立法成敗的探討較為有限，目前在國會議員層次立法的研究，大多集中在關注立委提案的多寡、立委提案的種類，影響立委提案的原因，以及立委提案可能造成的影響。在這些研究當中，與立委選舉制度有關的因素是較常被探討的主題，Sheng（2006）以及羅清俊與廖健良（2009）探討立委的選區規模對立委在特殊利益與分配政策提案的狀況，發現選區規模對第五屆立委的特殊利益或分配政策提案有相當明顯的影響。那些選區規模愈小的立委，愈傾向提出特殊利益或分配政策提案，因為立委選區小，可辨識性較高，立委的努力可以被辨識出來，且若立委閒懶也容易被發現。但是，羅清俊與謝瑩蒔（2008）卻發現選區規模對第三、四屆立委的影響則沒有這麼突顯。此外，盛杏湲（2014b）探討區域立委選制從複數選區單記不可讓渡投票制，轉變到單一選區相對多數制之後，立委提案的數目是否較為增加，以及提案的種類是否有所不同？研究發現顯示，新選制下的立委確實在提案上較為踴躍，且在提供普遍性利益的提案比例增加，顯示在新選制下，由於立委必須去獲得選區50%以上選民的支持，因此提高了其以提供普遍性利益的立法提案，去尋求最大多數人支持的動機。

　　此外，王靖興（2009）檢視立委是執政黨或在野黨對於其在立法提案的影響，發現當立委是執政黨籍相對於是在野黨籍時，在立法提案上較不積極。另外，羅清俊與張皖萍（2008）檢視選區企業背景與立委企業背景對於立委在特殊利益政策的提案與記名表決上的影響，研究發現顯示立委本身的企業（或金融）背景會影響其積極爭取與企業相關的政策利益。同時，羅清俊與詹富堯（2012）更進一步以立委的提案為自變數去探討其所造成的影響。他們指出，立委提出特殊利益的提案，會傳達給中央政府他們選區需求的訊息，以至於立委提出愈多特殊利益提案的縣市，得到愈多的中央政府補助。

　　以上這些研究雖然都觸及立委的提案行為，但是對於立委提案之後，是否會努力促成立法成功，或受益或受限於立法院的政治生態與政黨競爭而立法成功或失敗，則較少觸及。那麼，究竟立委的提案，只是宣傳自己、持有立場，當個光說不練者，還是他們在提案之後會進一步去當個實行者（doer），努力在立法過程當中促使法案通過？檢視過去台灣對於法案成功與否的研究上，對立委角色的關注較為不足；本研究認為立委本身所具備的條件，以及在立法上所花的努力，對立委立法成敗的影響，值得進一步探索。如此，對於我國立法政治的理解會是更完整的。

參、影響立委立法成功的因素

　　從上述研究對台灣立法政治的描繪，可以看到立法院整體的大環境會對法案的成敗造成影響，然而，帶著政治目的的立委，在環境有利於其立法時固然可以因利趁便，但是在環境不利於其立法時，為了尋求連任與立法表現，應當不會被動接受不利的環境，而會努力尋求立法表現的空間。而立法院分權的立法組織與議程設定機制（盛杏湲，2015），諸如：程序委員會由多黨組成、常設委員會召集委員兩席或三席[1]、黨團協商機制各黨平起平坐，以及個別立委與黨團在立法過程當中，都可以程序杯葛而成為否決者，如此削弱了立法院多數黨的議程控制權，也提供了個別立委表現的空間。那麼，哪些立委的立法成功表現較佳呢？筆者認為與立委的動機、努力及本身的資源與條件有極大的關聯，當然所處的大環境本身也會有影響。

一、立委的代表種類

　　立委在立法上的積極度會受到立委代表種類的影響。若立委是區域立

---

[1] 第七屆以前每個常設委員會召集委員以三席為原則，在第七屆之後每個委員會召集委員為兩席。

委，則他有兩個老闆：一個是政黨，一個是選區。對於前者，他有動機去
護衛政黨的法案，按照政黨的囑咐發言與投票；對於後者，他有動機去提
出有利於選區民眾的法案，以換取選區民眾在選舉時的支持。然而，區域
立委除了必須尋求立法上的表現，也必須要花時間在選區，甚至在選制改
革之後，區域立委花在選區的時間愈多（盛杏湲，2014c），則在時間資
源有限的情況下，他可能就無法在立法院中對他所提的所有法案，一視同
仁地持續關注。如此，可能對他的立法成功表現會有不利的影響。至於不
分區立委，相較於區域立委與原住民立委，他可以將全副的精神放在立法
院中，對他自己或政黨在乎的法案持續關注，但是因為他並不特別需要去
回應選區的意見與利益，因此他的立法成功表現可能不見得會較區域立委
來得高。至於原住民立委，雖然也有動機去回應選民的需求，而去尋求立
法表現，但是由於原住民選區同質性高，選民利益較為一致，因此原住民
立委比較會聚焦在與原住民利益有關的法案上，而對與原住民利益無關的
法案較為不重視，以致於相較於區域立委與不分區立委，原住民立委的立
法成功表現應該會較低。

二、立委的提案多寡

　　究竟國會議員提出法案愈多的，是否愈有利於其立法成功？美國的文
獻有不一致的研究結論，如Anderson等人（2003）指出，提出法案多，但
不太多的，有利於國會議員的立法成功；而Moore and Thomas（1991）指
出，國會議員愈集中心力在少數立法領域，比較容易立法成功。筆者認為
由於立委要想立法成功的第一個先決要件是提案，提案愈多的，就代表立
委在立法上是愈積極的，立委提案之後一方面憑藉自身的努力推進立法，
另一方面也可順應立法院的立法議程，因為許多立委同僚與行政院都有提
案，因此因勢利導通過提案（盛杏湲，2014a），所以立委提案愈多的，
立法成功的機會自然也較高。然而，立委若提案過多，則花在每一個法案
的時間相對減少，或者立委之所以提案多，只是要對選民有所交代，或是
應付評鑑（譬如公督盟的評鑑），因此簽署他人的提案為主提案人，但是

並不一定做了努力，也可能對法案通過有不利的影響。因此筆者預期：立委提案多，對立委的立法成功具有正面的影響，但若是過多，則立委無法面面俱到；反而因為分散了對各個法案的時間與關注，對立法表現有負面的影響。

三、立委本身的資源與條件

　　立委若有立法的動機，將會尋求與議程設定有關的職位，以有利於其立法。立法院中與議程設定有關的重要職位，包括常設委員會召集委員、程序委員會委員，以及黨鞭。召集委員身負委員會議程設定的角色，可以將他在意的法案排上議程（鄭勝元，2005），且其掌握資訊能力較佳，負擔的交易成本少，有利於立法成功。更加以召委擁有較佳的人脈關係：由於立委每會期或每年[2]，在委員會內互選召集委員，因此當立委身為召集委員時，可以與其他（會期的）召集委員交換利益，彼此將對方在意的法案排上議程，也因此召集委員比一般委員立法成功的機會高。更由於自第五屆以來，召集委員負責召集黨團協商會議，而黨團協商會議是爭議法案通過與否的重要關鍵，因此擔任召集委員，自然會有比較好的立法成功表現。

　　程序委員因為掌握提案排入院會議程的把關角色，因此可以將他在意的法案排入議程，自然有利於立法成功。另外，立委若擔任黨鞭，實際負責黨內協調與黨際協商，甚且在第四屆以後的黨團協商會議，若黨鞭拒不簽字，則黨團協商就告破裂，因此黨鞭一方面可以威脅不簽字而得到較佳的提案議決權，又有較佳的機會護航自己在意的法案，也因此，擔任黨鞭者會有比較好的立法成功表現。

　　委員會的資深制，一向被認為是美國國會議員能建立立法權威的重要因素。愈資深的國會議員愈可以優先決定委員會，且在委員會年資持續

2　立法院委員會之召集委員的產生方式，在第七屆以前每會期互選，在第七屆之後每年互選。

最久的國會議員，當他的政黨是多數黨時，就可以擔任委員會主席。也因此，國會議員有動機留在同一個委員會，以免換到另一個委員會，年資還得重新起算。所以，美國國會議員有動機待在同一個委員會建立政治生涯，而在委員會待得久了，自然會培養對法案的專業性，而專業性對於法案的通過與否與通過內容，自然扮演重要角色。過去立法院在第五屆之前[3]，立委的委員會分配制度採「自由登記超額抽籤」，立委在複數選區單記不可讓渡投票制下，有強烈尋求可見度（visibility）的動機，因此許多立委跟著重大法案遊走在不同的委員會之間，再加上小黨策略性地集結成員在某些特定委員會，藉以尋求立法的表現空間，因此許多立委並不固守在同一個委員會之中（盛杏湲，2000b；蕭怡靖，2005）。在第五屆之後，委員會改採「政黨比例分配制」，且政黨也逐漸強調資深制與專業性，逐漸有較多的立委願意固守在同一個委員會中（林乃新，2015；蕭怡靖，2005）。本研究預期立委若在委員會的資深度高，不僅對委員會所轄的法案內容較為專業，對於審查法案的程序比較嫻熟，同時對與之對口的相關行政機關，以及利益團體或公益團體也較為熟悉，因此有利於法案的審查與通過。另外，立委若在立法院任職的年資愈久，由於人脈關係廣，對立法事務熟悉，應該也有利於其立法成功。

四、立委的政黨因素

　　各黨有各自的問政表現方式，同時政治環境也提供了政黨提案的機會與限制，譬如過去第三屆立法院的研究發現，民進黨立委相較於國民黨立委，傾向於立法問政，而較少選區服務（盛杏湲，2000a）。然而，由於

---

[3]　立法院在1999年1月通過國會改革五大法案，其中每一委員會的人數比例按各黨在院會比例分配，並賦予政黨對立委的委員會分配權，但是由於立委選擇委員會的動機尚未調整，有些政黨在實際運作上仍以抽籤方式決定委員會分配，因此在第四屆時施行一個會期之後，委員會分配又重新改回「自由登記超額抽籤」制。直到第五屆開始，委員會的分配才由各黨依其在院會比例分配，並賦予政黨對立委的委員會分配權（盛杏湲，2000b）。

民進黨在第五屆與第六屆是執政黨，掌握行政權，決策的重心從立法院轉移到行政院，民進黨立委在立法上能表現的空間較為有限，因此將問政重心與時間擺在選區，較少提案。相反的國民黨在第五、六屆時因失去行政權的舞台，有強烈動機在立法院尋求表現，因此國民黨立委相較過去，有較強的動機提出法案，以與行政院的提案相互對抗，所以提案較多（王靖興，2009；盛杏湲，2003；2005）。此外，新黨、親民黨與台聯立委為了突顯自己小黨的立場，也有相當強烈的動機去提出法案以尋求立法表現與對公共政策發聲的機會。

　　此外，過去針對立委提案研究指出，執政黨立委提案較少，這是因為兩個原因：第一，由於執政黨立委必須要為行政院的政策護航，因此有時不方便提出自己的提案，且許多委員個人提案雖然能夠滿足選民的需求，但是卻要增加國庫的負擔，因此執政黨立委比較少提案（王靖興，2009；盛杏湲，2003；2005）。第二，行政院的立法成敗往往就是執政黨整體的立法成敗，因此執政黨立委可以比較不在立法上尋求表現；相對的，在野黨立委因為沒有行政機關作為表現的舞台，必須在立法院尋求表現，再加上在野黨立委沒有執政的包袱，比較沒有顧慮，可以盡可能去滿足選民的需求，所以在野黨立委在立法提案上會優於執政黨立委。然而，執政黨立委提案較少，是否其成功數也較低，則尚待檢證。因此，本研究亦將立委是執政黨或在野黨放入模型，加以檢證。

肆、模型估計與研究發現

　　本研究以第二屆到第七屆的立法委員為研究對象，排除掉立法院正、副院長，以及中途離職或加入的立委，僅以全程參與該屆所有會期的立委為分析對象。本研究所使用的分析單位為立委，依變數為立委的立法成功數，在此是以立委擔任法律提案主提案人的提案通過數為計算標準，這裡放入兩個變數：第一個是計算立委所有擔任主提案人的立法成功數；第二

個則是只計算立委擔任「第一」主提案人的立法成功數。之所以用這兩種測量方式，主要是考量某些立委有時為了彰顯提案獲得廣泛支持，因此廣邀主提案人，以致於主提案人的名單很長，但並非每個主提案人皆認真推動該提案；此外，在第四屆之前，立法院尚未有黨團提案制度時，某些政黨黨鞭為了壯大政黨提案的聲勢，而將該黨立委幾近全數納入主提案人[4]；另外，到了晚近，立委為了要衝高立法表現成績，有積極動機去擔任主提案人，當其他立委要求其連署提案時，立委有時會提出擔任主提案人的要求，也因此，有時立委擔任主提案人，實則僅是名義或連署性質，並非一定努力去推動法案。為了檢視這樣的狀況對立法成功可能造成的影響，因此本研究使用兩種測量方式。值得注意的是，本研究所指的立法成功，不僅指提案在程序上獲得三讀通過，且其提案內容要被包含在最終通過的法案版本內，這裡所指提案內容要被包含在最終通過的法案版本內，並非狹義指提案的文字被包含在最終通過版本，而是指提案的精神、內容或方向被包含在通過版本內。

自變數及其測量方式，如下所列：

1. 立委的類別：分為不分區立委、原住民立委與區域立委。
2. 立委提案數：計算立委擔任主提案人的法律提案總數。
3. 立委提案數平方：之所以將立委提案平方數放進估計模型，是考量立委提案數與立委提案成功數是一個拋物線的關係，亦即當立委的提案數不過多時，立委的提案愈多，則通過愈多；然而若立委的提案數過多，則對於立法成功數反而造成反效果。為了要估計這樣的結果，因此放進這個變數，此一估計方式乃參考Anderson等人（2003）的估計方式。

---

[4] 在第四屆之前並未有黨團提案的制度，因此有時某一政黨為了突顯該提案是政黨提案，該黨幾乎所有立委皆列為主提案人。在第二、三屆時，主提案人數常超過當時立法院議事規則第8條所要求的30人連署門檻；而在當時，只要提案人數與連署人數加起來達到連署人門檻，即算達到提案要求。但在第四屆以後，連署人數必須單獨達到法定連署人門檻要求，方算達成提案要求。

4. 立委是否擔任召集委員：是則為1，否則為0。

5. 立委是否擔任程序委員：是則為1，否則為0。。

6. 立委是否擔任黨職：有則為1，否則為0。

7. 立委的委員會資深度：若為新任立委，則以立委在同一屆參與同一個委員會最多會期者為計數標準；若為連任立委，則將之前參與同一個委員會的會期累加計算，但此一累加計算，以立委在同一屆參與同一個委員會至少達5次（第七屆則為6次）及以上者為計算標準，若低於5次（或6次）[5]，表示立委於該屆遊走於不同的委員會之間，則不累加計算其資深度；若立委中間屆期參與其他的委員會，則重新起算立委的資深度；若立委任期不連續（指中間落選），則前面累計的資深度不予累計。由於第二屆到第六屆立法院都是六個會期，而第七屆立法院有八個會期，因此第七屆的委員會資深度計算再乘上0.75，以標準化每一會期對於委員資深度的貢獻。此外，由於資深度對立法成功的影響，可能隨著年資的增加而呈現邊際效用遞減，因此將委員會資深度指標再取以自然數為底的對數值。

8. 立委任職年資：以當選連任的次數為計算標準，最小值為1，表示為新任；最大值為13，表連續13次當選。

9. 立委黨籍：分為國民黨、民進黨、新黨、親民黨、台聯、其他（包括無黨籍與其他小黨）。

10. 立委是否是執政黨籍：在第四、五、六屆時，民進黨是執政黨；在二、三、四屆與第七屆時，國民黨是執政黨。在第四屆前半期國民黨是執政黨，後半期民進黨是執政黨。由於一個法案從提出到通過，極可能跨越幾個會期，因此國民黨與民進黨立委在第四屆時，都算是為執政黨立委。

---

[5] 立委在某一委員會至少達到5（或6）會期的標準，只是為了彰顯立委在某一委員會的堅持與因此而培養的專業度，若將此標準降低些，如4（或5）會期，得到的測量，與最後與依變數的統計結果，並無大差異。

　　此外，由於每屆立法院有不同的生態與政黨競爭型態，譬如第五、六屆時是分立政府，可能造成立法院較多的分歧與對立，因此立法較難成功；又如第七屆面對新選制，立委可能有更強的表現自我以尋求個人選票的動機，因此有更強烈的提案與通過法案的動機（盛杏湲，2014b；2014c）。所以，本研究將屆期作為控制變數，以控制立法院的整體環境對立委立法成功的影響。

　　由於依變數係屬不為負的計數資料（count data），其抽樣分配並非常態分配，而是呈現往右偏斜的波松分配（Poisson Distribution），若使用一般的迴歸模型之普通最小平方法（Ordinary Least Square）估計，將可能產生偏誤的估計值，且由於提案次數存在過度分散（over dispersed）的情形，因此適合用負二項分配模型（Agresti, 2007）。表1-1呈現的是負二項迴歸分析所估計出來的結果，模型I是對立委所有擔任主提案人的立法成功數的影響因素估計，模型II是針對立委擔任第一主提案人的立法成功數的影響因素估計。另外，為比較立委立法成功數與立委提案數影響因素的異同，亦估計立委的提案數影響因素，表1-2中模型III是對立委所有擔任主提案人的提案數影響因素估計，模型IV是針對立委擔任第一主提案人的提案數影響因素估計。

表1-1　立委立法成功影響因素的負二項迴歸分析

	模型I：擔任主提案人提案成功數		模型II：擔任第一主提案人提案成功數	
	B	SE	B	SE
立委類別（區域立委＝0）				
不分區立委	-.043	.043	-.058	.095
原住民立委	-.118	.107	-.133	.228
立委的立法努力				
立委提案數	.035***	.001	.033***	.002
立委提案數平方	-.0001***	.000	-.0001***	.000

表1-1　立委立法成功影響因素的負二項迴歸分析（續）

	模型I：擔任主提案人提案成功數		模型II：擔任第一主提案人提案成功數	
	B	SE	B	SE
立委所擁有的資源				
擔任召集委員	.087*	.039	.202*	.086
擔任程序委員	.028	.036	.183*	.080
擔任黨鞭	.116**	.038	.191*	.081
委員會資深度ln	.093*	.036	.212**	.079
擔任立委資歷	.007	.013	.059*	.029
立委黨籍（民進黨＝0）				
國民黨	.108**	.041	-.020	.087
新黨	.321***	.091	.693***	.199
親民黨	.201**	.078	.314*	.160
台聯	.123	.119	-.070	.253
其他政黨或無黨籍	.119	.098	.232	.213
是執政黨（在野黨＝0）	.126**	.048	.209*	.101
屆期（第二屆＝0）				
第三屆	-.102	.066	.528**	.161
第四屆	.055	.062	.814***	.151
第五屆	-.098	.065	.946***	.154
第六屆	-.065	.063	.943***	.151
第七屆	-.197**	.073	1.222***	.166
常數項	.353***	.090	-2.228***	.213
N		1020		1020
過度離散估計參數（α）	.095***	.012	.594***	.063
Pseudo R^2		.213		.128

說明：*** p < .001；** p < .01；* p < .05；$ p < .1。

表1-2　立委立法提案影響因素的負二項迴歸分析

	模型III：擔任主提案人提案數		模型IV：擔任第一主提案人提案數	
	B	SE	B	SE
立委類別（區域立委＝0）				
不分區立委	-.320***	.060	-.313***	.086
原住民立委	-.410**	.128	-.526**	.191
立委所擁有的資源				
擔任召集委員	.337***	.052	.393***	.074
擔任程序委員	.166**	.051	.254***	.073
擔任黨職	.128*	.054	.130$	.076
委員會資深度ln	.006	.052	.002	.073
擔任立委資歷	.037*	.018	.077**	.027
立委黨籍（民進黨＝0）				
國民黨	-.155**	.057	-.301***	.080
新黨	-.231$	.138	.295	.196
親民黨	-.195$	.108	-.134	.153
台聯	-.287$	.168	-.297	.238
其他政黨或無黨籍	-.985***	.124	-.891***	.185
是執政黨（在野黨＝0）	-.725***	.062	-.398***	.088
屆期（第二屆＝0）				
第三屆	-.501***	.094	.085	.137
第四屆	-.421***	.088	.390**	.127
第五屆	-.785***	.087	.399**	.127
第六屆	-.589***	.087	.444***	.126
第七屆	1.014***	.105	1.927***	.150
常數項	3.799***	.109	1.386***	.160
N		1020		1020
過度離散估計參數（α）	.525***	.024	1.005***	.054
Pseudo R^2		.062		.050

說明：*** p＜.001；** p＜.01；* p＜.05；$ p＜.1。

　　從表1-1得知，立委的立法成功數並未受到立委代表種類的影響，雖然不分區立委與原住民立委都呈現負的估計值，但均未達到統計上的顯著水準，顯示三種立委的成功數不相上下。若對照表1-2立委的提案數模型，可以發現區域立委的提案數遠多於不分區立委與原住民立委，且達到顯著差異水準，此顯示區域立委為了回應選區的需求與突出自己的立法表現，在提案上最為踴躍。但是，由於區域立委除了在立法院問政之外，還必須花時間在選區做各式各樣的選區服務，不見得能對於其所提的法案，在審議過程中隨時關切，因此不見得會有很突出的成功成績；反之，不分區立委不需要分心在選區，可以專注在立法院的法案審理上，因此雖然提案數不特別多，但容易讓其提案過關，因此立法成功表現不亞於區域立委。原住民立委的提案數雖然遠低於區域立委與不分區立委，但是立法成功表現並不差，這極可能是因為原住民立委的選區民眾同質性很高，因此原住民立委只需要提出與原住民利害相關的法案即可，因此提案數低。但是，由於原住民立委在立法院扮演較為超然的角色，兩大黨常常需要藉助原住民立委的幫助以通過立法，因此原住民立委可以與他們互換立法支持，再加上立法院非原住民立委與政黨均高度尊重原住民立委在原住民事務的發言權（包正豪，2015），以致於原住民立委的立法成功表現不弱。

　　從表1-1統計結果得知，模型I與II的立委提案數變數與立委立法成功呈現正方向的估計值（模型I中B = .035，SE = .001；模型II中B = .033，SE = .002），而立委提案數的平方變數呈現負方向的估計值（模型I中B = -.0001，SE = .000005；模型II中B = -.0001，SE = .000010），立委提案數的平方變數的估計值極小，那是因為立委提案數最小值為0，最大值為299，若將之平方後，最小值為0，最大值為89401，由於此變數的全距極大，因此估計值極小，但是與SE相較，仍然達到顯著水準。綜合提案數與提案數平方兩個變數顯示，立委的提案數與立法成功數呈現拋物線的關係，表示當提案數不過大時，提案數愈多，則立法成功愈多，但是一旦提案數過大時，則提案數愈多，對於立法成功反而有不利的影響，這可能有兩個原因：第一是立委若一味地強調提案數的成績，但是並不相對應的付

出立法努力，會使立法成功表現不佳；第二是立委的提案數過高，可能使立委分身乏術，無法照顧到所有提案，以致於立法成功表現不佳。此外，某些立委傾向去簽署其他立委領銜的提案擔任主提案人，尤其在第七屆時，區域立委一方面必須花時間照顧選區，又必須立法問政，因此傾向去擔任其他立委提案的主提案人，如此既可以有立法問政成績，又可以逸待勞（盛杏湲，2014c）。但是，由於立委並未同時對立法付諸努力，因此成功數不高，也就是說立委只是去提案，反應了選民的需求或表達了對法案的立場，但是若不付出努力，則提案可能無法通過，以致於無法真正去向選民宣稱立法的功勞。

研究發現也顯示，立委若擁有立法院的資源，將相當有利於其立法表現。首先，立委若占有議程設定上的有利職位，將愈有利於其立法表現。從表1-1中的統計數據得知，立委若擔任委員會召集委員、程序委員或擔任黨職，會有較佳的立法成功表現；從表1-2得知，立委若擔任這些職務，也同樣會有較突出的提案數。其次，若立委在委員會的資深度愈高，則相當有利於其立法成功，且若立委的年資愈高，也會容易立法成功。值得注意的是，若立委的委員會資深度愈高，則雖然並不因此而提案數高，但卻有利於立委的立法成功表現（比較表1-1與表1-2），這顯示立法院經過這十多年的發展，委員會的資深度與專業性已逐漸被建立。若立委願意固守在同一個委員會，會培養出相對應的專業能力，即便他不在「表面上」提出傲人的提案成績，卻在「實際上」展現出漂亮的立法成功成績。

在各政黨立委的表現方面，相當值得注意的是，國民黨雖在立法院自第二屆至第七屆都是多數黨或多數聯盟的一員，其表現卻遠不如新黨與親民黨，且雖然在所有擔任主提案人的立法成功數略優於民進黨（見模型I），卻在擔任第一主提案人的立法成功數與民進黨差不多（見模型II）。同時，國民黨的立法表現也不比台聯或其他政黨或無黨籍立委表現更佳，這極可能是因為兩個主要原因：國民黨雖然在第二、三、四、七屆時，在立法院擁有過半數席次，卻在追求個人選票的情況下並不團結，許多國民黨立委將時間投注於選區，在立法上想當免費搭車者（free-rider）；此

外，在第三屆第三會期即開始進行的黨團協商制度[6]，多數黨、少數黨與小黨在黨團協商會議時全都平起平坐，只要有一個政黨不簽字，協商即破裂，而當協商不成時，國民黨也不見得都會訴諸表決來讓法案強行過關，也因此國民黨立委的立法成功表現並不特別突出（盛杏湲、黃士豪，2017）。

　　比較上來說，新黨與親民黨立委有最佳的立法成功表現。新黨立委之所以有最突出的立法表現，應該是因為新黨的活躍期在第三、四屆，在立法院發展成藍綠對峙衝突之前，新黨立委可以因議題的不同，而與國民黨立委或民進黨立委形成立法聯盟，譬如在國家認同與統獨議題方面，新黨常與國民黨聯合對抗民進黨，但面臨環保、反貪與民主改革的議題時，新黨又與民進黨合作，左右逢源，扮演關鍵少數的角色，因此有較優異的立法表現（吳宜蓁，2001；盛杏湲、蔡韻竹，2012）。而親民黨立委也有較為突出的表現，雖然它比較受限於2000年總統選舉之後的藍綠對峙，而不如新黨的左右逢源，但它仍扮演關鍵小黨的角色，且親民黨立委積極且團結度高，又與國民黨立委形成立法院多數聯盟，也是立法成功表現較突出的原因。

　　民進黨的立法行動相當值得觀察，從表1-1顯示，民進黨的立法成功表現在主要政黨之中，幾乎是敬陪末座；然而從表1-2顯示，民進黨立委是提案最積極的，在擔任主提案人的提案數方面，顯著地高於其他各個政黨（見表1-2模型Ⅲ），在擔任第一主提案人的提案數方面，略低於新黨與親民黨，但遠高於國民黨與其他小黨。顯示民進黨是一個有執政企圖心的政黨，在立法上相當積極，然而也可能因為它與多數黨或多數聯盟（國民黨與親民黨）的對峙，致使它的立法成功數表現最差。

　　過去的研究發現，執政黨立委的立法提案數低於在野黨，本研究也再次發現此一結果。然而本研究亦發現：執政黨立委雖然在提案數上顯著

---

[6]　黨團協商的法制化雖始於第四屆，但是在第三屆第三會期即開始有非正式的政黨協商。

低於在野黨立委，但是立法成功表現卻優於在野黨立委，這無論是在計算所有擔任主提案人的提案成功數，或只計算擔任第一主提案人的提案成功數，均得到同樣的結論。筆者認為主要的原因是：相較於在野黨立委，執政黨立委更有動機去支持行政院的議程設定，但為了追求個人表現以利連任，會提出與行政院版本差距不大的提案[7]，譬如修改其中一、兩個法條，但立法方向與行政院一致（盛杏湲，2014a）。如此，可以搭行政院提案的便車，不僅有利於護航行政院提案，又可讓自己的提案容易過關，以向選民宣稱功勞。而相對上，在野黨立委雖然也有搭行政院提案便車的動機，但有時也會在立法院做議程設定，創新政策方案，以彰顯在野黨的主張與立場，即便這樣的立法提案最後極可能會遭到失敗的命運。

　　為了檢視上述的論點，筆者檢視立委提案被歸屬的法案，有多少比例是在該法案中只有立法院的提案版本，又有多少比例是同時有行政院與立法院的提案版本。表1-3的研究結果顯示：在將近1萬筆的立委提案當中，其中有高達三分之二（67.53%）的立委提案，是同時有行政院與立法院的版本在同一個法案中，而僅有三分之一的立委提案是只有立法院提案版本在同一個法案中。而更值得注意的是，相較於執政黨，在野黨立委比較有動機去提出在該法案中只有立法院版本的提案，而執政黨立委比較有動機去提出在該法案中，同時有行政院版本的提案，顯示在野黨立委比執政黨立委，有較高的議程設定動機。另外，也值得觀察的是，國民黨與民進黨立委是執政或在野的差異：當國民黨是在野黨時，其立委較有動機去設定與行政院不同的議程；民進黨也有類似的傾向，當其在野時，也較有動機去設定與行政院不同的議程。而在盛杏湲（2014a）的研究中也發現，若某一法案同時有立委與行政院的提案，相對於僅有立委個人提案的法案，有較大的機會立法成功。

7　針對同一個法案，可以有許多不同的提案版本，分別來自立法院與政府，當立法院排議程時，通常會將同一法案的不同提案版本一起審議。

表1-3　立委提案所屬的法案中，是否只有立法院提案，還是兩院都有

	只有立法院提案	兩院都有	合計
國民黨執政時	775(27.52)	2,041(72.48)	2,816(100)
國民黨在野時	478(33.95)	930(66.05)	1,408(100)
民進黨執政時	440(32.76)	903(67.24)	1,343(100)
民進黨在野時	695(35.21)	1,279(64.79)	1,974(100)
親民黨	219(34.01)	425(65.99)	644(100)
新黨	198(44.90)	243(55.10)	441(100)
台聯	86(39.63)	131(60.37)	217(100)
其他黨或無黨籍	40(21.86)	143(78.14)	183(100)
合計	2,931(32.47)	6,095(67.53)	9,026(100)

Chisquare (7)=85.88, p<.001

　　除此之外，屆期的影響力顯示：無論是在立委擔任第一主提案人的提案數或成功數，第二屆立委的提案數與成功數都是最低的，第三屆略為提升，第四、五、六屆更加提升，而到第七屆的提案數與成功數則更有一個極大的飆升（見表1-1模型II與表1-2模型IV）。這應該與立委逐漸增強的表現自我的動機有關；而第七屆的飆升，極可能與選制的變動有關。在新的選舉制度下，由於立委必須去滿足選區過半數選民的需求，因此有強烈的動機去提案，以表現自我（盛杏湲，2014b）。然而，在立委所有的主提案數與成功數表現方面，卻發現並非隨著屆期的愈為晚近愈為提升。在所有立委擔任主提案人的提案數方面，第七屆立委的提案數固然是最突出的（見模型III），但其次是第二屆立委，筆者認為各屆立委所有擔任主提案人的個數，反映了各屆立委不完全相同的去簽署他人提案，擔任主提案人的生態與制度。第二屆立委表現出比較突出的提案數，可能是因為當時立委為了壯大政黨提案的聲勢，或者為了彰顯提案獲得廣泛支持，因此廣邀主提案人，而當時的立法院也容許：某一提案只要主提案人與連署人加總起來超過法定要求的連署人門檻即可。因此，該屆有為數不少的提

案是僅有主提案人，而無連署人的。此外，也值得注意的是，立委在第七屆的提案數雖是最高的，但是，當模型中控制了其他因素之後，第七屆立委的成功表現反而是最差的（比較模型I與模型III）。此顯示第七屆立委雖然積極去「簽署」其他立委的提案，而衝高了提案數，但是並未相應的在立法院努力立法，反而為了兼顧選區服務，而較少花時間在立法院（盛杏湲，2014c），因此立法成功的表現反而是最差的。同時也值得注意的是，在第五、六屆分立政府時期，雖然藍綠對峙，但立委的立法表現並非是最差的，顯示立委可以突破不利的政治環境，而在立法上力圖表現。

　　比較表1-1模型I與模型II的估計值，可以發現模型II的各自變數的估計值幾乎都比模型I來得高，且也較多變數達到顯著水準，顯示立委擔任第一主提案人的成功數與自變數的關聯性較強，而立委所有擔任主提案人的提案成功數與自變數的關聯性較弱，此說明立委若擔任第一主提案人，比較會積極推動法案過關。雖然立委非擔任第一主提案人時，也可能積極去推動法案過關，但應該不乏一些情況是立委雖然擔任主提案人，但只是「名義上」去擔任主提案人，並未相應的去付出立法上的努力，所以不見得能夠立法成功。因此，立委擔任第一主提案人的提案成功數，比較可以衡量出各自立委的立法成功表現，而當然立委擔任第一主提案人的提案，也比較可以反映出立委真實的法案偏好。

伍、結論

　　就現有文獻對台灣立法政治的描繪，可以看到立法院的整體大環境對法案或提案的成敗會造成影響，譬如分立政府、政黨競爭激烈可能對法案產出造成不利的影響，然而本研究以立委個人為研究焦點，卻看到不一樣的圖像。也許有些出人意料的是，立法院政治生態與黨籍，對個別立委立法成敗的影響並沒有想像中大。這是因為立委既是有目的的政治行動者，他們不會僅受限於既有的立法院生態與政黨競爭態勢，而可以因為本身的

動機、條件與努力，利用制度所提供的機會，而使立法成功的機會提高。在本研究中發現，即便是在分立政府之下的第五、六屆立委，並不因政黨對峙衝突而降低其立法表現；且即使是人數有限的新黨立委，也可以突破人數上的限制，在國民黨與民進黨兩大黨之間左右逢源，因議題的不同而與國民黨或民進黨聯合，使立法成功；而親民黨立委也可以因為行動積極，與扮演關鍵少數的角色而有不錯的立法表現。反而始終是多數黨或多數聯盟的國民黨立委，立法表現的成績不是最耀眼的，這可能是因為分權的立法機制弱化多數黨立委的表現，且國民黨也並非是一個團結的政黨，不總是會以一致的行動（如表決）來強制實行政黨意志所致。

　　值得注意的是，過去的研究發現：身為執政黨立委，在立法提案上較不積極，本研究也再次證實這個論點。而本研究也發現，執政黨立委的立法提案數雖然明顯低於在野黨立委，但是執政黨立委的立法成功數卻優於在野黨立委（尤其在第一主提案人的表現方面），也許是相較於在野黨立委，執政黨立委較有動機去提出與行政院差距不大，而立法方向接近的提案，如此不止有利於護航行政院提案，又可讓自己的提案過關，亦即搭行政院提案的便車，以向選民宣稱功勞；而相對上，在野黨立委比較沒有搭行政院便車的動機，雖然踴躍提案，但可能與行政院的提案南轅北轍，以彰顯在野黨的不同政策立場，因此不容易通過。所以相對而言，在野黨立委立法的成功表現較差。

　　研究發現也顯示，立委本身的條件與努力，如擔任議程設定上的重要職位：程序委員會成員、委員會的召委或立法院黨鞭，都有利於其立法表現。此外，立委在委員會的資深度，以及立委在立法院的服務年資，都有利於立法成功表現。而研究發現也顯示，立委的立法成功與立委提案的多寡雖然有關聯，但並非直線關係，而是拋物線關係，亦即立委提案多，但是不過多的，對於立法成功有正面的影響；但是立委提案若過多，則可能對立委的立法表現，反而有負面的影響。

　　值得關注的是：影響立委的立法成功表現，與影響立委的提案表現的因素，並不完全相同。立委可以因為人脈佳或本身有意願提案而有很漂亮

的提案成績，如身為召委、程委、資深立委、身負黨職或為區域立委，這是因為他們既有動機去提案，也可能被動接受邀請去提案，且由於立法提案的門檻不高（盛杏湲，2014b），提案相對是比較容易的。但是，立委想要有好的立法成功表現，卻必須願意花時間在立法院付出努力，如願意花時間在立法院（而非選區）、願意爭取程序委員、召集委員或黨鞭的職位，或願意固守在同一個委員會去培養出專業能力。

　　本研究發現也提示了對於立委立法表現的評估，不能僅止於立委的提案多寡，也必須進一步去追蹤立委的提案是否能通過層層的立法程序，而成功完成立法。本研究發現幾個變數，對於立委提案與立法成功表現影響不一致，甚至影響方向完全相反，值得特別提出來討論：其一，區域立委的提案雖然遠較不分區與原住民立委來得踴躍，但立法成功表現，卻與後兩者差不多。其二，委員會的資深度雖然不影響立委的提案多寡，但是對其立法成功表現有相當大的影響，顯示有委員願意在委員會建立資深制，而他們的立法模式與一般立委不同，並不需要汲汲營營的提許多法案，卻能夠讓自己的提案成功表現不錯。其三，是執政黨立委或在野黨立委，在提案數與成功數的影響是相反的：執政黨立委的提案數較少，但其成功數卻高於在野黨立委。這些研究發現，也更進一步更新我們對於這些變數對立委立法表現的看法。

　　Mayhew（1974）指出國會議員為了連任，會表現出宣傳、持有立場與宣稱功勞的行為。本研究的發現指出立委不只有提案的動機，以有利於其宣傳自己與持有立場，且立委也有動機去努力促進法案的通過，以有利於其宣稱立法的功勞。但是不同的立委有不完全相同的動機，有些立委比其他立委更強調立法的功勞，那麼他們會花較多時間與努力在立法院中，也較會爭取與議程設定有關的職位，並且也較願意固守在同一個委員會，以提升其資深程度與專業能力，若他們願意如此做時，他們就比較能夠突破對他們不利的立法環境，而有較佳的立法成功表現。

　　最後，本研究的提出對國內現有的立法研究應有兩點啟示：第一是顯示出法案成敗固然受到立法院政治生態、政黨競爭、制度等因素的重要影

響,但是立委本身的因素,也對法案成敗有相當重要的影響。第二是立委的立法表現不只限於過去學者所關注的立法提案表現,也要關注實際上的立法成功表現,而且影響立委立法提案的邏輯與影響立委立法成功的邏輯並不完全相同。

參考書目

外 文部分

Agresti, Alan. 2007. *An Introduction to Categorical Data Analysis*. New York: Wiley.

Amorim Neto, Octavio and Fabiano Santos. 2003. "The Inefficient Secret Revisited: The Legislative Input and Output of Brazilian Deputies." *Legislative Studies Quarterly* 28, 4: 449-79.

Anderson, William D., Janet Box-Steffensmeier and Valeria Sinclair-Chapman. 2003. "The Keys to Legislative Success in the U.S. House of Representatives." *Legislative Studies Quarterly* 28, 3: 357-386.

Cox, Gary W. and Mathew D. McCubbins. 1993. *Legislative Leviathan: Party Government in the House*. Berkeley: University of California Press.

Cox, Gary W. and Mathew D. McCubbins. 2005. *Setting the Agenda: Responsible Party Government in the U. S. House of Representatives*. Cambridge: Cambridge University Press.

Hasecke, Edward and Jason D. Mycoff. 2007. "Party Loyalty and Legislative Success." *Political Research Quarterly* 60, 4: 607-617.

Mayhew, David. 1974. *Congress: The Electoral Connection*. New Haven and London: Yale University Press.

Miquel, Gerard Padro I and James M. Snyder, Jr. 2006. "Legislative Effectiveness and Legislative Careers." *Legislative Studies Quarterly* 31, 3: 347-381.

Moore, Michael K. and Sue Thomas. 1991. "Explaining Legislative Success in the U. S. Senate: The Role of the Majority and Minority Parties." *The Western Political Quarterly* 44, 4: 959-970.

Sheng, Shing-Yuan. 2006. "The Personal Vote-Seeking and the Initiation of Particularistic Benefit Bills in the Taiwanese Legislature." *Proceeding* of a Conference on the Legislatures and Parliaments in the 21th Century Conference.7-8 July 2006. Taipei: Soochow University.

中文部分

王靖興。2009。〈立委的立法問政與選區服務之分析〉。《台灣政治學刊》13，2：113-169。

包正豪。2015。〈原漢立委於委員會內之法案審議過程互動關係〉。《台灣原住民族研究季刊》8，4：81-126。

吳宜蓁。2001。〈國會中政黨的立法聯合：第三屆立法院的探討〉。台北：國立政治大學政治系碩士論文。

吳東欽。2008。〈從議事阻撓觀點探討我國中央分立政府運作之影響〉。《台灣民主季刊》5，3：71-120。

李鳳玉。2011。〈總統與其政黨的關係：法國與台灣的比較〉。黃秀端編《黨政關係與國會運作》：199-234。台北：五南圖書。

李鳳玉、黃建實。2015。〈總統兼任黨主席對政府法案通過的影響：陳水扁時期的分析〉。《政治科學論叢》64：85-136。

林乃新。2015。〈委員會資深度與召委職位對立委立法表現的影響〉。國立政治大學政治學系碩士論文。

邱訪義。2010。〈台灣分立政府與立法僵局：理論建立及其實證意涵〉。《台灣民主季刊》7，3：87-121。

邱訪義、李誌偉。2012。〈立法院積極議程設定之理論與經驗分析：第二至第六屆〉。《台灣政治學刊》16，1：1-47。

邱訪義、李誌偉。2015。〈影響行政部門提案三讀通過之制度性因素：總統、官僚、與政黨〉。《第七屆國會學術研討會「公民憲政與代議民主」》。2015年5月30-31日。台北：東吳大學政治學系。

盛杏湲。2000a。〈立法問政與選區服務：第三屆立委代表行為的探討〉。《選舉研究》6，2：89-120。

盛杏湲。2000b。〈立委為什麼遊走在不同的委員會〉。林繼文編《政治

制度》：361-399。台北：中央研究院中山人文社會科學研究所。

盛杏湲。2003。〈立法機關與行政機關在立法過程中的影響力：一致政府與分立政府的比較〉。《台灣政治學刊》7，2：51-105。

盛杏湲。2005。〈選區代表與集體代表：立委的代表角色〉。《東吳政治學報》21：1-40。

盛杏湲。2012。〈媒體報導對企業型政治立法成敗的影響〉。《東吳政治學報》30，1：1-42。

盛杏湲。2014a。〈從立法提案到立法產出：比較行政院與立法院在立法過程的影響力〉。黃秀端編《轉型中的行政與立法關係》：23-60。台北：五南圖書。

盛杏湲。2014b。〈選制變革前後立委提案的持續與變遷：一個探索性的研究〉。《台灣政治學刊》18，1：73-127。

盛杏湲。2014c。〈再探選區服務與立法問政：選制改革前後的比較〉。《東吳政治學報》32，2：65-116。

盛杏湲。2015。〈立法成功的邏輯〉。《第七屆國會學術研討會：「公民憲政vs.代議民主」國會研討會》。2015年5月30-31日。台北：東吳大學政治學系。

盛杏湲、黃士豪。2017。〈黨團協商機制：從制度化觀點分析〉。《東吳政治學報》35，1：39-93。

盛杏湲、蔡韻竹。2012。〈政黨在立法院的合作與對立：1996-2011的觀察〉。《2012年台灣政治學會年會暨台灣民主的挑戰與前景學術研討會》。2012年12月7-9日。台北：台灣師範大學。

陳宏銘。2012。〈半總統制下法案推動與立法影響力：馬英九總統執政時期之研究〉。《東吳政治學報》30，2：1-70。

黃秀端。1998。《金權政治和立法院的財政、經濟與交通委員會》。行政院國家科學委員會專題研究計畫成果報告。

黃秀端。2003a。〈少數政府在國會的困境〉。《台灣政治學刊》7，2：3-49。

黃秀端。2003b。〈分立政府、議程設定與程序委員會〉。《2003年台灣

政治學會暨「世局變動中的台灣政治」學術研討會》。2003年12月1-14
　　日。台北：東吳大學政治學系。

黃秀端。2004。〈政黨輪替前後的立法院內投票結盟〉。《選舉研究》
　　11，1：1-32。

黃莉婷。2013。〈第八屆第二會期立委評鑑：評鑑成績結果公布與說
　　明〉。《監督國會季刊》141：18-22。

葉怡君。2009。〈法案審議與議程阻絕：立法院第三屆到第六屆的分
　　析〉。國立中正大學政治學系碩士論文。

歐陽晟。2008。〈政府型態對於議案審議的影響：台灣一致政府與分立政
　　府的比較〉。國立政治大學政治研究所博士論文。

鄭勝元。2005。〈立法院召集委員議程設定之研究：以政黨為核心之分
　　析〉。國立政治大學政治學系碩士論文。

蕭怡靖。2005。〈我國立法院資深制度之探討：委員會遊走及召集委員資
　　深度之變遷〉。《政治科學論叢》25：105-134。

賴金靈。2007。〈分立政府與立法僵局關係之研究：以第二屆至第六屆
　　（1993～2007年）立法院運作為例〉。國立台北大學公共行政政策學系
　　碩士在職專班論文。

羅清俊、張皖萍。2008。〈立法委員分配政治行為分析：選區企業與立法
　　委員企業背景的影響〉。《政治科學論叢》35：47-94。

羅清俊、謝瑩蒔。2008。〈選區規模與立委分配政策提案的關聯性研究：
　　第三、四屆立法院的分析〉。《行政暨公共政策學報》46：1-48。

羅清俊、廖健良。2009。〈選制改變前選區規模對立委分配政策提案行為
　　的影響〉。《台灣政治學刊》13，1：3-53。

羅清俊、詹富堯。2012。〈立委特殊利益提案與中央政府計畫型補助款的
　　分配：從民國94年至98年之資料探析〉。《公共行政學報》24：1-31。

第二章
同中求異？
政黨在記名表決中的形式與實質對立

*蔡韻竹

壹、前言

　　台灣自民主化及數次政黨輪替以來，主要政黨的實力不復過往有懸殊差距，政黨政治成為主導台灣政治體系運作的主要基礎。但有愈來愈多民意輿論開始擔憂台灣邁向另一個藍綠惡鬥的政黨極化階段。眼見主要政黨在立法議事過程中的各種競爭、攻防、衝突，藍綠政黨在各項政策上似乎永遠沒有共識交集，絕大多數的法案都需要經過多次的對立爭執才能定案，或根本走不出立法院大門。主要政黨的歧見日益深化，已連帶激化一般民眾的極化與對立情緒；民眾在政黨評價、政策立場上的分歧對立程度亦有增無減（蕭怡靖，2014）。政黨對立日深的情況不僅是台灣獨有，遠在太平洋彼岸的美國，也被認為正面臨著政黨極化現象（party polarization），主要政黨民主、共和兩黨不但未因兩黨制及單一選區相對多數制讓兩政黨趨中移動，兩黨在立法紀錄上還顯示在「保守與自由」、「宗教化與去宗教化」、「增減政府開支與人民稅收」等多個主要議題的立場上有朝向兩端移動的政黨極化（party polarization）趨勢（Theriault, 2008）。

*　本文使用的資料部分係來自政治大學盛杏湲教授的歷年研究資料，部分資料來自科技部補助之研究計畫「小黨在國會的策略、機會與限制：跨黨與跨屆期的比較」（NSC101-2410-H-031-003-MY2）。本文曾於東吳大學國會研討會中發表，由衷感謝盛杏湲教授提供的研究資料，會議評論人包正豪教授的評論與提醒，以及兩位匿名評論人的建議。

　　上述現象似與政治理論相矛盾。以中間選民定理（median voter theorem）（Downs, 1957）為代表的政治理論告訴我們：政黨為擴張選票或政治支持的基礎，將在政治或政策立場上採取中間路線，尋求更廣泛的社會支持基礎，特別是在選舉制度上採取單一選區多數決的政治體系更應如此。如此的推論邏輯似乎與實際上的發展趨勢相違背，不論是採取多數決選制的美國或是我國，激烈的政黨競爭已成為一般民眾對於國會政治的第一印象。然而進一步追問：「你覺得各政黨在對抗些什麼？」的時候，卻發覺多數民眾經常是根據政黨宣稱的對立、肢體抗爭等外顯行為的新聞畫面建立其認知評價（王宏恩，2011），鮮少是基於政黨在特定政治或政策立場上的差別。換句話說，多數民眾對於政黨惡鬥的印象通常來自於政黨對立競爭的形式，然此「政黨對立」的背後，究竟是表面的、外顯的正、反立場對抗，亦或者是兩黨在實質政策主張上果真漸行漸遠、朝兩極化立場移動發展，即本文欲深入探討的主題。

　　本文欲分析我國主要政黨在記名表決中的形式與實質對立。以政黨在國會的記名表決視為國會政黨彼此對立競爭的標的，分析第三屆至第七屆立法院期間，國民黨與民進黨在記名表決中的主張表現：用國、民兩黨在記名表決中贊成與反對立場的集中程度，作為形式對立的判斷依據；再用兩黨對於同一法條的實質修法主張，作為比較兩大黨實質對立的判斷依據。本文認為，由於主要政黨為區隔政黨定位、吸引選民注意，會有「同中求異」的動機，在立法上與審議過程中提出並堅持特定主張。但另一方面也需要「異中求同」，以符合現實政治現況、立法需求、完成符合多數民意的務實法案。因此，政黨在審議過程中最易於被外界觀察的表決階段，可能傾向在形式的表決立場上突顯政黨差別、放大自己與他黨主張的差異；不過實質的內容主張上則較可能有妥協空間、謀求與其他政黨的最大公約數。

　　本文主要意圖是為看似藍綠對峙、政黨競爭激烈的現況提供另類的觀點，說明兩黨在實質主張上的距離並非外界想像得那麼嚴重極化。當外界只從形式對立的現象，看到政黨間激烈競爭，據此判斷台灣已經邁向政黨

極化不歸路的這種擔憂，尚言之過早。因為由表決的內容和結果來看，兩黨儘管看似時時競爭對立、處處衝突不斷，但在實質的法案立場上，實質差異不大的比例仍持續居於絕對多數。整體來說，主要政黨因「求異」與「求同」的雙重動機，使得政黨在表決中的形式對立程度將高於法案主張上的實質對立。藍綠政黨看似劍拔弩張、高度對立，但政黨在法案政策的主張差異，實際上並不如形式對立那麼嚴重。本文同時發現，主要政黨在形式與實質對立的差異程度也受到其他因素的影響，包括法案屬性、政黨席次多寡、政治時機（是否接近選舉）等。

　　本文以立法院記名表決紀錄為分析資料。依政黨在記名表決中的贊成與反對立場作為政黨形式對立的判斷依據。再依兩黨對於表決條文的提案內容，作為實質對立的判準。以國民黨與民進黨為分析觀察對象，觀察的範圍橫跨1996年2月起至2012年1月止，涵蓋立法院第三屆至第七屆期間。

貳、文獻檢閱

一、政黨的趨同或極化：有關政黨發展方向的競爭性論點

　　政治研究者對於政治體系內主要政黨的政策立場究竟是朝著「漸行漸遠」或「亦步亦趨」的方向發展，有兩種常見但迥異的觀點。一是政黨極化理論，認定當政黨領袖的動員能力愈強、政黨對內的凝聚力愈高時，則政黨間異質性增高，各政黨在政策立場上的差異加深，主要政黨的政策立場將可能漸行漸遠。另一個是在中間選民定理（median voter theorem）（Downs, 1957）概念下的政黨趨中（party moderation theory）或政策趨同（policy convergence）觀點。由於政黨想要追求更多的選票或者贏得執政機會，不論是原本在政策光譜左邊或右邊的政黨，都將逐步地向中間立場方向移動靠攏，尋求最大多數的政治支持。

　　首先，以政黨在國會的運作為分析焦點，面對國會內政黨間競爭對立情況日益增高時，兩黨意識型態差異日遠的極化現象（party polarization）是經常被提及到的政黨發展論點（Abramowitz, 2010; Baumer and Gold, 2010; Jones, 2001; Theriault, 2008）。由於主要政黨的立場朝向政策光譜的兩端移動，國會兩黨的立場距離持續擴大，立法或政策的共識妥協將更難達成，甚而被部分學者認為是導致國會立法難產、運作僵局的主因，也被認為是1970年以降，特別是1990年代中期以後美國國會的運作特徵。因此，立法成功的關鍵已由1970年前後的「獲得跨黨派廣泛支持」，轉變成為現今的「要獲得單一多數黨強力支持」，即便是里程碑級的重要法案，也難以奢求得到跨黨派成員的支持（Evans, 2012）。不過，政黨在表決上的對立程度除了政黨極化因素外，也受到當時的行政與立法關係、各黨在國會內的席次實力等其他變數所影響。政黨在表決立場上的對立，究竟是單純的政黨領導或動員成功，抑或者就是政黨間實質極化？當中仍有些待釐清的因素，例如Jones將政黨間的表決對立視為是異於跨黨結盟的反向結盟，只不過是結盟對象由跨黨轉移到黨內，不代表政黨政治實質立場的極化分歧（Baumer and Gold, 2010: 138; Jones, 2001）。但Abramowitz（2010: 44）則是預言此政治菁英層級的對立氣氛，將擴散到一般民眾層級，進而增長社會的政治衝突頻率。

　　有別於政黨極化，有關政黨發展的另一競爭性觀點是政黨趨中，特別是政黨在政策立場上的趨中走向（Thomas, 1980）。政黨趨中或政策趨中的主要論點是政黨基於多種政治動機的考量：政黨的立場趨中有利於政黨發展、拓展選票版圖，因此政黨立場將由政策光譜的兩端逐漸向中間位置移動。Brocker和Kunller（2013: 177-178）認為政黨趨中（moderation）有多種表現形式。首先，政黨立場的趨中通常非齊頭式的同時出現，政黨可能先在某些議題上趨中，但在另一些議題上堅持原有主張。第二，政黨立場的移動是「雙向而非單向性」的，可能持續地向中間移動，也有可能隨時因支持者的反彈或其他考量，退回到原點甚至更極端的立場。第三，政黨趨中是一漸進、持續性的過程，很難界定一個清晰的起始點或分界線。

第四，政黨趨中的過程經常是先菁英而後群眾，很可能出現黨內或政黨菁英跟支持群眾立場不一，甚至衝突的情況，政黨菁英經常用「可做不能說」的迂迴手段來迴避支持者對其立場路線的質疑或懲罰，特別是過去強調意識型態主張的政黨更常如此。第五，在野黨通常較執政黨更有調整立場、向中間多數移動的動機，以求增加下次選舉時的執政機會（Brocker and Kunller, 2013; Sanchez-Cuenza, 1999; Wuhs, 2013）。Wuhs（2013）認為政黨的趨中可表現在三種層次上：政黨理念、政策利益以及對政體制度的趨中態度。政黨在基於追求政權、政策影響力或政治聲望等不同動機下，也可能有不同的趨中行徑。例如，當趨中的動機是為爭取執政機會時，它將以迎合中間選民的「政策立場／利益」為方向；但當政黨的目的是為了要追求長遠的政黨聲望、歷史定位時，則可能會在「政黨理念」的宣示上有所堅持。

　　儘管Downs早在1957年的中間選民定理，就推論主要政黨為爭取多數選民的支持，將在政策政見上趨中靠攏。此論曾被認為只存在於理論世界，在現實政治上候選人只在意政黨支持群內的中間多數（Grofman, 2004），而非全體中間選民。然而晚近的政黨研究進一步發覺，還有更多因素可能推動政黨趨中。其一是趨同論點，常被用來解釋理念型、反體制、宗教激進或種族性的個別政黨，是如何趨同、融入現有政治體系的過程。其二是有許多政黨的確常基於「選舉」等務實的政治算計動機，選擇採取趨同路線。其三，由社經發展程度來看，當一個社會的經濟社會政策、建設及制度都已具備一定基礎後，政黨間根本性的政策分歧空間降低。高度強調意識型態的政黨影響力將逐漸式微，講求中道立場的政黨將躍居政治市場的主流地位（Thomas, 1980），進入政黨政策趨同的時代。

二、現實政治極化或趨同的論辯

　　在美國，政治學界對於現實政黨政治是朝向的「極化」或「趨同」的論辯甚多，主要的分析對象可以分成針對一般民眾與針對政治菁英。

一般大眾層次的研究可以Fiorina等三人合著的《文化戰爭》（*Culture War*）（Fiorina et al., 2010）以及Abramowitz所著《消失的中道》（*The Disappearing Center*）（Abramowitz, 2010）兩著作為對立觀點的代表。Fiorina等人認為，美國當下的政治極化僅侷限在政治菁英層級，從主要議題的長期民調資料來分析，多數美國民眾對重要議題的立場仍持續維持在中間且溫和的立場，未出現民意大幅向兩端移動的極化現象。該書認為不應逕自把現實政治勢均力敵的選舉結果、政治菁英激進極化的立場主張、媒介報導的極端政治個案，直接論斷成全國性民意的極化。儘管Fiorina等人引用長期民調數據來否認政治極化的說法，但也同意在政治競爭下，專職政治人物為應付暴增的運作開銷，讓提供各式資源的利益團體更有介入政治決策，甚至干擾政黨與個別議員自主性的機會。媒介報導偏好誇大極端者的立場（他們可能是少數），以及即時性媒介推升政府透明度等壓力下，政治人物對於民意（其中絕大部分是有組織的利益團體）的反應需要更加積極即時，政治風向更容易被少數持極端立場的積極分子所把持，並造成多數民眾認為政治上的極化對立已然成形的印象。

　　Abramowitz（2010）則主張美國政治已邁入極化時代。政治極化不是突然出現：從尼克森政府、雷根政府開始的一連串保守政策，是極化的起點。在政治菁英的帶領下，牢不可破的政黨分歧表現在各種國會的議題立場和政黨競爭上，使得溫和派無立足之地。同樣在一般民眾的政治立場上，社會民意在「自由─保守」的分歧立場日益壁壘分明，也出現「黨性─意識型態的極化」現象（partisan-ideological polarization）（Abramowitz, 2010；蕭怡靖，2014）。Abramowitz（2010）分析1972-2006年的民調資料，發現美國民意在「自由─保守」的意識型態光譜上，晚近以來位居極自由或極保守的民意比例日益擴增，中間立場的民意比例則呈下滑趨勢，且與政黨認同呈正相關。認同民主黨的民眾更強調自由價值，認同共和黨的民眾更重視保守精神，兩黨支持者在意識型態光譜上分別往更自由與更保守的兩端移動，彼此的立場主張漸行漸遠（Abramowitz, 2010: 34-61）。

融合Fiorina與Abramowitz兩人的論辯，似正與本文的主要關懷相呼應。兩書都引用跨時期的民調資料佐證論點，但Fiorina等人與Abramowitz對於美國民意是否已邁入極化卻做出不同的結論。兩書重要差異在於，Fiorina等人是分析民眾在具體議題的立場變化（例如同性婚姻、減稅或增稅立場），認為民意並沒有極化的問題。Abramowitz則是把歷年民調資料轉換成「自由－保守」的七等分光譜指標，認為民意的確有向自由和保守光譜兩端移動的趨勢。筆者偏向認同Fiorina的立場，認為即使民意有自由、保守的立場之別，但當面臨到具體的政策時，還是會因當時的實際情況、意見氛圍、政策性質和內容有不同判斷。兩書的不同結論可能源於研究測量的差異：一為觀察政治光譜左右立場的變遷，一為討論實際政策主張的差距。同樣的，國會運作中雖有許多政黨間的表決對立，予外界政黨高度競爭的印象。然而在表決正反對立的背後，關於實質政策主張的差距大小，仍應進一步分析才可論斷。

三、國會政黨極化的現象與肇因

在政治菁英層次，儘管政治學界對於美國整體的政治極化現象尚有論辯，但學者們多數同意國會殿堂已呈現高度極化，並在此共識下持續探索國會極化的原因、表現方式，以及對立法產出影響（Abramowitz, 2010; Baumer and Gold, 2010; Jones, 2001; Sinclair, 2006; 2012; Theriault, 2008; Dodd and Oppenheimer, 2013）。

Theriault（2008, 16-41）分析了民主、共和兩黨近三十年的政策立場後認為政治極化確實成形，源自國會內外的四項因素導致政黨的極化趨勢：第一是定期的選區重劃。第二是各黨選民遷移聚居而形成優勢性選區，雙重因素導致現任者更易於掌握連任優勢。第三是初選者為了想要在政黨優勢選區贏得提名，所採取的極端政治訴求與手段。第四是國會議事規則的調整，使得國會政黨在國會議事過程中的角色日益吃重，「黨性」更形關鍵。

　　相較於Theriault偏重於選區、選民與選舉結果等解釋因素，Sinclair（2006; 2012）則是由國會內部規則的轉變、政黨議事角色的擴張來解釋政黨極化的產生背景現象。從1970年代起，不論是民主黨或共和黨掌握國會多數地位，兩黨推動一連串國會內部規則的修改，縮減委員會在立法決策上的自主性，調整黨鞭制度、增加政黨領袖介入議程、影響立法內容的空間。再加上共和黨國會領袖從1990年代起展開一連串強化政黨凝聚力的領導作為，使得眾議院的政黨對峙氣氛日益鮮明、兩黨更難達成立法共識。由於多數黨希望繼續其多數優勢、少數黨成員想要再奪回多數地位的強烈動機，雙方持續在記名表決上維持高度的對峙及政黨凝聚力，絕大多數立法都需歷經多次表決才能有所決定，政黨間高度競爭已成為美國國會的常態（Sinclair, 2006: 67-142）。至於政黨極化對於政策產出所帶來的影響，Dodd與Oppenheimer（2013）認為，極化政治下的國會政黨基於競爭與政黨自身利益，在議事決策時的首要考量是政黨的連任優勢，其他與集體利益相關的「制定好政策」，以及政策制定進展則屬次要考量。此外，Hardenand Kirkland（2016）認為利益團體的遊說和選舉獻金的作用，可能也是議會表決與極化趨向的影響因素，不過尚未得到肯定的證據支持。

　　Harbridge與Malhotra（2011）則由國會議員選區屬性的個體層次來思考政黨對立的本質。他們認為國會議員的極端立場和行動，可能是受到選區因素的影響。選區選民的黨性強弱會影響他們對選區代表的期待，黨性堅強的選民往往更希望看到黨的理念立場在國會討論中被強化，因此安全選區的代表反而更有壓力和動機需要積極展現其在法案立場上的主張，愈是來自安全選區的代表在立法過程愈可能訴諸政黨對抗。對國會議員而言，這一方面是回應選區選民的偏好，另一方面也可為自身增加媒體曝光機會（Batto et al., 2016），是一石二鳥的好方法。但若國會議員的立場行動過分激進，甚至是在議事過程中發生肢體衝突時，則可能招致部分民意的責難（Batto and Beaulieu, 2016），也不利於政黨追求全國性的聲望。因此對抗之餘仍需要有所妥協、有所節制，而非一味地擴張對立（Harbridge and Malhotra, 2011: 496）。

　　許多學者同意美國國會已有政黨極化現象，不過Theriault認為政黨極化的概念仍有可再釐清之處：利用國會表決紀錄評估極化的研究假定，雖多可獲得統計上的支持，然而關於極化的實質內涵，究竟應視為是政黨間的立場極度分歧，還是同黨內部的高度同質？政黨對立與兩黨實質政策主張的距離為何？對國會整體運作是利或弊？仍有待持續研究分析（Theriault, 2008: 226-227）。因為1970年代以後的極化趨向恰與民主、共和黨團組織權力、規模的快速擴張同步出現，政黨領袖在表決上扮演關鍵性的領導角色，強化了表決過程中形式上對立。但國會政黨組織與極化現象兩者的前後因果，在因果解釋上尚未有一致共識（Evans and Grandy, 2009; Evans, 2012）。也有學者認為美國國會的現狀只是較激烈的議事攻防，不是政黨實質立場的極化（Jones, 2001）。

四、政黨立場的測量與國會記名表決研究

　　國會表決是多數立法研究者的分析重點，也是政黨動員所屬成員的重要立法階段。有關政黨對立競爭的研究在方法和論點上常有幾個特徵：第一，較多的研究是單純以政黨在國會表決時正反立場，評估政黨對立程度的高低。當政黨在表決的立場上出現正反對立，且政黨團結度／凝聚力愈高時（同黨議員投票立場一致的人數愈多），即被視為是政黨高度對立（盛杏湲，2008；盛杏湲、蔡韻竹，2012）。然而，這種方式其實只看到政黨在表決立場上的對抗，尚無法論證政黨在政策主張上的實質差距。

　　第二，為了要深入理解政黨間的真正差異，除了要知道政黨對於法案政策的贊否態度外，還需要對於政黨的立法主張做探究。例如先建構測量指標（如DW-Nominate），衡量兩黨各國會議員在自由與保守或是其他重要議題上的左右位置，然後分析表決結果，獲致共和、民主兩黨在政策光譜的位置立場上正漸行漸遠的結論（Poole and Rosenthal, 2001），是國會表決分析的常用方式。不過，這類測量通常反應的是廣泛、長時期的立場轉變，較難類推套用在各個實質、具體的修法條文上（Carroll et al.,

2009）。還有更多的研究是利用政黨的黨綱、選舉期間的政黨政見文宣、政黨廣告，來評估各政黨的政策立場（Bennett, 1991; Budge, 2013; Budge and Laver, 1986; Fell, 2004; Molder, 2016; Theriault, 2008; Thomas, 1980; 劉從葦，2006）。使用的方法常見有群眾／菁英調查、菁英訪談法和內容分析法等（Fell, 2004）。其中內容分析法是最常見的方式：研究先建構多個議題類目、測量辨別政黨在各種議題上的立場、比較政黨在跨不同時期的立場變化，也比較同時期各政黨的主張差距。觀察重點通常是政黨立場的相對位置，而不是用政黨立場的絕對位置或政策主張的重疊程度為判定標準（Sanchez-Cuenza, 1999）。此外，由Laver、Budge等學者所提出的Rile Index被認為是另一個可廣泛複製且適用於進行跨國政黨在政治光譜左右位置的指標。Budge（2013）曾自許Rile指標是現行測量政黨立場的最佳方式，也是被比政研究廣泛採用的測量指標。即便如此，仍有許多學者認為，根據各政黨選舉政見所建構的Rile指標的判斷難免主觀，無法精確的反應政黨在左右政治光譜上的正確位置（Molder, 2016）。況且，有許多議題不易在相關文件中找到對應的政黨立場（例如政黨對突發性事件的因應態度，如災害重建方式）。政治菁英也經常會放話來測試民意風向，在面臨衝突抉擇之際選擇妥協，還可能會隨時宣稱「因順應民意趨向，調整其立場」等立場變動情況。單從黨綱政見很難擷取分析這些動態變化。更遑論政黨在選舉期間的政治宣示、選舉政見和平時國會運作的政策立場，經常會因應現實壓力有所修正或調整，因此分析的標的還是應該回歸政黨在國會法案的實質內容。

　　第三，較接近於本研究的相關文獻，包括Jones（2001: 130）分析1975-1998年的國會立法，針對兩黨在國會內有關「立法」的記名表決進行政黨實質對立的分析（排除程序和人事同意等其他表決）。他從兩黨在院會最終表決（final votes）的具體主張和動員情況，作為判斷兩黨對立程度的主要依據，排除其他立法階段的攻防過程。Bennett則是以每一個政策／法案作為分析單元，比較不同政黨在政策目標（policy goals）、政策內容（policy content）、選用的政策工具（policy instrument）、政

策結果（policy outcome）以及政策風格（policy style）等項的主張異同（Bennett, 1991: 218）。這兩位學者的分析方法，都可作為本文在研究分析設計上的參考指引。

五、台灣相關研究成果

　　隨著民主化與制度化發展，立法院早已脫離過去作為行政部門橡皮圖章的角色，成為深具自主性的政治部門，政治學界也正從各種角度，陸續剖析立法運作過程的政治意涵和影響因素。其中，記名表決被視為是具有高度分析價值的立法過程，特別是在探討政黨意志、政黨領導、策略和政黨競爭時，常選擇用單屆或跨屆的記名表決紀錄作為分析解釋的佐證。包括利用記名表決資料來解釋國會政黨的對立和聯合形式，議題屬性與政黨立場的分歧、政黨在不同時期的競爭風格、以及政黨競爭會受到國會內外的哪些因素所左右。也有結合表決紀錄和立法結果，分析政黨的團結程度的變動、當時期政黨領導的效能，不同政府狀態下的立法效能。其次諸如政黨為何與如何發動表決，以及政黨將記名表決視為是國會議程攻防的重要策略等問題，都已有相當的研究成果（吳宜蓁，2001；黃秀端，2004；黃秀端、陳鴻鈞，2006；盛杏湲，2003；2008；2014；蔡韻竹，2009；盛杏湲、蔡韻竹，2012；蔡韻竹，2014）。

　　重要研究如黃秀端與陳鴻鈞（2006），他們認為立院政黨的對立程度，首先受朝野政黨席次的接近性所左右。當朝野席次愈接近時，政黨的對立程度可能愈高。其次受政府狀態的影響，未取得國會過半多數支持的少數政府，特別容易遭遇國會多數黨的挑戰。當上述兩種因素齊備時，幾可斷言藍綠兩黨將面臨最激烈的衝突對立。如此的激烈對立可能造成立法產出的困難，例如盛杏湲（2003；2014）發現，分立政府時期下的整體立法產出相對較差，政府提案的通過機會也會略低於一致政府時期。不過吳重禮和林長志（2002）則認為，一致或是分立政府狀態僅對於爭議性議題與年度預算刪減數額上有所影響，對於一般性的立法制定和質詢則無顯著

差別。總的來說，記名表決紀錄已成為觀察解釋國會內政黨運作與成效時不可忽略的關鍵資料，其中議題性質、政府狀態和各黨席次數量是經常被提及的三項重要因素。

有關於台灣的政黨究竟是處在趨同或是日益極化的路上？長時期與全面性的分析研究正累積發展中。Dalton（2008）利用選舉資料的跨國研究結果，將台灣政黨政治歸在穩定且趨中（stable and modest）的位置，不存在政黨極化的問題。旋有學者認為這樣的解讀是忽略了台灣特有的統獨分歧背景（Hsiao, 2010；蔡佳泓等，2007；蕭怡靖、鄭夙芬，2010；蕭怡靖、林聰吉，2012），要理解台灣的政黨政治，應由獨特的統獨光譜的角度切入解釋。然而相關研究的關懷重點多放在政治上的極化氛圍，如何影響民意與投票行為（蕭怡靖、林聰吉，2012；蕭怡靖，2014）。單獨針對政黨立場或政策位置，進行全面性分析的研究數量相對有限。Fell（2004）利用政黨競選廣告（報紙）、菁英訪談和調查等蒐集方式的研究結論是，我國從1991年到2000年間，國內幾個主要政黨（國民黨、民進黨、新黨、親民黨等），在重要議題的形象位置朝趨中的方向移動，然而在2000年的政黨輪替後，因激烈的政黨競爭局勢，使得各政黨立場的距離又有漸行漸遠的跡象（Fell, 2004: 16）。不過，當區域立委選制改變成為單一選區以後，普遍認為可以遏止藍綠兩大黨兩極化發展的趨向（Yen and Wang, 2014; Huang, 2016: 301-302）。

劉從葦（2006）則由研究方法的層次，比較不同的分析資料對政黨位置（party position）測量的一致性程度。他結合了選舉公報與政黨政見的內容分析，以及訪問對象為政治專家的調查資料。研究結果顯示，不同研究方法所得到的結果並沒有重大差異，都是了解政黨政策位置的可行方法。至於單純由國會立法內容，做長時期追蹤分析政黨立場的研究較為少見，加上國會立法通常會比選舉政見更為務實包容，在研究價值上與既有分析政黨政綱、選舉文宣等文件資料有所區別，也是本文試圖由國會立法層次加以探討的主因。

參、同中求異的行動策略

　　國、民兩黨在立法過程中的激烈競爭與高度對立已是多數人對於立法院的共同認知。本文探討的重點是進一步釐清國會兩大黨在立法過程中，政黨在法案上的實質主張差異，以及記名表決中立場對抗程度高低的關係。

一、政黨的目標與行動

　　政黨研究者多同意民主體制下，政黨的共同目標有三：尋求選票（vote seeking），尋求政策影響力（policy influence seeking），以及尋求政權或官職（office seeking）（Epstein, 1980: 10-11; Smith, 2007: 25-26, 31-35）。特別是在競爭性的政黨體系下，政黨必須慎重地選擇它在政治光譜上的定位，才更有機會達成上述的政黨目標。但想要妥適地定位政黨立場不是件容易的事，有時三個目標也難同時兼顧。以中間選民定理的觀點來看，政黨想要追求更多的選票、尋求更大的政策影響力，增加獲取政權或官職的機會。接近上述政黨目標的最短捷徑就是將政黨的政策位置由政治光譜的兩端向中間移動，抓取最多的選票支持。但另一方面，政黨也需要在選民心中建立品牌區隔，維持本黨「與他黨不同」的立場形象，即使不能做到與他黨「全然不同」，至少也得達到「有所不同」的低標。所以就算是因政黨目標的尋求，政黨必須捨棄或暫緩某些政策立場，但至少還是得時時強調政黨的精神、原始理念、黨綱政見，向選民表述自己仍一本初衷，未因執政或政治利益上的各種誘惑而捨棄了政黨理想、背棄了支持它的選民。因此，本文認為多數的民主政黨經常都是在「趨同」或「存異」的選擇中猶豫徘徊（Sanchez-Cuenza, 2004: 327）：時而往政治光譜的中間前進，時而倏地緊縮倒退，但大致上仍是向中間移動的機會多於倒退的機會。

　　除了多重社會分歧（social cleavage）的政治體系外，多數、特別是

具備或接近兩黨制特性政治體系內的政黨，都會面臨政黨立場趨中移動的壓力（Jones and Mcdermott, 2002; Lavine and Gschwend, 2007; Sanchez-Cuenza, 2004）。然而，政黨在爭取擴張選民基礎的趨中過程，又經常必須面臨黨內的衝突挑戰、支持群眾的反彈或懲罰，甚至移轉選票給其他政黨的威脅（Brocker and Kunller, 2013; Sanchez-Cuenza, 1999; 2004; Jones and Mcdermott, 2002）。政黨為了兼顧擴張支持與黨內和諧，可能會採取各種手段方式來避免黨內衝突或選民責難。總的來說，政黨應盡可能地在形式上突顯自己的立場，避免以公開直白的方式宣告立場轉向，利用各種含蓄迂迴的方法，用既「存異」又「求同」的方式，盡力兼顧擴張選民和鞏固既有支持者的雙重目標。

　　我國的政黨體系雖非典型的兩黨制，但有輪流執政經驗的國、民兩黨亦皆面臨存異或求同的立場抉擇，並展現在國會運作和立法決策過程。本文認為政黨在立法過程中，會利用各種方式對外宣示自己與民意站在相同立場，且與主要競爭政黨有所不同。形成兩大黨在立法議事上相互競爭對抗，但同時聲稱都是代表、回應社會主流民意的弔詭現象。事實上，這種弔詭現象通常不會真正出現，因為政黨在立法過程中將會利用各種手段達成它存異求同的企圖。政黨可能在易於被外界關注的立法過程中極力「求異」；選擇在外界關注程度較低，且不容易清楚分辨的法案實質上「存同」，找尋各方都可接受的立法公約數。其結果是兩黨看似有激烈的議事競爭過程，但在立法政策的實質條文見解上方向一致、沒有太大的差異。如此政黨既可回應民意需求，又可不損及個別政黨的獨特自主性形象，本文將此視為是「同中求異」的行動策略。

二、立法過程中「同中求異」的行動策略

　　在政黨要力求表現，要回應民意，又要與他黨不同的思維下，可能選擇在國會議事階段採取「同中求異」的雙軌策略。在不同的立法階段，有不同的立場表示：在易於被外界關注的提案連署、監督質詢、記名表決等

階段，政黨行動的主軸是「求異」。強調彼此差異的手段方式，包括在政黨人物利用公開場合宣揚政黨的政策主張、在法律提案的內容上回應主要支持者的期待、也要對於同一法案提出不同主張，最好再加上各種政治修辭標籤，使一般民眾更易於理解：諸如「保守和改革的對抗」、「愛台與賣台」等。然而，政黨也會在外界不易觀察判斷的立法階段，例如政黨協商、法案逐條審查過程，送院會表決的最終修正動議「求同」，為求法案可以順利三讀、為求能與其他政黨形成最大公約數，有彈性妥協的空間。一方面是為了讓法案得以順利過關，使得立法院不至於持續空轉，一事無成，另一方面也是因應政黨本身要趨中求同，回應多數中間支持者的需求。本文認為，儘管兩黨在議事過程看似彼此有激烈的對立競爭，積極參與立法討論並且堅持本黨的法案立場，但是從法案最終版本與政黨協商結果來看，在多數情況下最終支持的法案實質內涵常無顯著差異。

　　記名表決是關鍵的立法階段，也是最易觀察到政黨在國會內「求異」與「存同」並存的立法過程。本文將政黨的表決立場視為是其為對外宣稱理念的「形式立場」，再把各黨最終的提案／修正內容視為是該黨的「實質主張」。認為兩黨在為回應中間多數需求的「趨同」，以及為區隔政黨差異的「求異」等雙重動機下，兩政黨的國會行動將呈現形式對立遠大於兩黨立法實質差異的情況。

　　形式上的政黨對立表現如：兩黨輪番針對自己與他黨的提案發動記名表決、否決他黨的提案版本，並且動員黨內成員在記名表決時站在相同（包含贊成／反對／缺席／棄權）的位置，突顯政黨的立場。在朝野政黨席次勢均力敵的情況下，更要強力動員政黨成員出席投票，展現團結氣勢，力保本黨在表決上獲勝。本文所謂的形式對立，即謂當兩黨在某一次表決中動員程度愈高，黨內表決立場一致性愈高，且國、民兩黨表決立場不一致時，就將其視為兩黨的形式對立程度愈高。

　　然而，仔細檢視不同政黨對於同條法案的實質主張，特別是送入表決的最終修正版本時，經常發覺兩黨的實質主張差異有限，整個法案只在小部分的法案細節上有所爭執，只有些許文字的細微差異，甚至無關乎法

案條文的精神和主要內容，在此用「實質對立」來稱呼兩黨在具體立法主張上的實質差異程度。兩黨具體立法主張大同小異時，稱為實質對立程度低，當兩黨具體的立法主張存有顯著區別時，視為是實質對立程度高。

　　觀察政黨「形式異而實質同」的行動策略，第一種常見情況是兩黨各有實質的立法提案，並訴諸記名表決為最後定奪方式。兩黨在記名表決的立場上呈現高度的正反對立、看似高度競爭；然而對立的「標的」—兩黨在法案實質立場的主張卻只有些微差異。一個較為突出的案例是在第七屆討論行政院組織法時，國、民兩黨就曾為「本法依憲法第61條制定之」與「本法依憲法第61條規定制定之」的版本差異，訴諸於不同版本的對抗，並且動用記名表決做最後定奪（立法院，2010：339-409），兩黨在此記名表決中都有高度的黨內動員和黨際對立表現，然而深究法案內容的實質差異卻是非常有限。

　　第二類情況是「以形式對抗代替（實質）無意見」。也就是說，政黨對某些法案的主旨或立法內容沒有堅決主張；既沒有對應的政黨提案，黨籍立委亦不曾在立法審查過程中公開發言表達不同意見。但到了最終的表決階段，各黨的形式對立程度依舊鮮明、看似劍拔弩張，而實際上兩黨實質主張應無太大分歧，因為至少有一黨根本沒有提出自己的立法版本，無具體的實質主張。舉例來說，多位民進黨立委在第四屆營業稅法的委員會審查中，曾多次發言強調該黨對於該次修法內容採取開放立場，民進黨沒有特別意見，且樂見修法順利完成。但當該法進入院會審查的記名表決時，民進黨在表決立場上仍然是與國民黨相互對抗，並沒有因為該黨宣稱對該法採取開放立場，就鬆解政黨在形式對立上競爭表現。

　　「昨非今是」是第三種常見情況。某黨首先提出的政策構想先被另一黨否決，經過或長或短的一段時間後，相同的政策構想被過去曾否決的政黨再次提出。兩黨的法案實質主張有高度重疊，但兩黨在記名表決上依舊高度對峙，呈現「昨是今非」或「昨非今是」等正、反角色互換的情況。舉例來說，民進黨早在第八屆第二會期初，審查中央政府總預算時就曾提案調整民國101年軍公教年終慰問金的發放規則，但在記名表決時被國民

黨否決。不過，最終行政院長陳冲版本的軍公教年終慰問金調整案，不論在精神或發放條件上都與民進黨的原始提案高度重疊，在記名表決階段的政黨立場卻變成國民黨立委支持、民進黨立委集體反對，形成「昨非今是」與「昨是今非」的矛盾現象。又如在兩黨在第六屆審查「國家通訊傳播委員會組織法」和「中央選舉委員會組織法」時，曾對於委員會人選的產生方式有激烈的實質與形式對立和肢體衝突。當時在野的國民黨極力主張NCC和中選會委員都應按國會政黨人數比例分配提名，被當時執政的民進黨認為是立法權侵犯行政權。然而，當國民黨在第七屆轉變成執政黨時，立場又丕變成「反對」這兩個獨立委員會代表，按國會政黨比例分配提名的立場。

　　在此須強調不見得全部的記名表決都是在「玩假的」，有時政黨彼此在立法政策上的確會有無法協調的分歧，是「玩真的」。但整體而言，政黨在國會運作過程中的各種行動，不僅僅只是針對政策法案的考量，還夾雜更多對外表現、展示政黨立場、宣稱政績的考量在內。兩黨實質主張的差異，其實沒有外顯的形式對立那麼激烈、勢如水火。不過，在涉及意識型態的核心議題、在政黨的民意聲望低迷時，為避免遭民意的懲罰等考量（Jones and Mcdermott, 2002），都將使得政黨在行動上有不同的應對。除此之外，選舉時程和政黨領導人的意志也都是影響因素，因此政黨間的形式與實質對立的關係有其動態性，難以一言蔽之兩者的固定關係。

肆、研究設計與方法

　　本研究選擇用立法過程中的記名表決，作為解釋觀察政黨形式對立與法案實質主張的依據。筆者承認，政黨同中求異的現象分散在各立法階段當中，只分析記名表決，難免忽略掉其他有趣的政治過程；再者在現行的議事規則下，要動用記名表決處理的案子通常是兩黨主張差距較大的法案，否則就應該在委員會審查和政黨協商階段達成共識（蔡韻竹，

2014），只看記名表決可能高估了兩黨在實質主張的差異程度，也有選擇性偏誤（selection bias）的疑慮。不過在研究分析上，要從以共識決為決策原則的委員會和政黨協商中，擷取分辨各黨的形式立場和實質主張有操作上的困難。分析記名表決的最大優勢是，記名表決通常有具體的對應條文，在院會中依各政黨的版本進行逐條表決。研究者較容易從政黨具體且完整的主張、判別各黨實質主張的差異，並從政黨的贊否立場，動員情況來看兩黨的形式對立程度高低，因此選用。

　　本文分析的範圍是第三屆至第七屆的記名表決，企圖解釋國、民兩黨在這段期間的形式對立和實質對立情況，以及跨屆期的變化趨勢。研究分析資料來源悉以立法院國會圖書館的資料庫為根據，它已事前針對記名表決預設為關鍵字，只要輸入「記名表決」和檢索期限，就可以在線上資料庫篩選出研究期間的所有記名表決紀錄，研究者再依當次表決內容區分性質（實質內容、議事程序……）進行分析。

　　以下將分成兩個階段分析表決：第一階段討論第三屆至第七屆立法院中的全部表決（2,460次），觀察的重點是法案表決與其他類型表決在形式對立程度上的差異；接著單獨分析法案表決，解釋兩黨在表決中的形式對立和實質對立情況。法案表決的部分只分析針對法案內容的實質表決，排除預算、程序和其他性質等無法清楚判斷各黨實質主張的記名表決，符合條件的表決共計有749次。

　　由於本文只針對兩黨在同一次會議表決中的形式立場和實質主張的關係做分析，較難突顯政黨「昨是今非」、「昨非今是」的立場轉變，或可待日後選擇幾個重要政策進行個案過程的分析研究，在此暫未處理。

一、依變數：政黨在記名表決的形式對立

　　本文以國、民兩黨立委在研究期間內每一筆表決中的立場，以及同黨議員站同一表決立場的集中程度來判斷政黨競爭高低。所謂的表決立場包含贊成、反對、棄權、缺席等四種，不論是同黨成員的高度贊成對上另

一黨的高度反對，或者是一黨用大量缺席表決的方式對抗另一黨的高度
贊成立場，都會被計為是高度的形式對立。形式對立是一客觀的連續性變
數，分數從1-10，分數愈高表示兩黨的對立愈激烈，當分數為6-10分時表
示國、民兩黨在該次表決中有所對立。例如若當次記名表決兩黨黨內各有
90%的委員站在同一表決立場，且兩黨的表決立場是不一致時，則該次的
形式對立分數計為9分。相反地，對立程度若低於5分以下的情況，則表示
國、民兩黨在當次表決沒有明顯對立，兩黨有較多的立委在當次表決時站
在相同的立場，甚至兩黨有所合作（通常是為了防堵其他小黨的提案）。
若政黨對立的分數為5分時，表示兩黨在該次表決時既不對立，也不合
作，通常的情況是至少有一黨沒有形成一致的立場（即該黨未達50%以上
的立委站在相同立場），因此無法判定該黨在該次投票的立場，也不構成
黨跟黨的對立競爭。另外，由於集體缺／退席和棄權是少數黨常用來抗議
或標示立場的手段，所以本研究把缺席和棄權也都視為是一種立場，納為
分析資料的一部分。

二、自變數：法案的實質對立

在此參考Bennett（1991）的測量構想，本文將判斷比較兩黨在該次
表決案實質主張的差異程度，分成實質對立低（兩黨實質主張的差異最
小）、中、高（兩黨實質主張的差異最大）三類。筆者和兩位研究助理先
各自全部完成第一輪的編碼後，再針對不一致的編碼提出討論，最後達成
三人一致的判斷[1]。判斷的依據是最終的法案表決內容來判別各黨在單一
條文上的實質立場[2]。值得強調的是，在此僅分析法案的實質表決，排除

---

[1] 此變數包括作者在內共三人研究助理進行過錄，從跨屆表決總數749筆表決中抽出80筆
進行評分者信度的評估。評分者信度的結果為 .84。惟本文最終使用的資料是全體研究
群就每一筆不一致紀錄，共同討論修正後的結果。

[2] 判斷的依據第一順位是最終的法案表決內容（包含當場提出的修正動議），若無最終
表決版本，則依序以黨團提案、執政黨的政府提案和黨籍立委的提案為判準（僅第
四、五、六屆期間容許泛藍或泛綠等同陣營的立委連署案）。

程序、人事與預算性質等無實質內容的表決。

　　政黨在法案的「實質主張」差異是以現行條文為基準,依兩黨的最終修法提案與現行條文內容的差異程度,建立順序性的類別變數。實質主張差異程度最小為編碼「1」,當兩黨的修法內容的方向一致時(例如都是要放鬆管制,或者都是要加重罰則),認定兩黨的實質主張一致。中等的實質主張差異編碼為「2」,例如有一黨提案修法,但另一黨堅決主張維持現狀不變時,判定政黨間實質立場有中度分歧。兩黨的實質主張差異最大時編碼為「3」,例如,兩黨都要修法,不過兩黨對同一條文有迥然不同的主張時,彼此的差異最大。舉例來說,在第七屆全民健保法的修法過程中,國民黨的版本是「補充保費制」;民進黨的主張可概稱為「家戶總所得制」[3]。因兩黨在保費計費基礎和徵收方式的主張都不一樣,涉及到的相關條文多被判定為3(實質對立程度最高)[4]。不過,同樣在第七屆討論的「莫拉克風災後重建特別條例」,國民黨與民進黨雖有各自的版本,不過都是要立法提供災區重建經費的法源,籌措經費的方法來源也大同小異,因此多數判定為1(實質對立程度低)。

　　另外,在同屆「土地徵收條例」的修法過程中,國民黨黨團主張維持現狀,但民進黨主張應該要修部分法條,因此將編碼為2。又如在「國軍老舊眷村改建條例」中,國民黨主張眷村內的空間應分配給原眷戶、現役志願役士、官、兵及中低收入戶。民進黨對於同一條文的主張則是眷村空間應分配給原眷戶及中低收入戶(亦即不能分配給現役的志願役士、官、兵)。因國、民兩黨對於眷村空間的分配條件有部分重疊,但也有所差異,涉及對於眷村利用方式的不同,實質對立程度編碼為2。

　　值得一提的是,法案在院會討論階段(通常是二讀會),國、民兩黨

---

[3]　全民健保法的修法版本經歷多次變遷,在此是以最後表決所處理提案內容,作為各黨立場的判斷依據。

[4]　本文是依每一次表決的條文立場來做判斷,兩黨仍可能在同一法案的其他條文上有相似立場。

經常會以修正動議的形式提出黨版的完整法案立場，且兩黨修正動議的內容立場通常會較原始提案更為趨同，也經常直接取代黨團、黨籍立委或行政院的原始提案版本，在表決時直接就修正動議內容進行表決。這種情況各屆都有，但至第七屆幾乎已成普遍常態。此類修正動議無法從立法院的提案系統檢索，只能翻閱公報的立法過程做記錄。因為是三讀前的最後各黨版本，本研究多據此判斷政黨實質主張；若無類似修正提案，則以先期的正式提案來判斷。

三、控制變數

多數國會表決研究認定不同的屆期與法案內容以及議題性質是影響國、民兩黨對立競爭程度的重要影響因素（吳宜蓁，2001；黃秀端，2004；黃秀端、陳鴻鈞，2006；盛杏湲，2008；盛杏湲、蔡韻竹，2012）。簡單地說，屆期所代表的時間因素反應了當時期眾多的政治條件：兩黨在立法院的席次勢力、朝野地位角色，並連帶影響當時的行政與立法關係。政黨在法案議題的立場，背後則隱含了政黨在不同政策上的主張、光譜位置以及主要選民群的立場趨向。本文在此將屆期與議題性質列為控制變項處理。

（一）屆期（時間）

立法院的屆期反映出政黨在不同時期的實力狀況及朝野關係，政黨實力是左右當時期政黨對立程度高低的重要因素。國內已發表的論文曾就立委席次和政黨對立、政黨競爭的關係多所論述。其中黃秀端和陳鴻鈞（2006）的文章指出，在不同屆期、不同政黨實力下，政黨競爭對立形式的特徵：當執政黨與在野黨的席次愈接近時，朝野政黨的對抗程度也就愈高。其次，少數政府的狀態下的記名表決過程中更容易出現朝野對抗。這些變化，基本上都是沿著屆期變動，因此本文將屆期列為第一個控制變數。

（二）法案議題

　　影響國、民兩黨對立的另一個關鍵是議題。政黨在處理不同的議題時，有高低不一的政黨對立形勢，因此將議題列入控制變項。長期以來，國、民兩黨的政策距離在不同議題上皆有不同。在有關國家認同及延伸出的相關議題上，由過往的統獨、主權範圍到近期以來的兩岸與中國政策，一直是兩大黨較為顯著且非常重視的政治分歧。然而，在執政動機的考量下，兩黨在此議題上也經常有趨中、趨同的情況，特別是在小黨以極端法案政策吸引外界注目之際，兩大黨經常在表決中合作否決過度激進的法案政策（盛杏湲、蔡韻竹，2012）。本文把涉及法案表決的議題分成以下幾類：兩岸關係、政府與社會改革、社會福利立法、環境保護、財政經濟、政治競爭等。主要係參考國內相關國會表決研究的分類方法（盛杏湲，2008；盛杏湲、蔡韻竹，2012；蔡韻竹，2009；2014）。

（三）選舉時程

　　國、民兩黨為求鞏固和擴大社會的支持基礎，在記名表決中的立場和對抗程度可能隨著選舉時程的遠近而浮動。在重大選舉將屆時趨於中道，在離選舉時程尚遠時，忠實代表政黨的核心立場和利益。本文將以總統大選日的前一年為起始[5]，控制比較總統大選前一年與非選舉期的對立情況。特別補充說明的是，因研究期間橫跨不同的立法委員選制，且近期以來總統選舉和立委選舉有合併舉行的趨勢，為避免干擾分析結果，在此選用總統選舉年當作選舉時程的代表。

---

[5]　本文曾考慮以立法委員選舉年作為控制變項。兩項因素使得本文最後選用總統大選年為模型變項。第一是，本研究期間橫跨立法委員選制調整，從無須趨中追求過半多數選民支持的SNTV制度，轉變成要追求最大多數選民支持的單一選區兩票制。在不同的選制條件下，國會政黨／個別立委在立法表決的行動上可能有所不同，選用總統大選年作為變數則無此顧慮。第二是，在實際分析的過程中，筆者曾分別用立委選舉年和總統大選年的變數投入分析模型，發現不同的變數所得到的估計值，在正負方向上皆同，只是「總統大選年」對依變數的影響，較「立委選舉年」的影響更大，因此最後選用總統大選年。

伍、資料分析

一、第三屆至第七屆國、民兩黨記名表決的形式對立分析

　　首先比較國、民兩黨在各類表決上的形式對立，一般認為記名表決即等於政黨對抗。不過進一步分類後，可了解到表決時的形式對立程度，仍會因記名表決內容的性質而異。表2-1是第三屆至第七屆全部記名表決的形式對立情況，分數愈高代表國、民兩黨在表決時的對抗愈激烈。兩黨最針鋒相對的表決是發生在陳水扁執政時期的總統罷免案，兩黨皆採高度動員、高度對立競爭。對立程度次高的表決是因應行政院所提出的覆議表決，國、民兩黨常由「在朝」和「在野」的立場角色作競爭。國、民兩黨

表2-1　第三屆至第七屆記名表決種類與兩黨形式對立程度

表決類型	對立分數（標準差）	百分比（表決次數）
法律案	6.43(2.25)	57.8(1423)[6]
預算案	8.12(1.73)	18.7(461)
憲法修正	3.82(3.92)	.4(11)
決議案	7.91(1.91)	10.4(256)
覆議案	9.33(0.98)	.5(12)
總統罷免案	10.00(0.00)	.1(3)
程序決議	8.55(1.83)	2.6(64)
預算決議	8.07(1.62)	8.6(211)
條約案	8.79(0.92)	0.8(19)
合計	7.12(2.24)	100.0(2460)

資料來源：立法院資訊檢索系統。

說明：對立程度的區間為1-10，分數愈高表示政黨在該次表決的形式對立程度愈大。

---

[6]　此處為法律案表決含法律案的實質表決與法律案的程序表決。

對立程度次之的幾類表決包括：條約議決、程序決議、預算決議（例如決
議限制政府部門，日後不得再編列任何預算投資高鐵）與預算案（例如刪
減行政首長當年度特別費預算）等。推測兩黨在此高度對立的原因是，這
類議題常是媒體關注的焦點，政黨在這類表決通常不需要提出對策或替代
方案，只要發動表決就有機會搶占新聞版面、突顯與他黨的差異，因此經
常成為在野黨攻擊和執政黨護航反擊的標的。

　　研究期間，兩黨無對立的表決（形式對立在5分以下）只有憲法修正
案，此與歷來修憲案多由各黨聯合提案，共同合作完成立法的印象相符。
值得留意的是政黨在法律案表決上的對立分數僅高於修憲案表決，平均
分數為6.43分，是各種類表決中，形式對立程度較低的一類。由此可推論
國、民兩黨在法案表決的對立情況沒有想像得嚴重。總結表2-1所得到的
認知：在研究期間，國、民兩黨在法案上的形式對立程度略低於其他類表
決，兩黨在法案上的實質對立情況低於外界的想像，甚至有機會合作。

　　接著再看屆期對於兩黨形式對立程度的影響，從表2-2可以清楚看到
國民兩黨在不同屆期的對立情況。總的來看，國民黨本身的凝聚力和政黨
動員能量，是左右兩黨對立程度的高低的關鍵因素。民進黨不論是在朝或

表2-2　第三屆至第七屆記名表決的兩黨形式對立程度

屆期	對立分數（標準差）	百分比（表決次數）
三	6.90(2.08)	23.4(575)
第四屆輪替前	6.03(1.91)	9.1(224)
第四屆輪替後	6.26(1.57)	3.8(94)
五	7.35(2.66)	14.9(366)
六	8.41(2.95)	10.5(258)
七	7.16(1.84)	38.3(943)
合計	7.12(2.24)	100.0(2460)

資料來源：作者整理自立法院資訊檢索系統。

說明：對立程度的區間為1-10，分數愈高表示政黨在該次表決的對立程度愈大。

在野，在表決立場上始終維持高度的政黨凝聚力（盛杏湲，2008），反而是國民黨常因政黨領導、朝野角色的變動而有不一致的表現，以致在形式對立的分數上有所起伏。

分立政府時期的第五屆到第六屆（2002.2-2008.1），是整個研究期間形式對立程度最高的一段時間，形式對立的分數在第六屆高達8.41分，第五屆則有7.35分（滿分10分），是國、民兩黨對立競爭最炙的階段，與我們對於分立政府時期，藍綠激烈對峙的印象相符。第四屆（1999.2-2002.1）兩黨形式對立程度較低的期間，政黨輪替前的國民黨主席是李登輝，與民進黨惺惺相惜的心態自然不言可喻。李登輝本人雖然在國民黨失去政權後被迫辭去國民黨主席的職務，然而國民黨因總統大選失敗而元氣大傷，黨內仍然欠缺團結凝聚能力，使得第四屆政黨輪替後的形式對立分數和記名表決次數都相對有限。第三屆（1996.2-1999.1）和第七屆（2008.2-2012.1）的立法院都是國民黨單獨過半的一致政府階段，在野黨可能發動很多的記名表決，來突顯自己與執政黨的立場差異（蔡韻竹，2014），不過從兩黨形式對立的平均分數來看，激烈的程度仍不若分立政府時期。

二、國、民兩黨在法案主張上的實質對立

表2-3是國、民兩黨於第三屆至第七屆在法案主張上的實質對立情況，分析的範圍只限於法律案的實質表決。從制度理念推演，立法表決的意義在於立法院內的成員無法以共識協商的手段達成立法結論，因此需以表決為最終決策手段。但這些動用表決處理的法案中，深究國、民兩黨在許多法案上的主張差異有限（參見表2-3），在高達67%法案表決中，國、民兩黨的修法方向一致，兩黨立法主張有高度差異的法案僅占全部觀察值的16.3%。至此，我們可以先有一個概略的結論是：國、民兩黨在第三屆至第七屆期間對於立法與修法的實質立場上，相近的比例遠高於相異的部分。

　　其次觀察各屆差異，屆期的差異可視為當時期政治體系、政黨競爭、席次勢力、朝野地位因素的總和。從表2-3來看，在第四屆政黨輪替前是兩黨法案實質主張差異程度最低的時期。國、民兩黨在實質立場上只有低度差異的比例高達近九成（89.1%），真正南轅北轍的比例僅5%（實質對立程度高），可謂是國、民兩黨位置自第三屆至今實質立場最接近的一段時期。這可與表2-2的結果以及其他分析視角所得的研究結論相互呼應（Fell, 2011；徐火炎，1999；蔡韻竹，2009；盛杏湲、蔡韻竹，2012）。

　　在第一次政黨輪替的少數政府時期（2000-2008），親民黨、台聯等小黨陸續新生，嶄露頭角。單從理論上推想，兩大黨都有充分動機要在法案上區隔敵我，避免因大黨趨中，反而讓親民黨或台聯等小黨輕鬆收割國、民兩黨深藍和深綠的支持者。由表2-3來看，這段時期國、民兩黨的實質對立的確是較前一階段提高：在立法主張上有高度差異的表決比例一

表2-3　第三屆至第七屆國、民兩黨在法案表決的實質對立情況（屆期別）

屆期	實質對立程度			當屆合計（表決次數）
	低	中	高	
三	78.9(127)	13.0(21)	8.1(13)	100.0(161)
第四屆輪替前	89.1(90)	5.9(6)	5.0(5)	100.0(101)
第四屆輪替後	36.8(7)	63.2(12)	0.0	100.0(19)
五	59.0(72)	13.1(16)	27.9(34)	100.0(122)
六	54.8(23)	21.4(9)	23.8(10)	100.0(41)
七	60.2(183)	20.1(61)	19.7(60)	100.0(304)
合計	67.0(502)	16.7(125)	16.3(122)	100.0(749)

資料來源：作者整理自立法院資訊檢索系統。

說明：表中數值為百分比，（　）內為該類表決次數。

Chi-Square=85.42, degree of freedom=10, p<.00

口氣提高到將近三成（第五屆平均值達27.9%）；相反的，實質立場差距
最小的比例也遞減為不到六成（59%-54.8%）。這段期間，具高度實質對
立的重大法案包括「三一九槍擊事件真相調查特別委員會條例」、「公民
投票法」、「通訊傳播委員會組織法」以及「政治獻金法」的部份條文
等。即使如此，總體來看，國、民兩黨在立法實質主張上的差異，仍然是
相似多於相異，未因外在政治體系的變動而有翻轉性的變化。

三、兩黨實質對立的影響因素

　　從記名表決的形式對立和實質對立的描述性統計得知，研究期間國、
民兩黨在法案上的形式對立程度，以及立法實質主張的對立差異相對有
限。許多外界看似劍拔弩張、水火不容的表決對抗，多是不影響最後立法
結果的人事、決議或預算案。其次，再就兩黨送入表決的提案內容進行實
質分析，也發覺兩黨歷來的立法主張都是相同點多於相異處。儘管如此，
在藍綠對峙的隱憂下，本文想進一步釐清，兩黨法案實質對立的程度高
低，是否有任何的特徵可循？在哪些條件下，兩黨的立法主張較為相近？
在哪些條件下，兩黨的立法主張對立程度較高？

　　本文以為，主要政黨立法主張是存同或者求異，可能受到外在政治結
構條件、選舉時程、國會內政黨勢力分布，以及議題屬性等因素影響。表
決的形式對立和立法主張的實質距離都能夠反映當時期的政黨競爭氣氛。
然而，兩個主要政黨的本質立場，歷來持續維持在「相同大於相異」的局
面，與外界擔憂藍綠惡鬥極化的印象不同。在政治結構上，當行政與立法
部門分由不同政黨執政時，國會成為在野黨的重要戰場，在野黨一方面要
有積極的作為表現，更有要「求異」藉此標示自己與行政部門不同調的積
極動機。不過，當重大選舉（本文以總統選舉為準）時程接近的時候，兩
黨為求擴張和鞏固中間多數，可能同時在法案立場上改以回歸中間民意偏
好的中庸之道為主要戰術，不再強調／堅持特殊的政策或理想，在法案的
實質主張上趨於相近。此外，政黨的席次勢力，也會左右政黨在法案上的

實質主張,特別當國會內的小黨數量和席次愈多時,小黨的立法表現愈活躍時,主要政黨固然不可隨意棄守原有的政治版圖,讓小黨坐收漁利,然而在形式對立上則可能回歸現實。在特定情況下,兩大黨甚至可能有所合作,共同對抗少數激進的主張,避免政策暴衝,如在第五屆聯手否決台聯的「總統台生條款」。最後,政黨的實質立場也受議題類別的影響。兩黨長期都在涉及國家認同、兩岸關係等政治競爭性議題的具體主張上有顯著差距,有根本性的「異」。但在涉及民生的社經議題方面的主張上則無顯著區別。

　　表2-4是以法案實質差距為應變數的迴歸模型,因應變數為有順序的類別變數(1-3)故使用order logistic迴歸處理。投入的自變數包括行政立法狀態(一致政府 = 0)、總統選舉年、國民黨席次率、民進黨席次率、小黨席次率(各小黨加總)、議題類型等。結果發現政治結構、選舉時程、國會內各政黨的席次勢力以及議題類型,的確都是影響兩黨法案實質差異的因素。兩黨對於法案的實質主張,特別受到總統選舉時程、小黨勢力大小和行政立法狀態等因素的影響。在分立政府的狀態下,會增加國會內兩大黨在法案實質主張上的差異。但是當總統選舉將屆,兩黨在立法主張方面常會有較多的共識。當國會內的小黨席次愈多,也會使得兩大黨在法案上主張較為接近,但兩大黨在立法院席次多寡,對兩黨法案立場差距的影響則不明顯。最後是法案的議題性質:與財經法案相較,在其他條件不變的情況下,兩黨只在政治和社會改革與政治競爭議題的實質主張上有較明顯的差異,其餘議題皆未達顯著。

四、國、民兩黨形式對立與實質差異的迴歸分析

　　最後,要解釋政黨在法案表決中實質主張的差異與表決立場的關係。表2-5OLS迴歸分析的依變數是政黨在該次記名表決中的形式對立程度(1-10),分數愈高表示兩黨的形式對立程度愈高。主要的自變數為法案實質對立差異的低、中、高三類,以虛擬變數方式處理,未放入模型內的

表2-4 政黨立法實質差異（實質對立）的迴歸分析

	B	SE
行政立法狀態 （一致政府＝0）	1.133*	.488
總統選舉年	-1.231***	.231
國民黨席次率	-.017	.027
民進黨席次率	.0122	.052
小黨總席次率	-.156***	.039
表決議題性質 財經（＝0）		
兩岸關係	.286	.371
政治或社會改革	.698**	.246
社會福利	.141	.233
環境保護	.611	.842
政治競爭議題	1.159***	.309
Cut1	-.668	2.847
Cut2	.370	2.846
N		749
Log likelihood		-595.569
Pseudo R^2		.078

資料來源：整理自立法院資訊系統及國會圖書館立法院議事系統。

*** p＜.001，** p＜.01，* p＜.1。

是法案實質差異最低的部分。模型中還加入常見左右政黨表決立場的相關因素作為控制：包括時間（屆期）、議題性質及重大選舉時程的影響。

　　據表2-5迴歸結果顯示，政黨實質立場差異與形式對立程度的關係是：在其他條件不變的情況下，與政黨實質差異最小的法案相比，實質差異為中等的記名表決會伴隨有較激烈的形式對立競爭，估計值達1.699。

　　然而，在兩黨實質差異程度最大的表決中，形式對立程度的估計值僅1.196。換言之，國、民兩黨在法案表決競爭時形式對立程度最高的情況，反而是在兩黨立法實質主張僅有中度差異時。合理的解釋是，當兩黨的實質主張有高度差異時，兩黨反而會較為謹慎，克制形式對立的程度，而不是一味的拉高藍綠對抗。因為，當兩黨實質主張有高度差異時，經常意味著社會民意對於立法主張的分歧，甚至敵視對抗。此時，兩黨在形式對立程度上的克制，可視為是兩黨都希望回應社會多數民意立場的表現。

　　其他控制變數方面，不同屆期的估計值代表了當時期政黨席次實力消長、政黨競爭態勢、政黨團結度等因素。表2-5的迴歸模型顯示，在其他條件不變的條件下，與第三屆相比，在第六屆至第七屆立法院是兩黨表決形式對立程度較高的時期，特別是在第六屆的估計值達到2.910[7]。在議題屬性方面，與財經類的表決相比，兩黨在涉及環保和政治社會改革的議題類型上有較高的形式對立情況。在無左右分歧的台灣，相較於財經類的法案（＝0），涉及環境議題和政治或社會改革類的法案對於兩黨的對立程度有更大且顯著的影響。至於社會福利議題，與以事務性、人民交流性質為大宗的兩岸關係類議題，兩黨在這二類議題對於表決中的形式對立高低的估計值為負值，可視為兩黨在此二議題上的形式對立程度尚不及於財經類表決的分歧。最後，從迴歸結果也發現，總統選舉時程的確左右兩黨在記名表決中的對抗程度，在總統選舉時程與兩黨的形式對立程度呈一負向的關係（-.808）。也就是說當總統選舉將屆，兩黨在表決上的形式對立的情況也會稍微降低。

7　一般印象認為第五屆立法院也是藍綠對立激烈的一段時期，不過表2-5所得到的估計值卻小於第六屆和第七屆。主要原因之一是第五屆有較多的小黨席次，多少牽動了國、民兩黨形式對立的程度。小黨在第六屆因選舉制度調整等因素逐漸式微，在表決的對抗結構上，又回歸到典型的藍綠對決局面。再者，第六屆立法院因處理多個高度政治性法案，包括「國家通訊傳播委員會組織法」、「中央選舉委員會組織法」、「三一九槍擊事件真相調查特別委員會條例」，也是使得第六屆政黨競爭更甚於第五屆的原因。

表2-5　法案實質差異與形式對立的迴歸分析

	B	SE
法案實質主張立場		
實質差異最低（＝0）		
實質差異中等	1.699***	.192
實質差異最高	1.196***	.202
屆期		
第三屆（＝0）		
第四屆政黨輪替前	1.776***	.329
第四屆政黨輪替後	.734$	.468
第五屆	1.573***	.266
第六屆	2.910***	.374
第七屆	2.038***	.221
表決議題性質		
財經（＝0）		
兩岸關係	-.222$	.298
政治或社會改革	1.001***	.197
社會福利	-.696**	.203
環境保護	2.358***	.678
政治競爭議題	.716*	.282
總統選舉年	-.808***	195
Constant	4.217***	.198
Adjusted R^2	.324	
N	749	

資料來源：整理自立法院資訊系統國會圖書館立法院議事系統。

*** $p < .001$，** $p < .01$，* $p < .1$，$ $p < .5$。

據此，本文歸納兩大黨在記名表決階段的行為有以下幾點特徵：第

一，政黨在法案上實質主張的差異程度，與形式對立程度有顯著且正向關聯性。也就是說當兩黨在法案上的實質主張差異愈大時，確實可能升高兩黨在記名表決的形式對立程度。不過，當兩黨在法案的主張上有明顯的不同時，兩黨在表決上的形式對立程度，反而又會略低於中度實質差異的情況。

第二，政黨在表決時的形式對立程度，也受到屆期和議題性質等因素的影響。所以，即使我們在同一時期看到兩黨在表決立場上不停的高度對抗，也不代表兩黨對於法案的實質立場已走上極化的不歸路，可能只是反映了當時期的政治結構氣氛。第三，選舉時程是降低國會政黨形式對立程度的有力因素，兩大黨為了要爭取中間多數的支持，大選前的立法院，在表決對立上往往比其他時候來得「風平浪靜」。總結上述現象的關鍵主因，就是由於國、民兩黨既有政黨競爭的動機，又要回應中間多數選民的壓力所致。

陸、結論

立法院是政黨競爭的重要舞台，各黨經常在許多政策立法上互有堅持、互不妥協，只能用表決來解決彼此的立場歧見。外界眼見政黨在表決立場上的壁壘分明、高度對立，擔憂台灣（特別是立法院）已經進入一個兩黨惡鬥甚至兩黨極化的階段。本文的主要用意是對於社會上的主流輿論提出另一種思考：一般多假定政黨表決的實質對立與形式對立成一正向的關聯性，因此看到藍綠政黨在表決立場上的劍拔弩張，即推論藍綠的實質主張也是漸行漸遠，認定我國正面臨政黨極化、政黨惡性競爭的隱憂。本文試圖提出不一樣的觀點，認為實質與形式對立兩者間並非是因果關係，形式對立程度的高張，主因是政黨因政治和選票算計、品牌區隔的考量的結果。研究結果顯示，藍綠兩黨的實質立場差距，尚未如形式對立程度一般高張，因此我們至少在實質政策上，暫且無須太擔憂台灣馬上就要面臨

政黨極化、惡性鬥爭的困境。

　　本文利用國、民兩大黨在記名表決中對於法條的實質主張差距，判斷兩黨實質對立的程度；以及兩黨在記名表決時的贊否比例，計算當次表決的形式對立分數。目的是更清楚剖析國、民兩大黨的記名表決內涵，繼而探究兩黨法案實質主張和表決對立程度高低的關聯。

　　由於政黨在記名表決中的表現，兼具有影響立法結果和對外宣傳以獲致選民認同的雙重目的。因此本文主張，政黨在記名表決中的高度對抗情況，不應就此逕自推論台灣已經進入一個藍綠惡鬥的極化狀態，應該更進一步的去探究政黨在記名表決中對抗什麼。由於政黨想要爭取多數選票和執政的目的，將使得兩黨同時有「求異」與「存同」等雙重動機，在記名表決中，則為此雙重動機可被具體觀察的立法過程。本研究假定由於國、民兩大黨都有執政和擴大選票支持的動機，因此在政黨立場上有面臨向政治光譜中心移動的趨中壓力，以回應與迎合社會多數民意的期待。但另一方面政黨在政治競爭加劇的結構下，也需要在政策立場上與不同政黨相互區隔，建立選民心目中的獨特形象。兩黨的對應策略，就是以「同中求異」的手段，來尋求達成政黨的獨特自主性及趨中爭取最大支持等雙重目標。以既「存異」（形式對立程度高）又「求同」（實質對立程度低）的方式，兼顧政治支持的極大化追求，也保留政黨的獨特自主性與政治空間。

　　本文以記名表決為分析單位，針對法案類的記名表決，利用第三屆至第七屆（1996.2-2012.1）的跨屆期紀錄，解釋跨不同政治時期、兩大黨在記名表決中的形式對立與實質對立情況。首先，經由完整蒐集立法表決紀錄後發現，兩黨都經常在二讀表決階段利用修正動議的方式，替代掉原先實質立場分歧程度較大的立法版本，是政黨在立法運作上實質求同的第一項表徵。其次，從表決的形式對立來看，法律類表決上的形式對立分數為6.43分，是各類表決中形式對立程度較低的一類，明顯低於罷免、倒閣或決議類的記名表決。也就是國、民兩黨在法案表決的對立情況沒有想像得嚴重、低於外界的想像，甚至有機會合作。第三，國、民兩黨在第三屆

至第七屆期間對於立法與修法的實質立場上，相近的比例遠高於相異的部分。整體來看，兩黨在高達67%法案表決中，實質的修法方向一致，有高度差異的法案僅占全部法案表決的16.3%。

本文更進一步探討兩黨立法實質主張的影響因素，發現兩黨的法案實質主張、行政立法狀態、總統選舉時程、立法院內的小黨勢力等因素影響。分立政府的狀態，會增加國會內兩大黨在法案主張上的差異；但是在總統選舉將屆時，兩黨的形式對立和實質對立程度都會降低。另外，當國會內的小黨總席次愈多時，也會使得兩大黨的法案主張趨於相近。本文也發現政黨的實質對立與形式對立確有顯著的正向關係，當兩黨立法主張實質差異的程度愈大時，會升高兩黨在表決時的正反對抗程度，不過尚不及屆期和議題性質等因素對兩黨表決對立程度的影響。

根據上述結果，似可為看似激烈且水火不容的藍綠競爭下個註腳：我們尚毋需擔心立法院內高度的政黨競爭將導致政治體系的分裂或極化。在國、民兩黨看似劍拔弩張、要在法案上拚個你死我活的表決大戰中，從實質的法案立場來看，其實還是「同多於異」，藍綠政黨的激烈對峙，多數可視為是在公開立法表決中展現「同中求異」的品牌區隔而已。

參考書目

外文部分

Abramowitz, Alan I. 2010. *The Disappearing Center: Engaged Citizens, Polarization, and American Democracy*. New Haven: Yale University Press.

Batto, Nathanand Emily Beaulieu. 2016. "Public Opinion & Partisan Conflict in Extremis: Parliamentary Brawls and Legislative Approval." *Proceeding of a Conference on 2016 Asian Election Studies International Conference*. 29 October 2016. Taipei: Chengchi University.

Batto, Nathan, Yun-Chu Tsai and Ting-Wei Weng. 2016. "Parliamentary Brawls, Media Coverage, and Re-Election in Taiwan." *Proceeding of a Conference on 112th Annual Meeting of the American Political Science Association*.1-4 September 2016. U.S.: Philadelphia, PA.

Baumer, Donald C. and Howard J. Gold. 2010. *Parties, Polarization, and Democracy in the United States*. Boulder: Paradigm Publishers.

Bennett, Colin J. 1991. "What is Policy Convergence and What Causes It?" *British Journal of Political Science* 21, 2: 215-233.

Brocker, Manfred and Mirjam Kunkler. 2013. "Religious Parties: Revisiting the Inclusion-Moderation Hypothesis 1-Introduction." *Party Politics* 19, 2: 171-186.

Budge, Ian and Michael Laver. 1986. "Office Seeking and Policy Pursuit in Coalition Theory." *Legislative Studies Quarterly* 11, 4: 485-506.

Budge, Ian. 2013. "The Standard Right-Left Scale." in http://goo.gl/4EubD. Latest update 12 December 2017.

Carroll, Royce, Jeffrey B. Lewis, James Lo, Keith T. Pooleand Howard Rosenthal. 2009. "Measuring Bias and Uncertainty in DW-NOMINATE Ideal Point Estimates via the Parametric Bootstrap." *Political Analysis* 17, 3: 261-275.

Dalton, Russell J. 2008. "The Quantity and the Quality of Party Systems: Party System Polarization, Its Measurement, and Its Consequences." *Comparative Political Studies* 41, 7: 899-920.

Dodd, Lawrence C. and Bruce I. Oppenheimer. 2013. "The House in a Time of Crisis: Economic Turmoil and Partisan Upheaval." in Lawrence C. Dodd and Bruce I. Oppenheimer. eds. *Congress Reconsidered*: 27-58. 10th ed. Washington, DC: CQ Press.

Downs, Anthony. 1957. *An Economic Theory of Democracy*. New York: Harper and Row.

Epstein, Leon D. 1980. *Political Parties in Western Democracies*. London: Transaction Publisher.

Evans, C. Lawrence and Claire E. Grandy. 2009. "The Whip Systems of Congress." in Lawrence C. Dodd and Bruce I. Oppenheimer. eds. *Congress Reconsidered* : 189-216. 9th ed. Washington, DC: CQ Press.

Evans, C. Lawrence. 2012. "Parties and Leaders: Polarization and Power in the U.S. House and Senate." in Jamie L. Carson. ed. *New Directions in Congressional Politics*: 65-84. New York: Rutledge.

Fell, Dafydd. 2004. "Measurement of Party Position and Party Competition in Taiwan." *Issue & Studies* 40: 101-136.

Fell, Dafydd. 2011. *Government and Politics in Taiwan*. London: Routledge.

Fiorina, Morris P., Samuel J. Abrams and Jeremy C. Pope. 2010. *Culture War? The Myth of a Polarized America*. 3rd edition. New York: Longman.

Grofman, Bernard. 2004. "Downs and Two-Party Convergence." *Annual Review Political Science* 7: 25-46.

Harbridge, Laurel and Neil Malhotra. 2011. "Electoral Incentives and Partisan Conflict in Congress: Evidence from Survey Experiment." *American Journal of Political Science* 55, 3: 494-510.

Harden, Jeffrey J. and Justin H. Kirkland. 2016. "Do Campaign Donors Influence Polarization? Evidence from Public Financing in the American

States." *Legislative Studies Quarterly* 41, 1: 119-152.

Hsiao, Yi-Ching. 2010. "Citizens' Perceptions of the Left-Right Ideology in Taiwan." *Proceeding of a Conference on International Symposium on "Designing Governance for Civil Society" Hosted by the Center of Governance for Civil Society (CGCS)*. 5-6 March 2010. Japan: Keio University.

Huang, Chi. 2016. "Mixed-Member Systems Embedded within Constitutional Systems." in Nathan F. Batto, Chi Huang, Alexander C. Tan and Cary W. Cox. eds. *Mixed-Member Electoral Systems in Constitutional Context*: 300-310. Ann Arbor, M.I.: University of Michigan Press.

Jones, David R. 2001. "Party Polarization and Legislative Gridlock." *Political Research Quarterly* 54, 1: 125-141.

Jones, David R. and Monika L. McDermott. 2002. "Ideological Distance from the Majority Party and Public Approval of Congress." *Legislative Studies Quarterly* 27, 2: 245-264.

Lavine, Howard and Thomas Gschwend. 2007. "Issues, Party and Character: The Moderating Role of Ideological Thinking on Candidate Evaluation." *British Journal of Political Science* 37, 1: 139-163.

Molder, Martin. 2016. "The Validity of Rile Left-right Index as a Measure of Party Policy." *Party Politics* 22, 1: 37-48.

Poole, Keith T. and Howard Rosenthal. 2001. "D-Nominate after 10 Years: A Comparative Update to Congress: A Political-Economic History of Roll-Call Voting." *Legislative Studies Quarterly* 26, 1: 5-29.

Sanchez-Cuenca, Ignacio. 1999. "The Logical of Party Moderation." in http://citeseerx.ist.psu.edu/viewdoc/download?doi=10.1.1.527.5165&rep=rep1&type=pdf. Latest update 30 December 2017.

Sanchez-Cuenca, Ignacio. 2004. "Party Moderation and Politicians' Ideological Rigidity." *Party Politics* 10, 3: 325-342.

Sinclair, Barbara. 2006. *Party Wars: Polarization and Politics of National Policy Making*. Norman: University of Oklahoma Press.

Sinclair, Barbara. 2012. *Unorthodox Lawmaking: New Legislative Processes in the U.S. Congress.* Washington D.C.: CQ Press.

Smith, Steven S. 2007. *Party Influence in Congress*. New York.: Cambridge University Press.

Theriault, Sean M. 2008. *Party Polarization in Congress*. U.K.: Cambridge University Press.

Thomas, John Clayton. 1980. "Policy Convergence among Political Parties and Societies in Developed Nations: A Synthesis and Partial Testing of Two Theories." *Western Political Quarterly* 33, 2: 233-246.

Wuhs, Steven T. 2013. "Inclusion and Its Moderating Effects on Ideas, Interests and Institutions: Mexico's. Partido Accion Nacional." *Party Politics* 19, 2: 187-209.

Yen, Chen-Shen J. and Hung-Chung Wang. 2014."Democratic Representation in Taiwan's Parliament: Evolution of Democratic from SNTV to Single-member District Electoral System." in Yong-Nian Zheng, Lye Liang Fook, and Wilhelm Hofmeister. eds. *Parliaments in Asia*: 243-260. London: Routledge.

中文部分

王宏恩。2011。〈資訊提供與立法院政治信任：使用IVOD的探索性研究〉。《台灣民主季刊》8，3：161-197。

立法院。2010。《立法院公報》。第99卷第5期。台北：立法院。

吳宜蓁。2001。〈國會中政黨的立法聯合：第三屆立法院的探討〉。國立政治大學政治系碩士學位論文。

吳重禮、林長志。2002。〈我國2000年總統選舉前後中央府會關係的政治影響：核四議題與府會互動的評析〉。《理論與政策》16，1：73-98。

徐火炎。1999。〈李登輝情結的政治心理與選民投票行為〉。《選舉研究》5，2：35-71。

盛杏湲。2003。〈立法機關與行政機關在立法過程中的影響力：一致政府

與分立政府的比較〉。《台灣政治學刊》7，2：51-105。

盛杏湲。2008。〈政黨的國會領導與凝聚力：2000年政黨輪替前後的觀察〉。《台灣民主季刊》5，4：1-46。

盛杏湲、蔡韻竹。2012。〈政黨在立法院的合作與對立：1996-2012的觀察〉。《2012年台灣政治學會年會暨「台灣民主的挑戰與前景」學術研討會》。2012年12月10-11日。台北：台灣師範大學。

盛杏湲。2014。〈從立法提案到立法產出：比較行政院與立法院在立法過程的影響力〉。黃秀端編《轉型中的行政與立法關係》：23-60。台北：五南圖書。

黃秀端。2004。〈政黨輪替前後的立法院內投票結盟〉。《選舉研究》11，1：1-32。

黃秀端、陳鴻鈞。2006。〈國會中政黨席次大小對互動之影響：第三屆到第五屆的立法院記名表決探析〉。《人文及社會科學集刊》18，3：385-415。

劉從葦。2006。〈台灣政黨的政策位置：非介入式和介入式測量的比較研究〉。《台灣政治學刊》10，2：3-62。

蔡佳泓、徐永明、黃琇庭。2007。〈兩極化政治：解釋台灣2004總統大選〉。《選舉研究》14，1：1-31。

蔡韻竹。2009。〈國會小黨的行動策略與運作〉。國立政治大學政治學系博士論文。

蔡韻竹。2014。〈政黨的表決發動：立法院第四到七屆的初探分析〉。黃秀端編《轉型中的行政與立法關係》：109-144。台北：五南圖書。

蕭怡靖、鄭夙芬。2010。〈左右怎麼分？台灣民眾對左派與右派的認知〉。《2010台灣政治學會年會暨「重新思考國家：五都之後，百年前夕」學術研討會》。2010年12月4-5日。台北：東吳大學政治學系。

蕭怡靖、林聰吉。2012。〈台灣政治極化之初探：測量與分析〉。《台灣選舉與民主化調查2012年國際學術研討會：成熟中的台灣民主：TEDS2012調查資料的分析》。2012年11月3-4日。台北：台灣大學。

蕭怡靖。2014。〈從政黨情感溫度計解析台灣民眾的政治極化〉。《選舉研究》21，2：1-42。

第三章
立法委員論述框架與選區的關係：以老農津貼及軍公教優惠存款的修法爲例

陳進郁

壹、前言

> 為什麼最近都用假農民？最近一直汙衊老農，好像老農一個月拿
> 7,000元是被施捨的……你一再告訴我們什麼是假農民……尤其「假
> 農民年吞270億[1]」……（民進黨立委針對老農津貼議題的審議語言）

> 這一次，若把政府對他們的信賴保護原則一次打掉，完全不給他們最
> 後的救濟與補償的話，我真的不知道軍公教人員，還要如何相信政府
> 與政策[2]？（國民黨立委針對軍公教優惠存款議題的審議語言）

「老年農民福利津貼暫行條例」（以下簡稱「老農津貼」）自1995
年制定3千元後，2003年民進黨執政時的行政院提案增加為4千元；其後，
兩大黨看中這個向農民「邀功」的好議題，拼命爭取「加碼」：分別於

1　參見《立法院公報》，103(11)：165-166（委員會紀錄）。
2　參見《立法院公報》，95(14)：401（委員會紀錄）。

2005、2007、2011年，各提高為5千元、6千元、7千元。提高的過程，不分黨籍的農業區立委用盡心力想爭取「搶頭香」的先機，以方便宣稱功勞；「搭便車」或「落於人後」的提案者，還會被嘲諷「拿香跟拜」（陳進郁，2013：2、29、118、146）。這些立法行為態樣，也反映老農津貼法案，是各黨立委高度重視的政治競爭法案。

　　另外，政府早期在政策上為了照顧公教人員的退休生活，於1960年訂定「退休公務人員一次退休金優惠存款辦法」及1974年訂定「退休公務人員公保養老給付金額優惠存款要點」（上述兩行政命令，以下簡稱「軍公教優惠存款」或「優惠存款」），規定軍公教退休金的優惠存款利率，不得低於年息18%[3]。這是早期經濟環境背景下，政府給公務人員的福利措施，但由於經濟發展漸走向低利率時代，又有公務人員退休金的所得替代率過高的問題，因此是否加以改革，也成為政黨利益競爭的重要議題。

　　以上兩個議題，皆屬於利益分配型提案（羅清俊，2009），各政黨及立委都有自己的選票利益考量。從近年來政黨的選票分布來觀察，軍公教人員密度較高的區域（如台北市的大安區、文山區，新北市的新店區、永和區、中和區等），國民黨較具有選票優勢；而中南部農業人口比例較高區域（如雲林縣、嘉義縣、台南市等），則民進黨較具有選票優勢。這種票源優勢，也表現在國民黨立委積極站在軍公教立場發言，而民進黨則站在農民立場發言。再從兩黨執政時期來對比：國民黨執政時期，規劃刪減老農津貼，而民進黨執政時期則研擬刪減軍公教優惠存款。兩黨各有票源利益的算計（權衡「得罪」選區的輕重），但此政黨利益動機不是本文焦點，本研究冀望觀察、檢證的問題，在兩黨立委審議法案的語言及他們的論述邏輯，看他們如何向「他們的選民」表明立場，亦即他們建構的論述框架，如何與他們的選區連結。

---

[3]　同前註，pp. 373-375。

貳、隱含立場的論述框架

　　國會議員為了連任，自然會有選區考量，而且會針對其選區持續進行三種活動：宣傳（advertising）、宣稱功勞（credit claiming）、表明立場（position taking）。其中，表明立場是一種態度的陳述，不一定要有所作為，最常見的方式就是在議場上的演說及記名表決，或者利用傳播媒體、接受採訪、或出版通訊等方式來表達（Mayhew, 1974; 1987）。針對某些國會議員選區關心的議題，他即使無法在立法推動上使力，也必須清楚表明立場，否則會激起他的選民在情緒上的反彈，而對未來選舉造成不利的結果。

　　表明立場是一種向選民「交代」的行為，藉此取得選民的持續信任。因為國會是合議制，選民會體諒國會議員不可能單打獨鬥，但他本身在政策上的立場，選民會感受在心裡。國會議員無法控制他所屬政黨的政策位置，但他可以掌控自己的位置，因此國會議員會儘量避免站在他的選民「不喜歡的位置」，而遭到下次選舉選民的懲罰（Arnold, 1990）。國會議員在發言或記名投票都會留下紀錄，他會避免留下「壞」的紀錄（不符合他的選民期待），成為下次選舉被對手攻擊的把柄（Kingdon, 1989）。

　　國會議員在審議法案時表明立場，並非直接的表示「贊成」或「反對」，而是依不同法案以特定論述的語句來展現立場。這些論述必須有一套簡單易懂、讓人信服的合理化理由（或反駁理由），不僅可激發自己選民的支持態度，更可引導無明顯立場的民意往自己的立場靠近。國會議員的這種特定論述語言，對選民會產生如新聞傳播中的「框架效果」（framing effects）。即因擷取、剪輯或強調的訊息重點不同，易造成民眾的刻板印象（stereotype）或偏見（biases），進而影響民眾的喜好與抉擇過程（Tversky and Kahneman, 1986; Kelly, 2012）。框架是人們對外在事物的主觀思考架構，藉此可協助人們解讀現有事件或議題（臧國仁，1999：51）。新聞媒介建構的框架可能影響閱聽大眾，而立委建構的框架

更可能影響其選民。

　　框架效果較被廣泛提及的是Kahneman和Tversky的實驗設計[4]，同樣的事實描述，只因擷取的角度或描述的方式不同，讓閱讀資訊者會產生不一樣的感受，進而影響其判斷與抉擇結果。由於框架效果讓接收資訊者產生偏見，並影響其選擇，是屬於心理層面的刺激反應，這種現象與規範性推演的「理性抉擇」（rational choice）假定並不相同（Tversky and Kahneman, 1986; Druckman, 2004）。政治人物會運用框架效果，結合政治議題的建構，來影響民意（Jacoby, 2000; Slothuus and Vreese, 2010），但其效果是否如政治操作者的樂觀，或是仍有侷限，學術界有一些相關探討。

　　有一種看法是：民眾是否會注意訊息或受到訊息的「刺激」反應，仍須視訊息的來源是否受到接收者的信賴而定（Druckman, 2001a）；這就類似說服能夠成功的前提，必須被說服者信任資訊的提供者。民眾既已付託給某政治人物，就會信任他所指引或框架的內容（Druckman, 2001b）。另外，框架能夠產生效果，可能與接收資訊者個人的屬性（attributes）有關，包括本身的信念（Nelson and Oxley, 1999）、專業知識（知識高者較不受影響）（Druckman, 2004）、教育程度（程度高者較不受影響）（Hiscox, 2006）等。還有，接收者所處的環境也有影響：面對個人反對的框架，或處於異質性團體中的對話框架，其框架效果會小一些（Druckman, 2004），弱勢或少數族群背景，對強勢語言的框架效果，

---

[4] 實驗設計的背景是美國即將爆發一場不尋常的疾病，預計會有600人死亡。為對抗此疾病，有兩個方案被提出，假設兩方案預估的效益，各有兩種表達方式，讓測試來感受。第一種表達方式是：「採用A方案，將有200人獲救；採用B方案，有1/3機會600人獲救，2/3機會沒人獲救。」大多數人討厭冒風險，所以選擇A方案。第二種表達方式是：「採用A方案，將有400人死亡；採用B方案，有1/3機會沒人死亡，2/3機會600人死亡。」此時，大部分人偏好B方案。同樣A、B兩個方案，只因表達方式不同（第一種以獲救者為基準，第二種以死亡者為基準），受測者的評估結果卻完全不一樣（第一種會討厭風險機率，第二種卻會尋求風險機率）（Kelly, 2012: 10）。

反應亦有所差異（Singer et al., 2010）。

　　另一個與框架效果類似的概念是「預示效果」（priming effects），即因內容情節的重複選擇，會促成民眾運用來作為評估重要問題的標準（Iyengar and Kinder, 1987; Gibson, 1989; 盛杏湲，2012）。此概念曾由Iyengar和Kinder（1987）進行實驗設計：分別讓不同組別的受測者觀看不同主題（包含國防、能源、通貨膨脹、失業率、公民權等）的新聞節目，或不同類別的故事，觀看前後會問他們的看法。結果受測者會因觀看主題的連續次數，而改變他們評估議題的重要程度；也會因是否有觀看某一類故事，而認定該類議題的重要與否。預示效果的產生原因，是人們受某議題的刺激，而喚起其長期記憶庫中類似的部分，接著再運用此線索，去建構知識系統中的評估標準；預示效果通常可以持續很久一段時間（Althaus and Kim, 2006; Donovan, Tolbert and Smith, 2008）。

　　在競選活動中，預示效果與「議程設定」（agenda-setting）常被運用作為策略（Jacobs and Shapiro, 1994; Druckman, Jacobs and Ostermeier, 2004），但不同政黨認同的選民，已有不同的議題偏好，因此對政黨認同明顯者，預示效果會較弱；而對獨立的中間選民，則效果會強一些（Chaffee, 1989）。可見預示議題對改變個人偏好的效果卻是有限的，多數人選擇政黨或候選人，仍會依他原來的立場決定（Lenz, 2009）。預示效果若能改變人們決定，並非在改變人的內在信念，而只是提供不同的思考途徑（Mendelsohn, 1996）。另外，長期且重複出現的預示效果，會比嶄新出現的效果好（Claibourn, 2008）。預示效果與前述框架效果的差別在於：框架是同一議題但擷取不同論述歸因所造成的不同影響，而預示則是因重複選擇或曝露某一個議題所造成的增強效應（Druckman, 2001b）。本文處理的兩個議題是老農津貼與優惠存款，議題是固定的，但不同選區立委的論述歸因卻大不相同，因此較接近不同選區立委建構不同框架的概念。

　　以老農津貼為例，領取的對象，除了收入較少的老農民外，也包括沒有真正務農卻有農民身分的富裕者，有些選區的立委強調扶助前者才符合

社會公平正義，但有些選區立委強調給後者領取違反社會公義。再以優惠存款為例，只適用於舊制的退休公務員，新制公務員並不適用，有些選區立委強調退休老公務員為國貢獻，應給予信賴保護此項利益，但也有立委強調公務員此項利益，在現今處於低利率環境，對從事其他行業者相對不公平。以上針對同一議題，不同背景立委皆呈現某一部分的事實或現象，但因擷取的「框架」不同，也正隱含不同選區立委的立場。本文採取的研究策略，即藉由立委的論述框架，來推演其政策立場的位置，再與其選區背景做相關性連結。

　　立委「框架」（動詞）立法資訊的現象，就如同新聞媒體「框架」新聞資訊一般；立委的框架（名詞）可能影響其選民，新聞媒體的框架也可能影響閱聽大眾。以新聞媒體而言，民眾難以面對外界龐大複雜的資訊，新聞媒體即有機會扮演篩選的角色，他們對社會重要議題及議程的設定，有相當大的影響力（McCombs and Shaw, 1972）[5]。不過，民眾會傾向選擇自己同意的資訊來吸收（Lazarsfeld, Berelson, and Gaudet, 1948），因此新聞媒體的篩選效果不一定會改變民眾意向，但可能有增強（reinforcement）效果。另就立法過程的訊息而言，與新聞一樣複雜難解，選民不易直接吸收立法資訊，此時，國會議員即較有機會擔負類似新聞媒體的角色，「框架」立法資訊，擷取或強調某一個面向的立法理由。但論述框架的主要被影響者仍是「他的選民」，主要作用不在說服，因他的選民本已支持他的立場，反而對他的選民做「交代」是主要目的。依此研究推論，本文假設立委的選區屬性是影響其論述框架的首要關鍵，其次才是黨籍背景的因素；至於論述框架部分，老農津貼議題有「假農民」及「公平正義」兩組論述，並各分成兩類框架；而優惠存款議題有「信賴保護」及「公平正義」兩類框架，以下即依此架構說明。

---

[5]　新聞資訊對個人能夠產生影響力，另須具備幾個條件：(1)實際上被接受；(2)閱聽者可以了解；(3)對於所要評估的事情有明確相關；(4)與自己過去的想法有差異；(5)資訊是可信賴的（Page, Shapiro and Dempsey, 1987: 24）。

參、立委的選區屬性

　　由於本文議題包括老農津貼及優惠存款，前者屬於農民利益，是農業區立委重視議題，後者屬於軍公教人員利益，其生活圈多數集中在某些都會區。因此，本文選區背景即分成農業區及都會區兩大屬性，不分區當選者依其早期當選票源區歸類於前述兩屬性，若無明顯票源區則歸為政黨屬性；至於原住民以族群為基礎、不分選區，而金門縣及連江縣無農業家庭人口資料，以上兩部分列入其他屬性。

　　實際的歸類過程，受限於資料取得及處理的困難，無法細部到以鄉鎮市區為單位來觀察，因此就以各縣市為基本單位；另外，合併升格後的「六都」規模又太粗略，不易區隔都會區及農業區，故仍依尚未合併升格前，只有北高兩直轄市的架構為準。為了判別農業縣，參考行政院農委會出版的《中華民國農業統計年報》中，有關台灣各縣市「農家戶口」的人口數（指農業家庭的所有人口數）作為分子，再以各縣市的總人口數為分母，得出各縣市農業家庭人口數占該縣市總人口數的比例。又因本文涉及的老農津貼及優惠存款兩議題，發言立委跨第六屆至第八屆立法院（2005-2015年），即取中間且行政區尚未調整前的2010年數據為標準，結果如表3-1所示。

　　依2010年數據的統計結果，除金門及連江縣無資料外，各縣當中農業家庭人口比例在平均線（12.96%）以上者，本文定義為農業區，其餘則為都會區。比較結果，本即都會型的北高直轄市及傳統省轄市，皆為都會區無誤，另外舊台北縣（現新北市）及舊桃園縣（現桃園市）圍繞或接近台北都會區，也歸類為都會區屬性。此區分方法，有農業家庭的人口數據為依據，雖然切割標準尚無學界共識，但結果大致符合台灣都會區與農業區的現況。

　　再以立委發言時所表達的選區立場做部分檢測如表3-2。農業區立委針對重要的農業議題，發言時會特別強調其所代表的選區背景，這種強調的語言，主要用意在向他的選民交代，表示「有為他們講話」的意思，例

表3-1　台灣各縣市農業家庭人口比例（2010年）

縣市別 （依%高低排列）	各縣市 總人口數(a)	各縣市 農業家庭人口數(b)	(b) / (a) (%)
雲林縣	722,795	271,535	37.57
嘉義縣	547,716	190,711	34.82
南投縣	530,824	181,731	34.24
苗栗縣	561,744	167,355	29.79
彰化縣	1,312,467	374,517	28.54
屏東縣	882,640	240,934	27.30
台南縣	1,104,346	284,794	25.79
澎湖縣	96,210	23,637	24.57
宜蘭縣	461,625	112,956	24.47
新竹縣	510,882	121,328	23.75
台東縣	232,497	55,029	23.67
花蓮縣	340,964	61,998	18.18
高雄縣	1,242,973	206,794	16.64
台中縣	1,562,126	243,711	15.60
桃園縣	1,978,782	184,312	9.31
嘉義市	273,861	17,353	6.34
新竹市	411,587	21,529	5.23
台南市	771,060	33,287	4.32
台中市	1,073,635	31,691	2.95
台北縣	3,873,653	106,598	2.75
高雄市	1,527,914	27,166	1.78
台北市	2,607,428	22,245	0.85
基隆市	388,321	2,349	0.60
總計（平均）	23,016,050	2,983,560	12.96

資料來源：整理《中華民國農業統計年報》（陳進郁，2013）。

說明：灰色背景的比例，代表在平均線（12.96%）以上的農業區範圍。

如：「本席來自農業縣，你們要照顧農民……」；「因為我是來自農業縣屏東的立法委員，站在農業縣的立場……」。同時，這種選區背景的表達，也在向參與審查者表示：他具有「農業代言人」地位，必須重視他的發言內容，例如：「剛剛聽到都市人在討論……本席是鄉下農業人出身……讓這些都市的委員了解……」。

　　大多數立委對個人選區的認知，與本文定義一致。有幾位立委的狀況，筆者再加以說明：一位是不分區立委蘇清泉，雖然他以不分區當選，但他原來的票源區是屏東縣，依本文定義列入農業區屬性。另一位台中市立委蔡錦隆，原來票源區是過去的小台中市，但受台中縣市合併影響，宣稱來自農業區（台中縣），應與行政區重劃有關，但本文關注的是該立委的票源區，所以仍列為都會區。另外，新北市立委吳育昇及票源區在基隆市的不分區立委徐少萍，皆不認為自己來自農業區，只是選區當中也含有小型農作帶。大致上，由立委主觀認知的語言來檢測，本文農業區與都會區的區隔定義，除了行政區重劃因素外，並無太大誤差。

　　此外，老農津貼修法案是農業的指標性議題，不論各所屬政黨，只要是農業區立委皆會關注，並清楚表達選區背景（如表3-2的立委翁重鈞、陳超明、陳明文、劉建國）。其中民進黨立委陳其邁是不分區代表，票源在高雄市都會區，為其政黨立場發言是很自然的事，但值得注意的是從他的發言可以觀察兩大黨認知中所代表的利益，即民進黨代表農民利益，而國民黨代表軍公教利益（參見表3-2陳其邁的發言內容）。雖然只是個別立委的發言，但與我們對政黨票源分布的認知無異，這也是兩大黨票源區在性質上的重要分野。這個政黨票源區的差別，讓民進黨不論農業區或都會區立委，其論述框架有一致性；但在國民黨籍立委，卻造成農業區與都會區立委的論述框架，產生明顯的差異。

表3-2　立委表明代表農業區背景的立場

發言立委	黨籍	選區（屬性）	發言內容
翁重鈞	國民黨	嘉義縣（農業區）	· 本席來自農業縣，你們要照顧農民…… · 我的選民有很多都是務農的…… · 就是我的故鄉——義竹鄉…… · 我也有我的選民結構……
陳超明	國民黨	苗栗縣（農業區）	· 剛剛聽到都市人在討論……本席是鄉下農業人出身……讓這些都市的委員了解……
江啟臣	國民黨	舊台中縣（農業區）	· 我來自農業區……
蘇清泉	國民黨	不分區（農業區）	· 因為我是來自農業縣屏東的立法委員，站在農業縣的立場……
蔡錦隆	國民黨	台中市（都會區）	· 尤其我們這些農業縣的立委……
吳育昇	國民黨	新北市（都會區）	· 例如我選區裡有三芝農會、有石門農會……
徐少萍	國民黨	不分區（都會區）	· 本席不是來自農業縣，我們基隆有一點點農業區在七堵……
陳明文	民進黨	嘉義縣（農業區）	· 嘉義縣是一個農業縣…… · 本席要在此代表全國的農民……
劉建國	民進黨	雲林縣（農業區）	· 我的母縣雲林縣……
陳其邁	民進黨	不分區（都會區）	· 假如國民黨一再蠻幹，你們就別想要獲得農業縣的選票；假如你們只要軍公教人員的選票，不要農業縣民的選票，你們就硬幹到底……

資料來源：整理自《立法院公報》，103(11)：165-218（委員會紀錄）；103(49)：262-268（院會紀錄）。

肆、老農津貼的修法案例

　　老農津貼的歷次修法，與選舉的即將舉行，幾乎都有關係。尤其農業區立委，會期待運用此立法功勞，將好處（特殊利益的福利津貼）帶往選區（農業區或農民家戶）（Mayhew, 1974; 1987），而且這種福利津貼，選民最容易直接感受到，一般候選人會認為，這種方式較容易鞏固其選票。與老農津貼發放金額有關的最近一次修法是2011年底，正值立委及總統大選改選前，行政部門基於國家財政吃緊的考量，因此有「隨物價指數調整」及「排富條款」的提議，但隨物價指數調漲「316元」，被朝野立委罵翻，輿論也難認同，執政的國民黨在選舉壓力下，最後仍調升1千元，成為7千元，但排富條款則通過修法，算是初步設下發放的門檻。最後修法三讀時，國民黨農業區的幾位立委還因異議立場，採取一些軟性的杯葛動作（陳進郁，2013：137-144）。

　　而2013年這一波「砍」老農津貼的背景，較早起於2010年5月，監察委員陳健民以「假農民」參加農保，導致鉅額虧損的問題，依憲法賦予職權，對內政部、行政院農業委員會提出糾正[6]，「假農民」一詞在當時的糾正文即已出現。其後，2012年12月，監察委員沈美真、李復甸、劉玉山繼續提出糾正案，案由簡述如下[7]：

> 行政院農業委員會明知老農津貼請領資格條件過於寬鬆等問題，卻迄未積極研謀改善，導致非從事農業者竟能享有老農津貼；該會復未妥思如何避免津貼發放浮濫及防杜「**假農民**」之情事發生，致不論老農經濟生活之貧富狀況、持有農地者有無從事農業及長期從事農業工作之事實，均可領取7千元老農津貼……

[6]　參見監察院糾正案099內正0018號案由。
[7]　參見監察院糾正案101財正0049號案由。

　　本案經監察院審議後，對行政院、行政院農委會、內政部等三機關提出糾正。行政院則於2013年3月及10月，兩度回函說明：除檢討改進措施，並宣示未來朝向年金制度做改革規劃[8]。此外，2013年8月，監察委員沈美真、楊美鈴、洪昭男再次提出糾正案[9]。行政院另於同年10月回函說明：相關機關將落實農保資格的清查工作[10]。

　　順著監察院所拋出的議題，行政院乃於2013年11月向立法院提案，修改老農津貼暫行條例第3條條文[11]，立院於2014年1月接近休會時，由社會福利及衛生環境、經濟、內政三委員會聯席審查，最後在朝野僵持不下的過程中，勉強「另闢戰場」（聯席會主席、立委江惠貞的用語），送出委員會，交給朝野黨團協商[12]。委員會決議並經民進黨立委提出復議案未通過[13]，最後老農津貼修改條文於2014年6月底，經朝野表決對抗後完成三讀程序[14]。

一、「假農民」的論述框架

　　本次老農津貼的修法過程，「假農民」一詞的出現起於監察院糾正文，立委審議此案也以此為焦點，但卻延伸各自建構其論述框架。以光譜的兩端做類比，一端是肯定應揪出假農民，另一端是指責假農民的概念就是在汙衊老農，以下依論述框架的同質性排列如表3-3。

---

[8]　參見行政院2013年3月12日院台農揆字第1010079651號函，及行政院2013年10月7日院台農字第1020050515號函。

[9]　參見監察院糾正案102財正0051號案由。

[10]　參見行政院2013年10月23日院台農字第1020053514號函。

[11]　參見行政院2013年11月8日院台農字第1020152716號函；另可參見立法院第8屆第4會期第11次會議議案關係文書：院總第1687號，政府提案第14799號。

[12]　同註1，pp. 217-218。

[13]　參見《立法院公報》，103(45)：384（委員會紀錄）。

[14]　參見《立法院公報》，103(49)：262-268（院會紀錄）。

表3-3　立委有關「假農民」的論述框架（老農津貼案）

發言立委	黨籍	選區（屬性）	發言內容
吳育仁	國民黨	不分區（政黨）	領取老農津貼或是未來要領取的這些人裡面，有些是沒有在實際從事農務的人……對於沒有資格領取老農津貼的農民，我們必須要揪出來……
丁守中	國民黨	台北市（都會區）	可是年資根本不滿一年，老實講，這就是假農民……而且擺明就是假農民……我們到鄉下到處看到都是幫人家辦農保，一分地就可以……
蔡錦隆	國民黨	台中市（都會區）	對於真正的農民，我們應該予以保護……我們現在要改革的是這些假農民、這些不該領這個錢的人。
徐少萍	國民黨	不分區（都會區）	這3個字不能講，應該講「不是真正的農民」或「非真正農民」就好了，如果講「假農民」，會讓人覺得心裡不舒服。即使他是，也會覺得不舒服。
蘇清泉	國民黨	不分區（農業區）	我要再次跟主委很嚴正的講，沒有所謂的假農民、真農民，這個話絕對不能再講……
鄭汝芬	國民黨	彰化縣（農業區）	但是我們認為你會錯殺真正務農的人。
江啟臣	國民黨	舊台中縣（農業區）	被誤認為是假農民，老實講這也很無辜，他實際上是農民……
陳超明	國民黨	苗栗縣（農業區）	如果你們稱這些人為假農民，恐會引起民眾的反感……本席堅決主張這些人不是假農民而是短期農民，否則，回去之後會被他們責問，怎麼可以說我們是假農民……
翁重鈞	國民黨	嘉義縣（農業區）	我們要做一種改革，不要替人家戴上一頂大帽子來進行改革……今天你們又犯了一個錯誤，你們說什麼真農民、假農民……我覺得這樣很不道德……好像台灣農民辜負你們很多，你們不能這樣糟蹋人。

表3-3　立委有關「假農民」的論述框架（老農津貼案）（續）

發言立委	黨籍	選區（屬性）	發言內容
陳明文	民進黨	嘉義縣（農業區）	為什麼最近都用假農民？最近一直汙衊老農，好像老農一個月拿7,000元是被施捨的……你一再告訴我們什麼是假農民……尤其「假農民年吞270億」……
劉建國	民進黨	雲林縣（農業區）	你們說人家是「假農民」，人家也會反指你是「假主委」……你所認定的假農民，怎麼會不被影響到……
黃偉哲	民進黨	舊台南縣（農業區）	如果他們真的有從事農作，他們就是農民，只是在農民中，他們符不符合年資……所以你不能說這些人是假農民。
林岱樺	民進黨	舊高雄縣（農業區）	大家對假農民的定義，從現行法規來講，根本就沒有假農民的定義……你個人認為什麼叫真農民？沒有假農民，就有真農民，什麼叫真農民？
蘇震清	民進黨	屏東縣（農業區）	可是農委會卻口口聲聲說要揪出「假農民」……不要把「假農民」三個字掛在嘴邊，因為這是對農民的一種傷害！
趙天麟	民進黨	高雄市（都會區）	最近媒體都在幫你們加溫，指稱這是一個改革，是要把假農民揪出來，要幫助弱勢……你們現在卻把他們誣衊成是一個A國家錢的人……
陳其邁	民進黨	不分區（都會區）	你們每天都在批評假農民……但按照你們的講法，還不是充斥著假農民……而且按照你們的說法，對於現行的假農民，你們根本沒有辦法改變。
李應元	民進黨	不分區（都會區）	所以有些事是被渲染了。就如同今天聯合報社論指出假農民領掉二、三百億元……應該是說，不管士農工商任何人，他退休之後務農，他就是農民。

表3-3　立委有關「假農民」的論述框架（老農津貼案）（續）

發言立委	黨籍	選區（屬性）	發言內容
葉津鈴	台聯	不分區（政黨）	我堅持維持目前加入農保6個月就能領取老農津貼的規定……假農民的問題是行政單位本身要解決的，為什麼要這樣來汙名化我們的農民？
賴振昌	台聯	不分區（政黨）	其實究竟是真農民還是假農民，在認定時有很多行政裁量或行政認定程序可做……造成本來投保年資6個月就能領取老農津貼，現在變成15年，這是很荒謬的事情……
周倪安	台聯	不分區（政黨）	本席曾經提過沒有假農民的問題，只有假農會、假政府……讓真正的農民受害，中國國民黨這個執政黨真的跟農民有仇的話……

資料來源：整理自《立法院公報》，103(11)：165-218（委員會紀錄）；103(45)：377-384（委員會紀錄）；103(49)：262-268（院會紀錄）。

　　由表3-3的論述內容可分出兩大類框架：前一類是「支持揪出及改革假農民，且應嚴格設定老農津貼的請領條件」，論述者包括國民黨不分區立委吳育仁及都會區立委丁守中、蔡錦隆。後一類是「反對用假農民來讓農民難堪，改革要避免傷及無辜，且老農津貼的請領條件不能太嚴苛」，論述者包括國民黨都會區立委徐少萍及農業區立委蘇清泉、鄭汝芬、江臣、陳超明、翁重鈞，民進黨農業區立委陳明文、劉建國、黃偉哲、林岱樺、蘇震清及都會區立委趙天麟、陳其邁、李應元，另有台聯立委葉津鈴、賴振昌、周倪安。

　　就選區與政黨綜合分析，前一類框架只有看到國民黨不分區及都會區立委的論述，且人數僅3位，顯然大多數立委不願得罪農民；尤其農業區立委，更必須向農民表明立場，即使國民黨的政策傾向前一類框架，卻仍有5位立委的論述框架傾向後一類框架。而民進黨及台聯，則不論是否為農業區，皆傾向後一類框架。以論述框架來觀察，民進黨及台聯站在維護農民利益的立場是明顯的，而國民黨則出現分歧現象，只有少數都會區立

委為該黨政策辯護，但農業區立委則立場與民進黨較為接近，此部分現象顯現選區的壓力及影響仍大過所屬政黨的政策立場。

國民黨農業區立委感受的選區壓力，可引述以下相關的立法語言，看出他們焦慮的心理反應：

> 大家還不是都有選票的壓力，不要老是用社會**公平正義**的大帽子來誣衊、醜化農民……我也是選票選出來的，我也有我的選民結構……對農民講好聽一點，不要動不動就對農民出手……（立委翁重鈞，國民黨，嘉義縣）[15]

> 我是農業出身，大家都怕選票流失……我們會很痛苦，天天會接到選民責罵的電話……如果你們稱這些人為**假農民**，恐會引起民眾的反感……但不要去責罵他們（指假農民）……否則你們罵了他們，我們就會沒有選票……回去之後會被他們責問，怎麼可以說我們是**假農民**……（陳超明，國民黨，苗栗縣）[16]

二、「公平正義」的論述框架

公平正義的概念不僅抽象，且相當主觀，涉及不同立場者的評價標準。老農津貼議題就此概念，亦分為兩類論述框架：前一類是「維持現有發放標準，對其他社會大眾不公平」，論述者包括國民黨不分區立委楊玉欣、王育敏、原住民立委廖國棟及都會區立委丁守中、江惠貞、徐少萍。而後一類框架是「改革現有發放標準，對農民不公平」，論述者包括國民黨農業區立委翁重鈞，民進黨農業區立委陳明文、劉建國、林岱樺及都會

15　同註1，pp. 180-182。
16　同前註，pp. 185-186。

區立委趙天麟、高志鵬、陳其邁、不分區立委陳節如，另有台聯立委葉津鈴，相關的論述框架如表3-4。

表3-4　立委有關「公平正義」的論述框架（老農津貼案）

發言立委	黨籍	選區（屬性）	發言內容
楊玉欣	國民黨	不分區（政黨）	事實上，他沒有正當性來領取這個津貼，對嗎？
王育敏	國民黨	不分區（政黨）	如果他務農的時間沒有這麼長，而他來領取跟長期務農的農民同樣的福利，這一點大家覺得公平嗎？
廖國棟	國民黨	平地原住民（其他）	真正的傷害是不符合公平……
丁守中	國民黨	台北市（都會區）	我們支持你改革，因為這是體現社會公平正義……
江惠貞	國民黨	新北市（都會區）	這樣的情況，公平性何在？
徐少萍	國民黨	不分區（都會區）	我長期看來，也懂得什麼叫做公平正義……
翁重鈞	國民黨	嘉義縣（農業區）	不要老是用社會公平正義的大帽子來誣蔑、醜化農民……沒什麼公平不公平的問題……政府應該要秉持信賴保護原則……
陳明文	民進黨	嘉義縣（農業區）	老農的權利絕對不容犧牲，我們不能假借公平正義的大帽子……
劉建國	民進黨	雲林縣（農業區）	他用這種方式一刀切，對農民來講是非常不公平的！
林岱樺	民進黨	舊高雄縣（農業區）	你們的修法會造成不公平的問題……這是不符合公平原則……
趙天麟	民進黨	高雄市（都會區）	我認為這樣對農民來講太不公平。

表3-4　立委有關「公平正義」的論述框架（老農津貼案）（續）

發言立委	黨籍	選區（屬性）	發言內容
高志鵬	民進黨	新北市（都會區）	講18%的時候，你們就說要有信賴利益，那這部分就沒有信賴利益？
陳其邁	民進黨	不分區（都會區）	你們現行的制度一刀切，不僅不公平……這違反社會公平正義原則……
陳節如	民進黨	不分區（政黨）	這樣就是對農民的不公平……
葉津鈴	台聯	不分區（政黨）	為什麼要以此方式來造成不公？

資料來源：整理自《立法院公報》，103(11)：165-218（委員會紀錄）；103(45)：379（委員會紀錄）；103(49)：264-267（院會紀錄）。

　　綜合而言，「公平正義」的兩類論述框架與政黨立場較為一致，但仍有國民黨農業區立委翁重鈞站在與該黨分歧的立場，更可注意的現象是：前一類論述框架完全沒有國民黨農業區立委，顯然該黨農業區立委在此論述框架幾乎都迴避立場了，其用意很明顯是在避免得罪自己的選民。就此現象可知，若選區壓力與所屬政黨不一致時，立委的折衷選擇即是採取各種可能的迴避立場。或者，類似國民黨都會區立委徐少萍，在「假農民」論述偏向後一類框架，而在「公平正義」論述卻偏向前一類框架，她的方式是選擇不迴避立場，但同時以不同框架的呈現，除了不得罪農民，又表示支持所屬政黨立場。至於民進黨及台聯，不論農業區或都會區，其論述框架都是一致的，沒有選區壓力與政黨立場的衝突現象。

伍、軍公教優惠存款的修法案例

　　公務人員退休的優惠存款利息制度（俗稱18%）有其特殊歷史背景，因早期公務人員的待遇較低，退休所得也偏低，為保障公務人員的退休生

活，立法院法制委員會於1959年7月審議公務人員退休法草案時做成相關決議，經考試院會商行政院，由銓敘部會銜財政部發布「退休公務人員一次退休金優惠存款辦法」。其後，公保養老給付比照軍人保險的退伍給付，而於1974年12月發布「退休公務人員公保養老給付金額優惠存款要點」。以上優惠存款辦法及要點，屬行政命令性質，有關給付項目均由各類人員的退撫主管機關訂定實施[17]。公立學校教職員部分，教育部於1965年2月依銓敘部的架構，發布「學校退休教職員一次退休金優惠存款辦法」，另1975年2月發布「學校退休教職人員保險養老給付金額優惠存款要點」，前述這些行政命令並無任何法律依據或授權（蔡宗珍，2011：102-103）。

有關優惠存款利息在「退休公務人員一次退休金優惠存款辦法」中規定：「退休金之儲存，除期滿得續存外，其期限定為1年及2年兩種，利息按行政院核定比照受理存款機關1年期定期存款牌告利率加50%優惠利率計算。但最低不得低於年息18%。」其他相關行政命令也比照此規定。然而，優惠存款制度隨著台灣經濟發展的狀況，銀行利率漸漸走低，與18%的年息產生極大落差，且公務員的待遇大幅提高後，所得替代率甚至有接近100%的情況（蔡宗珍，2011：103-104），因而引起社會極大批評聲浪。這個制度關係軍公教對象的利益，也是一般大眾視為國民黨「鐵票」的重要票源，因此又多了一些政治競爭的複雜因素。

當民進黨首次執政後（2000-2008年），即開始檢討此制度，試圖修改相關規定。因為此制度當時未涉及法律層次[18]，所以先由主管機關銓敘部於2006年2月修改命令後實施，再依行政命令的審查程序，送立法院查照[19]。立法院法制、預算及決算兩委員會於2006年3月召開聯席會審查，

---

[17] 參見《立法院公報》，95(14)：373（委員會紀錄）。

[18] 公務員優惠存款制度遲至2010年7月13日才由立法院完成三讀，納入「公務人員退休法」。

[19] 有關行政命令的審查，依據立法院職權行使法第61條規定：「各委員會審查行政命令，應於院會交付審查後三個月內完成之；逾期未完成者，視為已經審查。」另第62

經表決後的審查結果是一案報院會存查，另一案通知廢止[20]。國民黨重新執政後，考試院於2009年4月向立法院提出「公務人員退休法」的修正案，增定優惠存款的法源依據[21]；經立法院司法及法制委員會審查後，冉交政黨協商（無共識），於2010年7月完成三讀程序[22]。

　　有關優惠存款議題的論述框架分成兩類：前一類是「應維持現有制度，刪減即違反信賴保護原則」，論述者包括國民黨都會區立委黃昭順、雷倩、吳志揚、江義雄及連江縣立委曹爾忠，另有親民黨都會區立委林德福。而後一類框架是「若繼續維持現有制度，不符合整體社會的公平正義」，論述者包括民進黨農業區立委陳憲中、黃偉哲、都會區立委徐國勇、王淑慧、莊碩漢、柯建銘及不分區立委盧天麟，相關的論述框架如表3-5。

表3-5　立委有關「信賴保護」與「公平正義」的論述框架（優惠存款案）

發言立委	黨籍	選區（屬性）	發言內容
曹爾忠	國民黨	連江縣（其他）	18%是法定給與，同時要改革與依照信賴保護原則……
黃昭順	國民黨	不分區（都會區）	你們（銓敍部）的報告就清楚違反法律信賴原則……

條規定：「行政命令經審查後，發現有違反、變更或牴觸法律者，或應以法律規定事項而以命令定之者，應提報院會，經議決後，通知原訂頒之機關更正或廢止之。」

[20] 同註17，pp. 373-415。聯席審查會的決議是：(1)銓敍部函送「退休公務人員一次退休金優惠存款辦法」一案勉予同意，報請院會存查。(2)銓敍部函送「退休公務人員公保養老給付金額優惠存款要點第3點之1」一案，因違反中央法規標準法第5條第1款、第2款之規定，依立法院職權行使法第62條規定，提報院會議決後，通知銓敍部廢止。

[21] 參見立法院第7屆第3會期第9次會議議案關係文書：院總第234號，政府提案第11634號。

[22] 參見《立法院公報》，99(7)：95-143（委員會紀錄）；99(29)：102-211（院會紀錄）；99(49)：36-60（院會紀錄）。

表3-5　立委有關「信賴保護」與「公平正義」的論述框架（優惠存款案）（續）

發言立委	黨籍	選區（屬性）	發言內容
林德福	親民黨	台北縣（都會區）	關於18%的問題，法律上有一信賴保護原則，我相信你（銓敘部長朱武獻）很清楚……
雷倩	國民黨	台北縣（都會區）	政府如果要改變其實質內容，本席認為，這絕對涉及信賴保護原則……
吳志揚	國民黨	桃園縣（都會區）	現在要改變這個條件，怎麼會沒有信賴保護原則呢？
江義雄	國民黨	嘉義市（都會區）	信賴保護原則，雖然因情勢變更……但是也要有某種程度的補償……
陳憲中	民進黨	雲林縣（農業縣）	現在我們發覺這些是不合理，也不公平，也不符合社會正義……在面對過去一些不公不義的事情時……
黃偉哲	民進黨	台南縣（農業區）	這部分大家非常關心社會公平的問題。
徐國勇	民進黨	台北市（都會區）	違反公平正義的事情一定要改……可以讓社會有公平正義的話，哪裡會不對？
王淑慧	民進黨	台北縣（都會區）	如果真要改革，為什麼不能真正符合公平正義……
莊碩漢	民進黨	台北縣（都會區）	對於此次18%改革案，本席認為這是一個社會分配性正義的彰顯……本來就可衡酌國家財政狀況以及社會公平性原則進行調整……
柯建銘	民進黨	不分區（都會區）	同時也牽涉到整個社會公平正義，其中有政黨不同看法的圖騰……
盧天麟	民進黨	不分區（政黨）	這次所得替代率的改革方案主要是為了解決公平正義的問題……那些老師或公務人員，大家都把信賴保護掛在嘴上朗朗上口……

資料來源：整理自《立法院公報》，95(14)：382-410（委員會紀錄）；99(7)：103（委員會紀錄）；99(49)：59（院會紀錄）。

　　有關軍公教優惠存款利息18%的議題，從論述框架來觀察，國民黨（含親民黨）與民進黨兩陣營的立場截然劃分，顯見政黨分配利益明確，國民黨是軍公教利益的代言人，而民進黨則為反制角色。不過，再觀察國民黨論述立委的選區背景，完全沒有農業區立委的參與，顯然國民黨農業區立委在此議題的論述是刻意迴避的。迴避的原因，與其選民的偏好有關，農業區選民對軍公教的優惠存款是不平的，但國民黨農業區立委也深知軍公教選票是國民黨的重要票源，為了兩方都不得罪，只能迴避其論述立場。

　　在老農津貼的議題已說明民進黨偏向農民利益代言人的論述框架，同樣地，民進黨內對優惠存款議題的論述框架也是一致的，不論農業區或都會區立委，看不出其差異性。而國民黨論述優惠存款議題的立委，除了集中在都會區背景，且幾位論述者的主要票源區，參考中選會選舉資料庫各分區的候選人得票比例，剛好落在一般所知道的軍公教密集生活區，例如國民黨立委黃昭順的高雄楠梓、左營區，雷倩的新北新店、永和、中和區，以及親民黨立委林德福的新北永和區。所以，就此議題的論述框架觀察，從國民黨農業區立委的迴避態度，及都會軍公教密集區立委的積極論述，皆可說明選區考量對立委建構論述框架的影響力。

陸、結論：選區考量影響論述框架

　　立委的主要目的是尋求連任，連任需要鞏固其基本票源，因此立委特別重視他的選區意見，立法議題若與選區相關，立委也必須表達立場，以便向他的選區交代，維持選民對他的信任。另外，政黨政治的發展，立委需要政黨提名、奧援，若政黨聲望很好，也可以搭便車，減少選舉所耗費的成本。然而，若政黨立場與自己的選區意見不一致，就成為立委的抉擇難題。依本文的觀察，若與選區議題直接相關，如老農津貼與農業區的關係，農業區立委必定需要表達立場，並建構其選民可接受的論述框架，即

使論述框架與所屬政黨不一致，仍必須優先以選區的意向為考量。再如軍公教優惠存款與都會軍公教密集區的關係，以該區為主要票源區的立委也必定要積極表示立場，有清楚的論述框架，才不會成為未來選舉被選民追究的理由。

　　另一種情況，立法議題與選區利益沒有直接相關，但選民的喜好很清楚者，如優惠存款議題與農業區的關係，雖然優惠存款預算不一定會排擠老農津貼預算，但農村大眾對軍公教的福利制度是有所不平的。因此，農業區立委面對此議題，若所屬政黨支持優惠存款，就採取迴避態度，不表態論述，既不違逆他的選民喜好，也不會和所屬政黨的立場衝突。

　　選區考量與所屬政黨立場皆會影響立委審議法案的論述框架，在兩者意見一致時，比較看不出何者被優先考量，如民進黨農業區立委針對老農津貼議題建構論述框架時，與民進黨立場的互動關係；但是，在選區利益與所屬政黨立場明顯衝突時，最適宜作為觀察立委抉擇兩者優先性的指標，如國民黨農業區立委面對國民黨執政時擬刪減老農津貼的請領人數（即嚴格設定請領條件），此時，國民黨農業區立委須面對自己選民可能被剝奪利益的狀況，其論述框架必然以選區意見為優先考量。不論立法結果如何，只要對自己選區表達立場，自己的選民就能諒解，畢竟立法院是合議制，立法結果並非少數立委可以操控，立委在此情況很容易找到避責的出口，但重要前提是：論述的框架立場已讓他的選民理解。總之，針對重要議題，立委審議法案的論述，其實常隱含框架立場，而此論述框架的建構，則以他的選區考量最為關鍵。

參考書目

外 文部分

Althaus, Scott L. and Young Mie Kim. 2006. "Priming Effects in Complex Information Environments: Reassessing the Impact of News Discourse on Presidential Approval." *The Journal of Politics* 68, 4: 960-976.

Arnold, R. Douglas. 1990. *The Logic of Congressional Action*. New Haven and London: Yale University Press.

Chaffee, Steven H. 1989. "Review: News That Matters: Television and American Opinion." *The Public Opinion Quarterly* 53, 2: 277-278.

Claibourn, Michele P. 2008. "Making a Connection: Repetition and Priming in Presidential Campaigns." *The Journal of Politics* 70, 4: 1142-1159.

Donovan, Todd, Caroline J. Tolbert and Daniel A. Smith. 2008. "Priming Presidential Votes by Direct Democracy." *The Journal of Politics* 70, 4: 1217-1231.

Druckman, James N. 2001a. "Using Credible Advice to Overcome Framing Effects." *The Journal of Law, Economics, & Organization* 17, 1: 62-82.

Druckman, James N. 2001b. "On the Limits of Framing Effects: Who Can Frame?" *Journal of Politics* 63, 4: 1041-1066.

Druckman, James N. 2004. "Political Preference Formation: Competition, Deliberation, and the (Ir)relevance of Framing Effects." *American Political Science Review* 98, 4: 671-686.

Druckman, James N., Lawrence R. Jacobs and Eric Ostermeier. 2004. "Candidate Strategies to Prime Issues and Image." *The Journal of Politics* 66, 4: 1180-1202.

Gibson, William. 1989. "Review: News That Matters: Television and American Opinion." *American Journal of Sociology* 94, 4: 882-884.

Hiscox, Michael J. 2006. "Through a Glass and Darkly: Attitudes toward

International Trade and the Curious Effects of Issue Framing." *International Organization* 60, 3: 755-780.

Iyengar, Shanto and Donald R. Kinder. 1987. *News That Matters: Television and American Opinion*. Chicago: University of Chicago Press.

Jacobs, Lawrence R. and Robert Y. Shapiro. 1994. "Issues, Candidate Image, and Priming: The Use of Private Polls in Kennedy's 1960 Presidential Campaign." *American Political Science Review* 88, 3: 527-540.

Jacoby, William G. 2000. "Issue Framing and Public Opinion on Government Spending." *American Journal of Political Science* 44, 4: 750-767.

Kelly, Jamie Terence. 2012. *Framing Democracy: A Behavioral Approach to Democratic Theory*. Princeton, N.J.: Princeton University Press.

Kingdon, John W. 1989. *Congressmen's Voting Decisions*. Third edition. Ann Arbor: The University of Michigan Press.

Lazarsfeld, Paul F., Bernard Berelson and Hazel Gaudet. 1948. *The People's Choice: How the Voter Makes up His Mind in a Presidential Campaign*. New York: Columbia University Press.

Lenz, Gabriel S. 2009. "Learning and Opinion Change, Not Priming: Reconsidering the Priming Hypothesis." *American Journal of Political Science* 53, 4: 821-837.

Mayhew, David R. 1974. *Congress: The Electoral Connection*. New Haven and London: Yale University Press.

Mayhew, David R. 1987. "The Electoral Connection and the Congress." in Mathew D. McCubbins and Terry Sullivan. eds. *Congress:Structure and Policy*: 18-29. Cambridge: Cambridge University Press.

McCombs, Maxwell E. and Donald L. Shaw. 1972. "The Agenda-Setting Function of Mass Media." *Public Opinion Quarterly* 36, 2: 176-187.

Mendelsohn, Matthew. 1996. "The Media and Interpersonal Communications: The Priming of Issues, Leaders, and Party Identification." *The Journal of Politics* 58, 1: 112-125.

Nelson, Thomas E. and Zoe M. Oxley. 1999. "Issue Framing Effects on Belief Importance and Opinion." *The Journal of Politics* 61, 4: 1040-1067.

Page, Benjamin I., Robert Y. Shapiro and Glenn R. Dempsey. 1987. "What Moves Public Opinion?" *The American Political Science Review* 81, 1: 23-44.

Singer, Eleanor et al. 2010. "The Effect of Question Framing and Response Options on the Relationship between Racial Attitudes and Beliefs about Genes as Causes of Behavior." *Public Opinion Quarterly* 74, 3: 460-476.

Slothuus, Rune and Claes H. De Vreese. 2010. "Political Parties, Motivated Reasoning, and Issue Framing Effects." *The Journal of Politics* 72, 3: 630-645.

Tversky, Amos and Daniel Kahneman. 1986. "Rational Choice and the Framing of Decisions." *Journal of Business* 59, 4: S251-S278.

中 文部分

行政院農業委員會編。2010。《中華民國農業統計年報（99年）》。台北：農委會。

盛杏湲。2012。〈媒體報導對企業型政治立法成敗的影響〉。《東吳政治學報》30，1：1-42。

陳進郁。2013。〈立法委員的選區考量與立法參與：以農業法案為例〉。國立政治大學政治學系博士論文。

臧國仁。1999。《新聞媒體與消息來源：媒介框架與真實建構之論述》。台北：三民書局。

蔡宗珍。2011。〈退休公教人員優惠存款措施之法律關係及相關信賴保護爭議析論〉。《台大法學論叢》40，1：99-138。

羅清俊。2009。《重新檢視台灣分配政策與政治》。台北：揚智文化事業公司。

第四章
政黨能力形象和國會表現滿意度

林瓊珠[1]

壹、前言

　　國會是代表民意的地方，是立法的重心，也是一國重要機關制度。國會的表現如何？民眾如何看待國會？對國會有何評價？都和民眾的政治信任或政治支持有關，可能影響國會作為一代議機關的正當性，進而與一國民主政治運作內涵有關。在國會中的重要行動者，除了國會議員之外，政黨也是值得關注的團體。過往國內針對機關制度信任感的調查，發現代表民意機關的立法院和執行表意功能的政黨，最不獲民眾信任，其信任度在歷年均是最低的。在2010年民眾表示對立法院和政黨信任的比例分別是19.1%和14.1%（林瓊珠，2013），換句話說，台灣民眾對政黨和國會信任度都不高。

　　民眾的國會支持的來源可能有兩種，一種是長期地對機構的信任，另一種是短期的對機構表現的評估（Dennis, 1981: 322），是以，從短期層面來看，民眾對民意機關的信任度不高，可能與國會議員表現有關，也可

1　本文使用的資料全部（部分）係採自「2009年至2012年『選舉與民主化調查』三年期研究規劃（3/3）：2012年總統與立法委員選舉面訪案」（TEDS2012）（NSC 100-2420-H-002-030）。「台灣選舉與民主化調查」（TEDS）多年期計畫總召集人為國立政治大學黃紀教授，TEDS2012為針對2012年總統和立法委員選舉執行之年度計畫，計畫主持人為朱雲漢教授；詳細資料請參閱TEDS網頁：http://www.tedsnet.org。作者感謝上述機構及人員提供資料協助，惟本文之內容概由作者自行負責（歷年計畫名稱請參考：http://www.tedsnet.org/cubekm1/front/bin/ptlist.phtml?Category=133）。本研究也來自科技部補助之研究計畫「政黨形象：測量、內涵與應用」（NSC 102-2410-H-031-046-MY2）。

能和國會內的政黨表現有關。尤其在國內的立法院，議事效率常為人所詬病，每每在會期即將結束時，才出現法案大清倉，加開臨時會等。作為立法院內主要行動者的政黨和立法委員，也成為民眾對立法院表現評估的來源，在這當中，民眾對政黨的評價和印象，特別是民眾對政黨能力（party competence）的評估，則有可能影響到對國會實際表現的評估。

當然民眾對國會表現的評價，可能也與哪一個政黨是國會多數黨有關，民眾可能會將對國會多數黨的評價和國會表現連結在一起（McDermott and Jones, 2003: 171）。有關於國會表現的研究，多數從政治支持、政黨認同、政治效能感、現任者表現、對國會議員的情感評價等面向探討（Dennis, 1981; Patterson and Magleby, 1992; Hibbing, 2002），Hibbing（2002: 230）則曾從民眾對國會議員的特質觀感來探討國會支持度，發現認為國會議員愈不自私的民眾，則愈肯定國會表現。

在2008年立法委員選舉制度改為單一選區兩票制後，政黨得推出政黨名單候選人參選，政黨在選舉中的角色日益突顯，本文認為從民眾的政黨能力印象角度探討影響國會表現滿意度的來源，將有助於我們更完整了解民眾如何評價國會的整體表現，再者，既有研究也指出民眾對國會表現的評價將可能影響國會選舉結果（McDermott and Jones, 2003），所以，探討影響民眾對國會評價的可能因素，也提供我們對國會選舉結果進一步的解讀。

本文初步以台灣選舉與民主化調查針對2012年總統和立委選舉的調查結果，試圖從民眾對政黨印象切入，尤其聚焦於政黨能力這個概念，討論民眾對政黨能力的評價和國會表現評價的關係，本文預期民眾對國會多數黨有較高的評價，也將對國會表現有較高的評價，兩者應呈現正向關係，而政黨認同也將影響民眾對國會的評價，認同國會最大黨的民眾將傾向給予國會正面評價。本文的寫作安排如下：首先，簡要討論國會滿意度和政黨能力概念，其次，說明本文據以分析的調查資料和變數處理，第三部分則進行實證分析討論，最後總結本文的初步發現和相關討論。

貳、國會滿意度和政黨能力相關文獻檢閱討論

一、政治態度與國會滿意度

國會是代表民眾和監督行政部門的機關制度，民眾對國會表現和能力的肯定，有助於民眾對政治的信心，增進民主政治運作的滿意度。對於國會滿意度的討論，有些學者從「政治支持」或「政治信任」的角度討論，因為作為民意機關的國會，扮演著代表性、利益匯集、立法等重要功能，健全的國會運作也有助於政治體系的正當性，尤其若關注民眾對國會支持度的趨勢變化，有助於了解民眾對國會的想法和表現的評價（Dennis, 1981）。Dennis（1981）將測量國會表現視為是Easton（1965, 1975）分類中的特定政治支持來討論，他發現民眾對國會表現評價的趨勢和總統滿意度的趨勢相似，兩者之間具有相關性。另外，Dennis（1981）也發現在美國，民眾的國會支持呈現下降的趨勢，而這個趨勢則和民眾所持有的政治效能感有關，他發現個人對國會的滿意度和政治效能感之間呈現正向關係，政治效能感高的民眾，傾向給予國會較高的滿意度，Kimball and Patterson（1997）的研究也有相同結論。

除了總統滿意度和政治效能感之外，什麼因素可以來解釋民眾對國會的滿意度高低呢？學者指出對國會的想法和評價，和民眾所持有的政黨認同、意識型態、制度機關本身的作為都可能有關，也可能來自親身與國會議員的接觸、媒體的報導等（Kimball and Patterson, 1997; Durr et al., 1997）。當所認同的政黨在國會占有多數時，選民傾向給予自己認同的政黨較好的評價；若反對黨握有國會多數時，則給予國會表現較負面的評價（Kimball and Patterson, 1997; Hibbing and Theiss-Morse, 1995; Kimball, 2005）。換句話說，以台灣的脈絡來看，若國民黨在國會占有多數席次，國民黨認同者傾向給予滿意的評價，民進黨認同者則傾向給予不滿意的評價。

國會議員的表現也影響民眾對國會的看法，由於國會乃由國會議員所

組成，國會議員的問政表現也將影響民眾對國會的觀感（Hibbing, 1999: 46）。Kimball 和Patterson（1997）發現民眾對選區議員表現評價和對國會支持度呈現正向關係，而Hibbing（2002）從實證資料分析發現，民眾對國會議員人格特質看法，也影響其國會滿意度，愈認為國會議員不自私自利的民眾，傾向肯定國會表現。

二、媒體接觸與國會滿意度

　　在媒體報導和媒體接觸方面，既有文獻認為民眾對國會的態度會受媒體報導內涵所影響，國會立法過程時的議事衝突、辯論和質詢，透過媒體報導呈現在大眾面前，若媒體多數突顯國會內衝突場面，民眾對國會的印象可能會偏向負面看法（Durr et al., 1997），是以媒體接觸行為影響民眾對國會表現的觀感。再者，民眾對國會的看法有些是正確的，有些可能是有偏見的，尤其經由政治社會化的過程，民眾習得國家機關制度應該扮演的角色與功能，對於國會應該扮演的功能有一定的想像，但實際的表現可能又有所不同，是以Kimball and Patterson（1997）便從國會角色期待和實際作為的落差，來討論民眾對國會的態度和看法，他們發現這個預期和實際的不一致（discrepancies）是影響國會滿意度的主要因素，「民眾想要的，國會給不了，國會給的，並不是民眾想要的」，導致民眾對國會表現不滿意（Kimball and Patterson, 1997: 722）。國內學者也發現國內民眾對立法院的「實際認知」和「理想角色」之間存在差距，是我國民眾對立法院評價較為負面的原因之一（盛杏湲、黃士豪，2006）。

三、政治知識與國會滿意度

　　學者指出政治知識的高低和個人接收和處理資訊的能力有關，政治知識愈高的民眾愈有能力整合不同新資訊，形成他們對政治的評價，因此政治知識高低會和選民對國會評價有關，政治知識高的民眾，愈有能力去掌握資訊和回應黨派政治變化（McDermott and Jones, 2003; Kimball,

2005）。然而學者的實證分析並未有一致的結果，有些學者發現政治知識對國會支持度並無顯著影響（Kimball and Patterson, 1997; Patterson and Magleby, 1992; Hibbing, 2002），有些則發現政治知識愈高，對國會愈不滿意（Kimball, 2005）。盛杏湲和黃士豪（2006）在國內的研究則發現政治知識在解釋國人對立法院滿意度具有穩定和顯著的作用，政治知識愈高，對立法院的滿意度愈低。

　　不過，研究顯示政治知識較高的民眾，由於較有能力整合和評估新的訊息，因此易受媒體預示效果（priming effect）影響（Kimball, 2005: 65），當政治知識高的民眾經由媒體來吸收新資訊時，他們也會是對政黨政治相關訊息最有可能回應的一群。因此，對國會評價是基於其黨派意識的民眾也最可能是高政治知識的這一群人；那麼政治知識低的民眾如何形成他們對國會表現的評價？Kimball（2005: 66）認為對政治知識較低的民眾而言，對總統的好感度或是經濟表現的感受，可能是更直接的線索，以形成他們對國會表現的看法。換句話說，既有研究發現政黨認同會影響民眾對國會表現的評價，Kimball（2005: 73-74）則進一步指出預示效果的影響下，菁英的論述和全國媒體的報導，會影響有黨派認同的民眾去評價國會表現，尤其是出現在政治知識高的民眾身上。

四、國會滿意度的測量

　　那麼如何測量國會滿意度呢？國外研究有使用0-100情感溫度計的方式測量，或是詢問受訪者「一般而言，你會如何評價美國國會過去幾個月來的表現？」，或是「你贊成或不贊成美國國會處理工作的方式」（Kimball and Patterson, 1997; McDermott and Jones, 2003; Durr et al., 1997）。在國內主要是以0-10的尺度詢問受訪者「請問您對立法院過去三（四）年的整體表現，0到10您要給它多少？」。此亦是本文分析使用的測量方式。

五、政黨能力形象與國會滿意度

　　政黨是國會運作中重要的主角，民眾對政黨的想像，也可能影響到他們對國會表現的看法。尤其民眾對政黨的印象和政黨認同是不同的概念，政黨形象是一個人對於政黨所持有的感知與理解，指涉的是政黨內在的特性（intrinsic values），每一種特質逐漸累積起來能影響個人對於政黨的整體評價，這個主觀印象的形成涉及到認知、評價和情感的過程。因此，政黨形象不若政黨認同穩定，但會比選民對候選人和議題的態度來得持久（Matthews and Prothro, 1966: 378）。當我們詢問民眾對政黨的想法時，這些印象中有關政黨處理問題和議題能力的印象，可稱之為政黨能力（party competence）（Mangum, 2014; Cover, 1986）。

　　是以，政黨能力是民眾評估政黨如何處理議題和政治、社會問題能力的印象，這些議題或問題諸如通貨膨脹、失業率、公共服務、兩岸關係等，不同的政黨可能有自己擅長的議題，例如在美國民主黨可能被視為較有能力處理社會福利議題，但共和黨可能被認為擅長於賦稅議題（Pope and Woon, 2009）。因此，一個被認為較有能力處理問題和重要議題的政黨，在選舉較有可能勝選，政黨能力的印象也可能影響選民的政治態度和政治行為，雖然這樣的印象可能不如政黨認同來得穩定，但卻是民眾據以評判政治事務的重要依據。

　　針對國會滿意度研究中，學者指出國會內黨派衝突、或黨派極化與民眾對國會滿意度有關（Ramirez, 2009），當黨派極化愈大時，對國會滿意度則愈低。此外，政黨的行動也與選民評估國會有關（Ramirez, 2009; Davidson, 1999），因此政黨能力的顯著差異，也可能影響民眾對國會的評價。尤其效率（efficiency）是評價國會的重要指標（Patterson and Maglegy, 1992: 541），作為國會中主要行動者的政黨，領導其黨籍國會議員問政，兌現選舉時的政見承諾，民眾對政黨在處理重要議題能力的評估，也將反映在其國會表現評估上，是以，探討政黨能力形象與國會滿意度的關係，也將有助於幫助我們了解國會選舉結果（Cover, 1986），若國

會的多數黨被選民視為是較有能力的政黨，對於國會表現的滿意度應該也
會更正面。

　　有關政黨能力的測量，大致可分成以一個題目測量或是一個系列的
題目（Cover, 1986; Pope and Woon, 2009; Mangum, 2014）。前者主要是
詢問受訪者「哪一個政黨最有能力處理國家目前最重要的問題」，後者則
是以一系列的重要政策或議題，詢問受訪者「哪一個政黨做得比較好」，
這些政策或議題有和平議題、經濟繁榮、失業率、健康保險、環境和赤字
等（Pope and Woon, 2009; Mangum, 2014）。另外也有很多研究使用開放
式問題，詢問受訪者對政黨喜歡或不喜歡的地方，藉由歸類受訪者答案方
式歸納出和議題或表現相關的項目，例如經濟議題、社會議題、外交政
策、政府治理能力、政黨意識型態、政黨的政治人物等（Campbell, et al.,
1954; Sanders, 1988; Geer, 1991; Klingemann and Wattenberg, 1992; Baumer
and Gold, 1995; Brewer, 2009）。

　　綜合前述文獻討論，國會議員表現、媒體報導、民眾對國會理想上和
實際上表現期望的落差，政治知識、政治效能感、對總統的滿意度、政黨
認同等，都可能是影響民眾對國會表現評價的因素。「預期落差」和「國
會議員表現」這兩個因素，由於欠缺操作化的調查資料，本文未能將之納
入後續的實證分析討論。最後，本文試圖從政黨能力角度探討，如同學者
指出民眾對政黨的看法會和他們持有的政治態度有關，而這些政治態度可
能進而影響他們的政治行為，是以，除了前述可能影響民眾對國會滿意度
的可能因素外，本文認為檢視民眾對政黨能力的評價為何，有助我們進一
步理解為何民眾對國內立法院表現評價不高。

參、資料來源、變數建構和研究方法

　　針對上述提出的研究問題，重要政治態度、媒體接觸和政治知識皆
可能影響民眾對國會的滿意程度。本文控制性別、年齡、教育程度等變項

下，納入其他可能影響的重要變項，包括媒體接觸、政治效能感、政黨認同、總統施政滿意度以及政治知識，檢證主要解釋變項（政黨能力形象）對依變項的影響。研究架構呈現於圖4-1。本文預期：國會多數黨能力形象和國會滿意度呈現正向關係；政治效能感、總統施政滿意度、以及國會多數黨認同者和國會滿意度呈現正向關係。政治知識則和國會滿意度呈現負向關係。

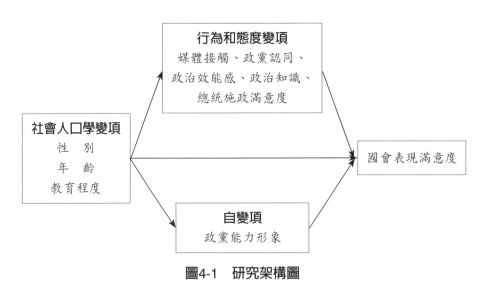

圖4-1　研究架構圖

　　本文據以分析的調查資料是由台灣選舉與民主化調查針對2012年總統和立委選舉所進行的選後調查，[2]該訪問於2012年1月15日到3月6日以面對面方式蒐集的調查資料，實際完成1,826份樣本，成功率為33.06%，百

[2]　本文使用的資料全部（部分）係採自「2009年至2012年『選舉與民主化調查』三年期研究規劃（3/3）：2012年總統與立法委員選舉面訪案」（TEDS2012）（NSC 100-2420-H-002-030）。「台灣選舉與民主化調查」（TEDS）多年期計畫總召集人為國立政治大學黃紀教授，TEDS2012為針對2012年總統和立法委員選舉執行之年度計畫，計畫主持人為朱雲漢教授；詳細資料請參閱TEDS網頁：http://www.tedsnet.org。作者感謝上述機構及人員提供資料協助，惟本文之內容概由作者自行負責（歷年計畫名稱請參考：http://www.tedsnet.org/cubekm1/front/bin/ptlist.phtml?Category=133）。

分之九十五之信心水準估計，最大可能隨機抽樣誤差為±2.3%。為使樣本與母體結構具一致性，本項調查資料針對樣本的性別、年齡、教育程度和地區進行樣本代表性檢定，並使用多變數反覆加權法（raking）來進行加權，加權後的樣本結構與母體無差異。

　　本文中的依變數為國會滿意度，測量題目為「請問您對立法院過去四年的整體表現，0到10您要給它多少？」，數值愈大表示民眾愈滿意立法院過去四年的表現，至於無法表示意見的民眾，在進行多變數分析時，本文將之視為遺漏值不納入分析。[3]

　　本文主要自變數為政黨能力，測量方式是詢問受訪者認為「兩岸關係」、「經濟發展」、「縮小貧富差距」、「解決房價過高」、「環境保護」、「社會福利」、「打擊貪腐」、「民主改革」、「族群和諧」、以及「提升國際地位」等十個議題上，國民黨和民進黨相比的話，哪一個政黨比較好，本文將「國民黨好很多」編碼為2，「國民黨好一些」編碼為1；「民進黨好很多」編碼為-2，「民進黨好一些」編碼為-1；無法分出兩個政黨優劣的（即認為兩個政黨都不錯、兩個政黨都不好、無反應）編碼為0，將十題加總後取其平均數，成為「政黨能力」指標，該變項數值為-2到2，數字愈大表示愈肯定國民黨的能力。[4]

　　由於國會滿意度為數字資料，本文以複迴歸模型進行統計分析，除納入前述自變數「政黨能力」外，參酌國內外文獻結果，將個人社會人口學變項（性別、年齡和教育程度）、媒體接觸（報紙和電視新聞暴露程度）、政治效能感、政黨認同、總統施政滿意度、政治知識等納入模型分

---

[3]　調查研究不可避免會有遺漏值的情況，通常可區分成單位無反應（unit nonresponse），以及項目無反應（item nonresponse）兩類型。本文資料分析過程因為變項資訊的遺失，致使分析個案減少，屬於後者項目無反應的類型。項目無反應在統計模型分析過程中，因部分研究資訊的遺失，可能會對統計推估的精確性有所影響（Allison, 2002: 1）。

[4]　本文將十個題目進行信度分析，得到Cronbach's Alpha值為0.917，因此處理成「政黨能力」變項。

析進行控制，[5]以檢視政黨能力對國會滿意度評價的影響。由於2008年至2012年期間，行政機關和國會最大黨都是國民黨，因此本文預期認為國民黨能力較佳者、對總統施政愈滿意者、國民黨認同者，傾向給予立法院較高的評價。教育程度愈高、政治知識愈高、以及花愈多時間閱讀報紙或觀看電視新聞報導的民眾，傾向給予立法院較為負面的評價，而政治效能感愈高，傾向給予立法院較高的評價。

肆、實證分析

　　根據台灣選舉與民主化調查歷年的調查結果，可發現民眾對國會表現的滿意度從2001年開始逐漸降低，在2008年後滿意度則上升至2012年的4.80，顯示民眾對2008年到2012年立法院的表現較為肯定，但滿意度仍屬中等。而2001年至2008年期間，行政機關和國會最大政黨多數時候是分屬於不同陣營，時常出現行政機關和立法院嚴重對峙情形，例如行政院院長和內閣閣員拒絕出席立法院質詢，立法院議事運作混亂也常被媒體大肆報導，都可能影響民眾對立法院持有負面的觀感。

　　表4-1則呈現自2001年至2010年民眾對主要機關制度的信任程度百分比。歷年民眾對立法院的信任百分比都不超過兩成，民眾對政黨的信任度也不高，在2010年時是所有機關制度中，信任度最低的一個，立法院則僅次於政黨，位居倒數第二名。[6]根據TVBS長期民調結果顯示，在2009年至2011年期間，雖然有過半數民眾不滿意國民黨和民進黨立委在立法院的

5　相關變項的編碼處理說明，請參見附表1。

6　由於本文並非探討機關制度的信任度，無意針對民眾對其他機關制度信任進行討論，僅聚焦於本文研究對象國會和政黨信任度進行說明。此外，政治信任和滿意度不同，前者是測量民眾對機關制度的信念或信仰程度，後者則屬於一種回溯性、表現的評價，信念屬於比較穩定的態度，評價則可視為意見，較易變動。因此，我們發現民眾對立法院的信任度並沒有明顯變化。

表現，但表示滿意的比例在這三年也呈現增加趨勢，這和前述TEDS調查結果在2008年至2012年期間的滿意度上升呈現相似結果。同時TVBS調查也發現民眾對兩政黨重視改革、具反省能力和值得信任的比例也都在2009年至2011年期間呈現成長趨勢。換句話說，在這段期間，可能民眾對兩個主要政黨的形象持較為肯定的意見，因此促進了對國會滿意度在2008年至2012年期間增加了。[7]

　　不過根據圖4-2和表4-1結果，自2000年政黨輪替以來，國內民眾對國會表現或對國會的信任，滿意度或信任度都不算高，因此更值得我們去探討影響民眾對國會表現評價的原因。

表4-1　台灣民眾機構信任度

	2001	2006	2010	差距 （2010-2001）
總統（首相）	--	29.0	34.3	5.3
法院	41.2	30.6	29.9	-11.3
中央政府	39.4	34.6	32.6	-6.8
政黨	23.0	15.4	14.1	-8.9
立法院	18.3	19.4	19.1	0.8
地方政府	48.4	52.2	50.4	2.0
個案數	1,415	1,587	1,592	

資料來源：林瓊珠（2013）。

說明：表格內為信任百分比（合併有點信任和非常信任百分比）。--：當年度並未測量。

---

[7] 對國民黨立委表現表示滿意的比例從2009年的24%，增加至2011年的32%；對民進黨立委表現表示滿意的比例從2009年的24%，增加至2011年的33%。認為國民黨重視改革的比例從2009年的40%，增加至2011年的46%；認為民進黨重視改革的比例從2009年的46%，增加至2011年的54%。認為國民黨具反省能力的比例從2009年的40%，增加至2011年的47%；認為民進黨具反省能力的比例從2009年的33%，增加至2011年的44%。認為國民黨是值得信任的比例從2009年的34%，增加至2011年的43%；認為民進黨是值得信任的比例從2009年的33%，微幅增加至2011年的35%。參見TVBS民調中心（2011）。

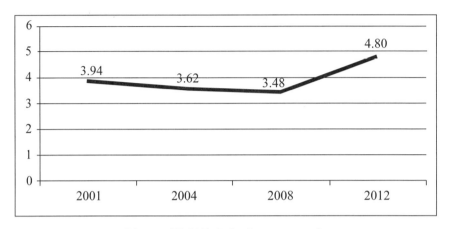

圖4-2　國會滿意度（2001-2012）

資料來源：TEDS（2001; 2004; 2008; 2012）。

　　在民眾對政黨處理議題能力的看法方面，根據表4-2-1和表4-2-2有超過半數的民眾認為國民黨在處理「兩岸關係」、「經濟發展」和「提升國際地位」三面向較好，在這三個面向上，認為民進黨較好的比例都不超過一成五，同時表4-2-3政黨能力的信賴區間估計結果也顯示，國民黨在前述三面向上也確實優於民進黨，顯示這三個議題是國民黨所獨有（issue ownership）。在「縮小貧富差距」、「環境保護」、「民主改革」等方面，認為民進黨能力較好的比例明顯高於認為國民黨較好的比例，表4-2-3政黨能力的信賴區間估計結果也證實這個趨勢，顯示民進黨在這三個議題上，較占有優勢。此外，民眾也認為國民黨在「社會福利」和「打擊貪腐」方面的能力較好的比例高於民進黨。綜合表4-2-1至表4-2-3結果來看，民眾對於國民黨能力的評價高過民進黨。

　　由於國民黨在立法院為多數黨，因此民眾有可能以國會多數黨的表現來評價國會表現（Kimball and Patterson, 1997）。再者，根據表4-3結果我們也可以發現民眾認為2012年選舉期間國家最重要的問題，這些問題和測量政黨能力的議題都不謀而合，顯示，政黨能力測量題目，某種程度可呈現出民眾認為政黨在處理國內重要議題的能力評價。

表4-2-1 政黨處理問題能力次數分配表（%）

	兩岸關係	經濟發展	縮小貧富差距	解決房價過高	環境保護
民進黨較好	11.1	14.5	28.4	21.8	25.6
沒有差別	17.5	23.1	34.4	39.2	36.6
國民黨較好	62.0	51.9	24.5	21.0	21.9
不知道	9.4	10.5	12.7	18.0	15.9
N	1,826	1,826	1,826	1,826	1,826

資料來源：朱雲漢（2012）。

說明：表格內數值為百分比。

表4-2-2 政黨處理問題能力次數分配表(%)

	社會福利	打擊貪腐	民主改革	族群和諧	提升國際地位
民進黨較好	24.7	19.3	35.7	15.9	14.4
沒有差別	34.8	34.1	28.1	30.3	19.9
國民黨較好	28.2	34.8	21.0	39.9	51.3
不知道	12.3	11.9	15.2	13.9	14.4
N	1,826	1,826	1,826	1,826	1,826

資料來源：朱雲漢（2012）。

說明：表格內數值為百分比。

表4-2-3 政黨處理問題能力95%區間估計

	95%差異數的信賴區間	
	下限	上限
兩岸關係	.67	.77
經濟發展	.46	.55
縮小貧富差距	-.10	-.01
解決房價過高	-.07	.01
環境保護	-.09	-.01

表4-2-3　政黨處理問題能力95%區間估計（續）

	95%差異數的信賴區間	
	下限	上限
社會福利	-.02	.06
打擊貪腐	.17	.27
民主改革	-.24	-.15
族群和諧	.28	.37
提升國際地位	.46	.56

資料來源：朱雲漢（2012）。

說明：政黨處理能力的編碼參見附表1政黨能力變項。

表4-3　2012年總統選舉期間國家重要問題次數分配表

	次數	百分比
經濟問題	709	38.8
兩岸關係	362	19.8
社會公平正義	62	3.4
國際地位與外交	47	2.6
政治清廉	32	1.8
社會福利	27	1.5
執政能力	22	1.2
教育改革	20	1.1
社會治安	17	0.9
政治穩定	13	0.7
財政稅制	11	0.6
個人形象與特質	10	0.5
民主改革	8	0.4
公共建設	7	0.4
族群問題	4	0.2

表4-3　2012年總統選舉期間國家重要問題次數分配表（續）

	次數	百分比
人事任命	1	0.1
沒有問題	68	3.7
其他問題	21	1.2
無反應	385	21.1
總計	1,826	100.0

資料來源：朱雲漢（2012）。

　　接下來，我們先以單因子變異數分析和相關分析，檢視前述討論的自變項和國會滿意度的關聯性。從表4-4可以知道，不同年齡和教育程度的民眾，在對立法院過去四年的滿意度上並未有顯著差異，然而，女性對立法院表現的滿意度顯著高於男性，認同國民黨的民眾對立法院的表現滿意度，也顯著高於其他政黨認同者，對現任總統施政滿意度也顯著和國會滿意度有關聯，愈滿意馬英九施政表現的民眾，對於立法院過去四年表現的評價也較高。

表4-4　社會人口學變項和政治態度與立法院滿意度單因子變異數分析

		個數	平均數	標準差	檢定
性別	男性	851	4.60	2.20	$p < 0.001$
	女性	778	5.03	1.96	
年齡	20至29歲	286	4.60	1.94	
	30至39歲	314	4.75	1.91	
	40至49歲	336	4.75	2.08	$p > 0.05$
	50至59歲	352	4.87	2.08	
	60歲及以上	341	5.00	2.40	

表4-4　社會人口學變項和政治態度與立法院滿意度單因子變異數分析（續）

		個數	平均數	標準差	檢定
教育程度	小學及以下	239	4.93	2.45	p > 0.05
	國、初中	206	4.93	2.30	
	高中、職	429	4.93	2.11	
	專科	247	4.71	1.98	
	大學及以上	503	4.63	1.84	
政黨認同	國民黨	684	5.51	1.78	p < 0.001
	民進黨	479	4.16	2.18	
	小黨	52	4.31	2.25	
	中立無反應	414	4.43	2.11	
馬英九施政滿意度	非常滿意	92	6.63	1.90	p < 0.001
	還算滿意	869	5.28	1.74	
	不太滿意	430	4.18	1.99	
	非常不滿意	167	3.18	2.47	

資料來源：朱雲漢（2012）。

　　至於其他政治態度和政治知識與立法院滿意度的相關性，根據表4-5結果，無論是政治知識、政治效能感或是政黨能力評價[8]都和立法院滿意度呈現顯著的相關性，變項之間的相關方向也都和理論預期一致。政治效能感和立法院滿意度呈現正相關，政治知識和立法院滿意度呈現負向關係，認為國民黨能力愈佳者，對立法院的滿意度也可能愈高。進一步來看，政治效能感、政治知識、政黨能力三者和立法院滿意度之間的相關係數並不是特別高，也顯示個別變項和民眾國會滿意度相關，但個別變項並無法完全解釋民眾對國會表現評價的變異情形，尤其政治知識和政黨能

8　「政黨能力評價」編碼請參見附表1。正值為國民黨較好，負值為民進黨較好。

力評價、以及政黨認同[9]的關聯性低，顯示民眾評價立法院表現有其客觀性，不因其政黨認同而有所偏頗，探討個人政治知識高低與其國會表現評價的關係有其意義。

表4-5　政治效能感、政治知識、政黨能力評價和立法院滿意度相關分析

	立法院滿意度	政治效能感	政治知識
立法院滿意度			
政治效能感	.182***		
政治知識	-.125***	.188***	
政黨能力評價	.313***	.327***	.112**

資料來源：朱雲漢（2012）。

說明：*** p < 0.001；** p < 0.01。

　　我們進一步控制可能影響變項，探討政黨能力對國會滿意度的作用。表4-6呈現複迴歸模型分析結果。前述文獻提及政治知識對國會滿意度的影響力需考量政黨認同的作用，因此在模型分析上本文採取交乘項設計，檢視政治知識的不同對國會滿意度是否有政黨認同上的差異，結果呈現於表4-6的模型2。比較模型1和模型2結果，除了政治知識外，其餘自變項對國會滿意度的作用是相似的。

　　首先，模型1方面，控制其他可能影響因素下，民眾的政黨能力評價對立法院表現滿意度具有顯著的影響力，其偏迴歸係數為0.31，表示肯定國民黨能力較好的民眾，傾向給予立法院表現更好的評價。考量政黨認同與政治知識交乘項，政黨能力評價仍對國會滿意度具正向作用（偏迴歸係數為0.30）。

　　其次，總統表現滿意度對立法院滿意度有顯著影響，認為馬英九施政表現愈佳者，給予立法院的評價也愈正面，由於國民黨掌握行政權，政府

9　政治知識和政黨認同關聯係數Eta值為0.261。

施政表現佳，提升民眾的信心，連帶促使民眾對由國民黨占多數地位的立法院有正面的評價，這樣的發現和國外研究結果相似。

在政治效能感方面，愈相信自己有能力影響政治的民眾，他們對於立法院的表現給予較高的評價。因為政治效能感較高的人，比較可能藉由不同的型式來參與政治、表達意見和試圖影響政治和立法；政治效能感高的民眾對政治事務有較深的涉入，相信自己影響政治的能力，因而也對立法院的表現持有較正面的看法。

政治知識則呈現不一樣的作用，在未考量與政黨認同交乘項時，擁有愈高政治知識的民眾，較有能力理解政治事務，對政治實務更嫻熟，因此更加了解立法院的表現和議事運作情形，給予立法院較低的評價，然而一旦我們考量政黨認同因素進來後，政治知識對國會滿意度的影響則因為認同的政黨不同而有所差異。

先就政黨認同來看，立法院的運作本來就具有黨派色彩，可以預期民眾的政黨認同會影響其對國會表現的評價。控制其他因素影響下，相較於小黨、中立和無反應的民眾，國民黨認同者顯著地給予立法院過去四年的表現有較高的評價；而相較於小黨、中立和無反應的民眾，民進黨認同者也顯著地給予立法院的表現有較好的評價，和我們預期不符。筆者推測可能和政治知識高低有關。

進一步考量政黨認同和政治知識交乘項時，可以發現政治知識愈高的民進黨認同者，對於立法院過去四年的表現顯著地傾向持負面的評價。但是認同國民黨者的政治知識的高低，對立法院表現評價並無差異。換句話說，國民黨黨派意識有助於形成民眾對立法院正向的評價；對民進黨認同者來說，會因其政治知識的高低而對國會評價有所差異。政治知識高的民進黨認同者，顯著傾向較不滿意國會表現，換個角度來說，政治知識較低的民進黨認同者，卻傾向表示滿意國會表現。推究可能原因，政治知識較低的民眾，對總統的好感度或是經濟表現的感受，可能是形成他們對國會表現看法更直接的線索（Kimball, 2005: 66）而不是其政黨認同，所以進一步針對低政治知識民進黨認同者分析時，確實也發現在控制其他因素

影響下，唯有對總統表現滿意度能顯著地影響低政治知識民進黨認同者的國會滿意度。當政黨沒有提供任何線索時，對於政治練達度低的認同者而言，總統表現成為他們判斷政治世界的線索。[10]

然而在模型2中，民進黨認同者相對於小黨中立無反應者，仍顯著地對立法院有較正面的評價，筆者推測可能和政黨認同強弱程度有關。由於強政黨認同者，對政黨情感依附程度較高，更可能依政黨傾向來解碼政治資訊或選擇性地接收政治資訊，如同美國選民一書所言「愈強烈的政黨聯結，選擇性或感知資訊的扭曲程度會更誇張」（Campbell et al., 1960: 133），可推測比起弱或偏向政黨認同者，政黨認同愈強烈者亦傾向給予自己所屬政黨更好的評價，也更有依其黨派意識來消化資訊以達到與其認同一致的行為；而弱政黨認同者或稍微偏向的認同者，則態度較為不穩定，可能受其他因素影響其意見。所以進一步檢證政黨認同程度和政黨能力評價雙變項關係，[11]確實發現民進黨認同者中，認同程度愈弱者，對兩黨能力評價上的差異更小，也就是對兩黨的能力評價愈接近，認同程度愈弱者對國民黨的喜歡程度也較高，[12]同時模型也發現，控制其他可能因素下，僅弱民進黨認同者相對於小黨或中立無反應選民，傾向滿意立法院表現，但檢定結果接近顯著／不顯著邊緣，[13]這有可能確實是弱民進黨認同者，雖認同民進黨，但針對立法院表現的評價是跨越其黨派立場；也有可能是單次現象，需有賴更多資料進行多方檢證。

最後，無論是國外或國內研究都認為，媒體對國會新聞報導的取向、篇幅和框架使用都可能影響民眾對國會的看法（Kimball, 2005; Kimball and Patterson, 1997；盛杏湲、黃士豪，2006）。在國內的研究中，盛杏湲

---

[10] 迴歸分析結果請參見附表3。
[11] 分為稍微偏向民進黨、有一點偏向民進黨、普通偏向民進黨、強烈偏向民進黨。單因子變異數分析顯示強烈偏向民進黨者和其他程度偏向者在政黨能力評價有顯著差異，見附表3-1。
[12] 見附表3-2。
[13] 見附表3-3。

和黃士豪（2006）也發現對媒體的注意程度和閱讀哪一份報紙會影響民眾
對國會的滿意情形。不過根據表4-6結果，民眾用多少時間來看報紙或電
視新聞，對國會表現的滿意程度並不會有所差異，這樣不一致的發現，有
可能是我們使用的媒體接觸變項和盛杏湲和黃士豪（2006）一文並不相
同，本文處理的是媒體暴露程度，盛和黃一文則處理媒體注意程度[14]。其
次，雖然有花時間看報紙新聞報導或觀看電視新聞報導，但若沒有用心或
注意，媒體可能也不會具有影響認知的效果，是以暴露程度多寡可能並不
重要，對報導注意的程度反而可能較有影響力，不過是否是如此，仍有待
更多的實證分析來證實。

表4-6　立法院表現滿意度的複迴歸分析

	模型1		模型2	
	B	SE	B	SE
常數	2.57***	0.36	2.30***	0.39
男性（女性＝0）	-0.22*	0.10	-0.22*	0.10
年齡	0.01	0.00	0.01	0.00
高中職（國中及以下＝0）	0.16	0.13	0.17	0.13
專科及以上	-0.05	0.14	-0.06	0.14
報紙新聞時間	0.05	0.06	0.05	0.06
電視新聞時間	0.01	0.04	0.01	0.04
認同國民黨（小黨中立無反應＝0）	0.64***	0.14	0.88**	0.30
認同民進黨	0.31*	0.14	0.92**	0.32
政治知識	-0.18***	0.03	-0.10	0.06
總統表現滿意度	0.61***	0.07	0.61***	0.07
政治效能感	0.27*	0.11	0.27*	0.11

---

[14] 本文使用的調查資料並無注意程度的測量，無法針對此進行分析。

表4-6　立法院表現滿意度的複迴歸分析（續）

	模型1		模型2	
	B	SE	B	SE
政黨能力評價	0.31**	0.10	0.30**	0.10
認同國民黨*政治知識			-0.07	0.07
認同民進黨*政治知識			-0.17*	0.08
N	1416		1416	
R^2	.202		.205	
Adj R^2	.195		.197	

資料來源：朱雲漢（2012）。

說明：*** p < 0.001；** p < 0.01；* p < 0.05。

　　總結來看，影響民眾對立法院表現看法的因素，和國外的相關研究發現相似，包括個人的政治效能感、政治知識高低、政黨認同、對總統施政滿意度等，都顯著地影響個人對立法院的評價，政治效能感愈高、對總統施政愈滿意度和國會多數黨認同者，顯著地給予較滿意立法院過去四年來的表現的評價，政治知識則和立法院滿意度呈現負向關係，同時民進黨認同者也會因政治知識高低，對立法院評價有所不同，政治知識愈高的民進黨認同者，愈不滿意立法院的表現。而本文所關注的「政黨能力」是否有助於解釋國會滿意度命題上，我們發現民眾對政黨處理議題能力的評價，確實和其對立法院的滿意度有關，認為國民黨能力較佳的民眾，確實會較滿意立法院過去四年來的表現。最後，性別、年齡、教育程度、媒體暴露程度則對個人對立法院的評價不具顯著作用。

伍、結語和討論

　　在議會內閣制的國家，政治運作的重心在國會，由於內閣是從國會

產生，是以民眾對國會的評價也會和對行政部門的評價相關；總統制的國家，國會扮演監督和制衡的工作，總統施政的推動，也有賴國會對於政府預算的通過和相關立法，是以對總統施政的滿意度，也會影響到民眾對國會表現的評價。國會和行政部門都是政治運作重要的機關制度，從理論層次來看，民眾對國會的滿意度反映此機關制度的合法性和正當性，突顯國會作為政治治理機構一環的重要性。從選舉政治來看，民眾對國會表現的評價也可能影響選民的投票抉擇，進而影響國會選舉結果（Durr et al., 1997; Finocchiaro, 2003）。是以，研究國會滿意度有其理論上的重要性。

　　國內民眾在2000年政黨輪替後，對於立法院的信任程度或是表現滿意度，都呈現低落的情形，值得我們去探討可能的影響因素，而本文選擇以「政黨能力形象」為討論焦點，並控制其他可能影響因素，來檢視政黨能力形象對立法院表現滿意度的影響。根據複迴歸模型分析結果，認為國民黨能力較佳的民眾，確實給予立法院過去四年表現較高的評價，同時滿意馬英九當總統表現的民眾，也顯著地給予立法院表現較高的評價。政治效能感愈高的民眾也愈滿意立法院的表現，而政治知識愈高的民眾則愈不滿意立法院的表現。值得討論的是，相對於政黨認同上是小黨、中立無反應的民眾，無論是國民黨認同者或是民進黨認同者，都給予立法院較正面的評價。但若同時考量政黨認同和政治知識對立法院表現的評價時，民進黨認同者有愈高的政治知識，愈不滿意立法院的表現，但對國民黨認同者則無顯著差異。進一步根據低政治知識的民進黨認同者探討，發現在控制其他因素影響下，唯有對總統表現滿意度能顯著地影響低政治知識民進黨認同者的國會滿意度。換句話說，當政黨沒有給予任何線索時，對政治練達度低的認同者而言，總統表現成為他們判斷政治世界的線索。由於政黨認同的強弱度和個人對於資訊接收和政治判斷影響的程度有別，政黨認同愈強烈，其選擇性消化（或扭曲）資訊以符合其黨派認同的想法的程度愈高，是以，弱民進黨認同者，因黨派意識較不強烈和不穩定，對國民黨的評價或喜歡度都比較高，本文也發現弱民進黨認同者可能超脫對民進黨的情感投射，受其他因素影響其評價立法院的表現，但也有可能是因為資料

的緣故,這部分則需更多資料來證實。

　　民眾對制度機關的評價佳,有助民主運作穩定,尤其國會是民意機關,民眾滿意國會表現,隱含民主政治運作穩定性。此外,政黨扮演匯集和整合民意成為公共政策的角色,政黨能力影響民眾對國會表現的評估,而國會表現評價更可能進一步影響到選舉結果,低的國會表現滿意也連帶降低尋求連任者的當選機率,換句話說,民眾對國會負面評價,將進一步促進國會機關實質的改變(Ramirez, 2009: 692)。本文研究發現,國民黨在數項議題能力處理上都比民進黨更具優勢,再加上從2008年至2012年民眾對國會滿意度呈現成長趨勢,這些都可能有助於2012年國民黨在總統和立委選舉勝選機會的提升。

　　國會之所以不受歡迎是因為國會的運作的本質之一就是具有政治衝突性,而政治衝突則是一般民眾所不喜見到的,而且議事的推動也可能涉及到妥協、政治協商和爭吵,讓一般民眾有著「玩弄政治」(playing politics)的印象,對國會也不會有太多的好感(Hibbing, 1999;盛杏湲、黃士豪,2006)。因此,我們要探討民眾對國會有何想法時,有關國會滿意度的測量,可以是多層次設計,可以包含對於國會功能的評量、國會議員角色和表現的評估、也可以是議事效率的評價等,也可以使用質化的方式探索不滿意態度的背後驅動力為何(Hibbing, 1999;盛杏湲、黃士豪,2006),囿於資料取得的限制,本文未能納入分析,是本文寫作的研究限制。這是未來相關研究可以整合和努力的方向,如此可以有助於我們對於這個主題有較為全面性和系統性的發現。

參考書目

外文部分

Allison, Paul D. 2002. *Missing Data*. Sage University papers. Quantitative Applications in the Social Sciences; no. 07-136.

Baumer, Donald C. and Howard J. Gold. 1995. "Party Images and the American Electorate." *American Politics Quarterly* 23, 1: 33-61.

Brewer, Mark D. 2009. *Party Images in the American Electorate*. New York: Routledge.

Campbell, Angus, Gerald Gurin, and Warren E. Miller. 1954. *The Voter Decides*. Evanston, Illinois: Row, Peterson and Company.

Campbell, Angus et al. 1960. *The American Voter*. Chicago: University of Chicago Press.

Cover, Albert D. 1986. "Party Competence Evaluations and Voting for Congress." *Western Political Quarterly* 39, 2: 304-312.

Davidson, Roger H. 1999. "Congress and Public Trust: Is Congress Its Own Worst Enemy?" in Joseph Cooper. ed. *Congress and the Decline of Public Trust*: 65-78. Boulder, Colo.: Westview Press.

Dennis, Jack. 1981. "Public Support for Congress." *Political Behavior* 3, 4: 319-350.

Durr, Robert H., John B. Gilmour and Christina Wolbrecht. 1997. "Explaining Congressional Approval." *American Journal of Political Science* 41, 1: 175-207.

Easton, David. 1965. *A Systems Analysis of Political Life*. New York: John Wiley & Sons, Inc.

Easton, David. 1975. "A Re-Assessment of the Concept of Political Support." *British Journal of Political Science* 5, 4: 435-457.

Finocchiaro, Charles J. 2003. "An Institutional View of Congressional

Evaluations: The Impact of Congressional Image on Seat Change in the House." *Political Research Quarterly* 56, 1: 59-65.

Geer, John G. 1991. "The Electorate's Partisan Evaluations: Evidence of a Continuing Democratic Edge." *Public Opinion Quarterly* 55, 2: 218-331.

Hibbing, John R. and Elizabeth Theiss-Morse. 1995. *Congress as Public Enemy: Public Attitudes toward American Political Institutions*. New York: Cambridge University Press.

Hibbing, John R. 1999. "Appreciating Congress." in Joseph Cooper. ed. *Congress and the Decline of Public Trust*: 43-64. Boulder, Colo.: Westview Press.

Hibbing, John R. 2002. "How to Make Congress Popular." *Legislative Studies Quarterly* 27, 2: 219-244.

Kimball, David C. 2005. "Priming Partisan Evaluations of Congress." *Legislative Studies Quarterly* 30, 1: 63-84.

Kimball, David C. and Samuel C. Patterson. 1997. "Living Up to Expectations: Public Attitudes toward Congress." *The Journal of Politics* 59, 3: 701-728.

Klingemann, Hans-Dieter and Martin P. Wattenberg. 1992. "Decaying Versus Developing Party Systems: A Comparison of Party Images in the United States and West Germany." *British Journal of Political Science* 22, 2: 131-149.

McDermott, Monika L. and David R. Jones. 2003. "Do Public Evaluations of Congress Matter? Retrospective Voting in Congressional Elections." *American Politics Research* 31, 2: 155-177.

Mangum, Maruice. 2014. "Party Competence Perceptions and the Party Identification of African Americans." *Party Politics* 20: 357-367.

Matthews, Donald R. and James W. Prothro. 1966. *Negroes and the New Southern Politics*. New York: Harcourt, Brace & World, Inc.

Patterson, Kelly D. and David B. Magleby. 1992. "The Polls-Poll Trend Public Support for Congress." *Public Opinion Quarterly* 56, 4: 539-551.

Pope, Jeremy C. and Jonathan Woon. 2009. "Measuring Changes in American Party Reputations, 1939-2004." *Political Research Quarterly* 62, 4: 653-661.

Ramirez, Mark D. 2009. "The Dynamics of Partisan Conflict on Congressional Approval." *American Journal of Political Science* 53, 3: 681-694.

Sanders, Arthur. 1988. "The Meaning of Party Images." *Western Political Quarterly* 41, 3: 583-599.

中 文部分

朱雲漢。2012。〈2009年至2012年「選舉與民主化調查」三年期研究規劃（3／3）：2012年總統與立法委員選舉面訪案〉。計畫編號：NSC100-2420-H-002-030。台北：行政院國家科學委員會補助專題研究計畫。

林瓊珠。2013。〈台灣民眾的機構信任、民主滿意度和政治參與〉。《第五屆發展研究年會》。2013年11月9-10日。台北：國立政治大學國家發展研究所。

盛杏湲、黃士豪。2006。〈台灣民眾對什麼討厭立法院〉。《台灣民主季刊》3，3：85-128。

TVBS民意調查中心。2011。〈政黨形象民調〉。https://cc.tvbs.com.tw/portal/file/poll_center/2017/20170602/di95o2n2v2.pdf。2016/12/8。

附錄

附表1　測量題目和模型編碼處理

題目	編碼處理
國會滿意度 請問您對立法院過去四年的整體表現，0到10您要給它多少？	無法給予明確答案者，視為遺漏值，不納入模型分析。
政黨能力 1. 在兩岸關係上，請問您覺得國民黨與民進黨相比的話，1：國民黨好很多；2：國民黨好一些；3：民進黨好一些；4：民進黨好很多；5：兩個政黨都不錯；6：兩個政黨都不好。 2. 那在經濟發展方面呢？ 3. 那在縮小貧富差距方面呢？ 4. 那在解決房價過高的問題方面呢？ 5. 那在環境保護方面呢？ 6. 那在社會福利方面呢？ 7. 那在打擊貪汙腐化方面呢？ 8. 那在民主改革方面呢？ 9. 那在族群和諧方面呢？ 10. 那在提升國際地位方面呢？	1＝1國民黨好很多 2＝2國民黨好一些 3＝-1民進黨好一些 4＝-2民進黨好很多 5 6＝0兩黨沒有差別 其餘無反應答案編碼為0。 將十題加總後取其平均數，成為「政黨能力」指標，該變項數值為-2到2。
電視新聞注意程度 您每天花多少時間注意電視上的選舉新聞？	30分鐘以下＝1，31到60分鐘＝2，1小時到1個半小時＝3，1個半小時到兩個小時＝4，超過2個小時＝5，偶爾注意和完全不注意＝0，拒答、不知道、看情形等答案視為遺漏值，不納入分析。
報紙新聞注意程度 那報紙上的選舉新聞呢？	30分鐘以下＝1，31到60分鐘＝2，1小時到1個半小時＝3，1個半小時到兩個小時＝4，超過2個小時＝5，偶爾注意和完全不注意＝0，拒答、不知道、看情形等答案視為遺漏值，不納入分析。

附表1　測量題目和模型編碼處理（續）

題目	編碼處理
政治效能感 1.有人說：「我們一般民眾對政府的作為，沒有任何影響力。」請問您同不同意這種說法？ 2.有人說：「政府官員不會在乎我們一般民眾的想法。」請問您同不同意這種說法？ 3.政治太複雜了，我們一般民眾實在搞不懂。	非常不同意＝4、不太同意＝3、有點同意＝2、非常同意＝1，無反應視為遺漏值。三題進行信度分析。Cronbach's Alpha 值為0.53，將三題加總取其平均數，成為「政治效能感」變項。
政黨認同 1.請問您有沒有比較偏向哪一個政黨？ 2.您有沒有稍微偏向哪一個政黨？ 3.請問是哪一個政黨？	國民黨＝1，民進黨＝2，認同小黨、中立無反應＝0。
政治知識 1.請問您：現任的美國總統是誰？ 2.請問您：現任的行政院長是誰？ 3.請問您：在我國，誰或哪個機關負責解釋憲法？ 4.請問目前我國的財政部長是哪一位？ 5.台灣去年（民國100年）底的失業率多少？ 6.這次立委選後，立法院的第二大黨是？ 7.下面哪一位是現任的聯合國祕書長？	答對＝1，其他答案＝0，將七題答案加總，成為政治知識分數。
總統表現滿意度 請問您對馬英九擔任總統期間的整體表現滿不滿意？	非常滿意＝4、還算滿意＝3、不太滿意＝2、非常不滿意＝1，拒答、不知道、無意見等答案視為遺漏值，不納入分析。

附表2　政治知識低於3民進黨認同者的國會滿意度迴歸模型分析

	B	SE
常數	2.77**	1.01
男性（女性＝0）	-0.39	0.30

附表2　政治知識低於3民進黨認同者的國會滿意度迴歸模型分析（續）

	B	SE
年齡	0.01	0.01
高中職（國中及以下＝0）	0.51	0.38
專科及以上	-0.06	0.46
報紙新聞時間	-0.10	0.19
電視新聞時間	0.21	0.12
政治知識	-0.29	0.19
總統表現滿意度	1.04***	0.19
政治效能感	0.09	0.32
整體政黨能力評估	-0.27	0.27
低政治知識*總統表現滿意度	-0.02	0.15
N	194	
R^2	.178	
$Adj\ R^2$	.133	

資料來源：朱雲漢（2012）。

說明：*** p < 0.001；** p < 0.01；* p < 0.05。民進黨認同者的政治知識平均數為3.54，中位數為3，取政治知識低於3的受訪者為低政治知識者。

附表3-1　民進黨認同者強弱度和政黨能力評估變異數分析表

	N	平均數	標準差	
強烈偏向民進黨	113	-0.92	0.70	
普通偏向民進黨	196	-0.41	0.52	F = 33.719
有一點偏向民進黨	87	-0.40	0.48	p < 0.001
稍微偏向民進黨	121	-0.24	0.48	
總計	517	-0.48	0.60	

資料來源：朱雲漢（2012）。

說明：「政黨能力評價」編碼請參見附表1。正值為國民黨較好，負值為民進黨較好。

附表3-2　民進黨認同者強弱度和國民黨喜歡度變異數分析表

	N	平均數	標準差	
強烈偏向民進黨	113	2.57	2.60	
普通偏向民進黨	191	3.94	1.94	F = 14.889
有一點偏向民進黨	86	3.91	1.88	p < 0.001
稍微偏向民進黨	119	4.20	1.77	
總計	509	3.69	2.15	

資料來源：朱雲漢（2012）。

說明：國民黨喜歡度為0-10尺度測量。

附表3-3　國會滿意度迴歸模型分析（區分民進黨認同者強弱度）

	B	SE	顯著性
常數	2.577	.362	.000
男性（女性＝0）	-.219	.103	.033
年齡	.006	.004	.096
高中職（國中及以下＝0）	.162	.126	.200
專科及以上	-.052	.139	.711
報紙新聞時間	.050	.057	.380
電視新聞時間	.012	.042	.774
政治知識	-.181	.033	.000
總統表現滿意度	.610	.070	.000
政治效能感	.264	.110	.017
整體政黨能力評估	.313	.102	.002
認同國民黨（小黨中立無反應＝0）	.635	.138	.000
強民進黨認同者	.371	.239	.121
弱民進黨認同者[#]	.296	.149	.047
N	1416		
R^2	.202		
$Adj\ R^2$	.195		

資料來源：朱雲漢（2012）。

說明：*** p < 0.001；** p < 0.01；* p < 0.05。# 弱民進黨認同者包括普通偏向、有一點偏向和稍微偏向民進黨。

第五章
半總統制下國會的監督與制衡權：
台灣、波蘭與斯洛伐克的憲法設計
比較

許恒禎

壹、前言

　　本文想要解答一個非常關鍵的問題：同為半總統制國家的國會，為何監督與制衡行政部門的能力有所不同？事實上，國會監督制衡的強弱，會對半總統制國家行政部門的運作產生重大的影響。關於半總統制行政部門的研究汗牛充棟，但其國會監督的研究文獻較為缺乏，本文將補足之。此一議題屬於國會研究，所謂國會研究，最簡單的分類方式是分為內部研究與外部研究：內部研究聚焦於立法機構本身的規則與歷史沿革，研究主題包括常設委員會、黨團與黨團協商、政黨團結度與政黨結盟、議程設定與議程否決、影響立委立法行為之因素、預算審議、國會其他相關職權、國會改革之研究等；外部研究側重其他行為者對立法機構的影響、民意代表與選民的關係與代表性等，研究主題則包括選舉制度與投票行為、國會的代表性、國會議員的甄選以及生涯發展、行政與立法之間的互動、國會議員的選區服務、對國會的監督、國會議員與官僚體系、民意與國會等（黃秀端，2013：291-327）。在這樣的分類方式中，本文屬於外部研究當中行政與立法之間的互動，旨在探究不同國家國會監督行政部門的制度設計。

　　本文將比較三個採行半總統制國家的國會：台灣、波蘭與斯洛伐克。此三國有相當多的相似處：同為受到前蘇聯黨國體制影響下的後列寧群組

半總統制國家[1]、民主化時間相近、長期被自由之家評為完全自由等級、
經濟發展程度不差的新興民主國家。至於本文所比較三個國家國會之「監
督制衡權力設計」部分，則需要進一步說明。一般國家國會在憲政規範上
擁有的權限，如議決法律案、預算案、戒嚴案、大赦案、調查權、宣戰、
媾和與條約案、言論免責權與會期中不被逮捕特權等，各國間的差異並不
顯著。但是在質詢、信任投票、不信任投票、彈劾、罷免、釋憲、提請公
民投票等監督權力，各國則有相當不同的規範。這些制度設計應是跨國比
較的重要部分（廖達琪、陳月卿、李承訓，2013：54），故本文將比較這
些有顯著差異的部分。此外，本文將針對國會直接對總統或總理監督制衡
的權力做比較，因此將釋憲（監督標的較不明確）、提請公民投票（直接
訴諸公民）等權力排除[2]。另外，台灣與斯洛伐克為一院制，波蘭為兩院
制。為求比較的對等性，在波蘭部分本文僅以眾議院作為比較標的，因為
波蘭眾議院在憲法上地位較重要，參議院權力相對較小；而波蘭負責監督
制衡行政部門運作的是眾議院，內閣對眾議院負責，參議院並不負責對內
閣的監督制衡（周萬來，2007b：100-101）[3]。

---

[1] 有關後列寧群組半總統制是半總統制國家的三個重要群組之一，有關後列寧群組半總
　統制概念的相關介紹，可參考吳玉山（2011：1-32）、許恒禎（2013）。

[2] 半總統制下國會對於總統之監督，近似總統制國會對總統的制衡。半總統制國會並非
　總統的選舉者，因此除非極為特殊的場合，自然不易令總統去職。本文將國會對總統
　反否決與內閣信任權等當作是國會對總統監督的權力。當然，其他學者也可以將這些
　權力當成是國會「制衡」總統的權力，這端看不同學者對監督的不同定義。

[3] 在憲法修正、對國際條約行使同意權方面，兩院平等。此外，參議院可與眾議院共組
　國民議會參與彈劾總統。在一般法案審議，兩院都有提案權，但法案應先向眾議院提
　出。參議院審查眾議院通過的法案，必須在三十天之內完成，如在期限內未完成，視
　為照眾議院通過的條文通過。甚者，參議院對眾議院通過的法案雖可否決再退回，或
　是提出修正意見退回眾議院，但眾議院只要過半數議員出席，出席議員過半數同意，
　即可推翻參議院的否決與修正意見（周萬來，2007b：100-102，113-114）。就條文規
　範觀之，參議院只具有拖延眾議院審查法案的權力，因眾議院退回門檻不高。若兩院
　為同一政黨所掌握，參議院當然不會否決眾議院通過的法案。觀察波蘭歷次國會選舉
　結果，除了1991年第一次全面改選時以外，眾議院的最大黨，幾乎都是參議院的最大
　黨，也就是說兩院政治取向大多一致。總之，波蘭國會雖然設置兩院，但就制度設計
　與運作上，對於國會監督行政部門之力道影響不大。

　　至於本文所引用的相關規定，在憲法層次都以各國最新的憲法規範為依據，台灣是2005年第七次修憲後版本，波蘭是1997年新憲法，斯洛伐克是1992年憲法。

　　由於半總統制國會監督制衡之相關文獻不多。首先，讓我們擴大範圍回顧到不論憲政體制，就國會監督制衡為主題的文獻，早期有Rosenthal（1981）的〈Legislative Behavior and Legislative Oversight〉、Rockman（1985）的〈Legislative-Executive Relations and Legislative Oversight〉與Aberbach（1990）的〈Keeping A Watchful Eye: the Politics of Congressional Oversight〉，這些文章建立了國會監督的基本概念與架構。而將全部或多數後共國家國會（大多為半總統制）做比較的文獻，則有Norton and Olson（2007）、Olson and Norton（2007）、Remington（2003）、Ilonszki and Edinger（2007）等著作，這些文章當然有處理波蘭，但討論到斯洛伐克者甚為稀少，而且比較面向也不只在監督制衡這一塊，而兼及立法本身，亦有討論國會議員個人層次的發展。專門探討後共波蘭國會的有Simon（1996），探討後共斯洛伐克國會的則有Malova與Sivakova（1996）著作。國內學者方面，廖達琪等（2013）比較半總統制的台灣與法國國會監督能量，就國會監督提出很好的分析框架，並提出結論為台灣的國會為偏向總統制的設計，法國的國會則偏向內閣制的安排。Liao與Chen（2014）指出了半總統制國會監督文獻的三個主要特色：一是只關注單一國家；二是只包含靜態的制度；三是對於新形成事務的探索性研究。黃秀端為國內國會研究的代表性學者，曾從我國各個立法院委員會面臨的迥異環境，以及國會議員加入特定委員會的動機兩個因素互動來解釋立法院內不同類型委員會的運作方式（黃秀端，2000：35-70）；黃秀端也分析內閣制、總統制與半總統制國會運作的差異，並指出我國國會，尤其是委員會運作的缺失（黃秀端，2011：1-18）。陳宏銘（2010）比較了三個民主運作穩定的半總統制國家芬蘭、法國與波蘭，其國會與行政部門之關係，並發現半總統制下的國會與行政部門雙首長之間，構成一種不對稱的權力制衡關係。而芬蘭與波蘭國會演化的經驗顯示，向內閣制傾斜並

弱化總統角色的演化方向，可強化國會與政府的對稱關係。

　　由上述可知，從半總統制的憲政體制制度設計，探討波蘭與斯洛伐克國會監督制衡，文獻上可以說是仍然著墨不多。本文試圖比較三個採行半總統制的國家——台灣、波蘭與斯洛伐克，探究其中的異同。一方面可對能分辨出同屬後列寧半總統制的國家，在國會監督制衡上制度設計的可能傾向；另一方面則希望對半總統制下國會監督的性質與分類能有理論上之反思。

　　我們可從半總統制雙元行政的特性，來逐步建構半總統制國會監督制衡行政部門的類型。由於半總統制相對於總統制與內閣制，最基本的特徵在行政部門分屬總統與總理，因此半總統制國會監督的類型應該也可依循監督總統與監督總理之權來分。從Maurice Duverger對半總統制最原始的定義中，可得知國會對總理起碼擁有倒閣權，但對於總統之監督權則付之闕如[4]。依據杜氏定義，半總統制國會監督總理之權，可以分為倒閣權與倒閣權以外之設計。在倒閣權設計方面，是否規定建設性倒閣，或是可以對個別閣員行使不信任投票，或是將倒閣加以條件限制（如組閣一年內不得倒閣），會影響監督之強弱。在倒閣權以外的設計，則包括信任權與質詢權等。若有信任權之規範，則總理的產生或存續本身就反映國會多數的偏好，對於總統任命權有相當大的監督作用。質詢權方面，國會若能自主排定質詢議程，則有較大監督能力，若是質詢可作為討論議題，並可依討論結果作為內閣進行倒閣的話，則有更大的監督力道。

　　另一方面，半總統制國會監督總統之權，可直接使總統去職的有

---

[4] 在1980年Duverger對半總統制最原始的定義中，其認為「半總統制」有三個要件：第一，共和國總統由直選產生（the president of the republic is elected by universal suffrage）；第二，總統具有相當大的實權（he possesses quite considerable powers）；第三，除了總統之外，尚有掌握有行政權的總理與部長們，他們必須在國會不反對的情況下始能在位（he has opposite him, however, prime minister and ministers who possesses executive and governmental powers and can stay in office if parliament does not show its opposition to them）（Duverger, 1980: 166）。

罷免與彈劾，但各國對行使這兩種權力所規定的門檻均很高（隋杜卿，2002），除非一國政黨體系中，反對黨握有極高比例席次，才有可能成功。所以基本上，半總統制總統不易受這兩項權力制衡。此外，國會也可從信任投票權與反否決權制衡總統。若規範有信任權，則限制總統任命總理權。在此，我們看到信任權對總理與總統均有監督制衡作用，一為直接，一為間接。反否決權可以制衡總統對國會所通過法案的否決權，成功與否則看各國門檻高低，再搭配各國不同的國會政黨體系是否能達到門檻。

　　本文結構分為四段：第一段為前言；第二段比較台灣、波蘭、斯洛伐克國會監督總理之權；第三段比較三國國會監督總統之權；第四段為結語。由於總理為半總統制國會主要監督對象，故將國會監督總理之權置於總統之前。此外，本文核心關懷為我國制度，所以行文中間或提出波、斯兩國在相關制度設計上，對我國制度的啟示。

貳、國會對總理監督制衡之權

　　本節將比較台灣、波蘭與斯洛伐克三個國家的半總統制國會對總理不信任案之提出權、信任投票與質詢權之設計。

一、不信任案之提出權

　　台灣關於立法院得提出不信任案之規定，可見於中華民國憲法增修條文第3條第2項第3款之規定：立法院得經全體立法委員三分之一以上連署，對行政院院長提出不信任案。不信任案提出72小時後，應於48小時內以記名投票表決之。如經全體立法委員二分之一以上贊成，行政院院長應於10日內提出辭職，並得同時呈請總統解散立法院；不信任案如未獲通過，1年內不得對同一行政院院長再提不信任案。

在波蘭，眾議院得通過對總理之不信任投票，但同時亦須提出新的總理人選，方可行使不信任投票。此一制度設計發源於二戰後之德國（西德），係建立於國會通過對總理之不信任案之前，必須先以多數決通過繼任人選，以維持政局穩定，學界稱這樣的制度設計為「建設性不信任投票」（constructive vote of no-confidence）。再者，眾議院可通過內閣請求給予信任投票之動議。最後，眾議院可以針對個別部長通過不信任投票。經由眾議院至少69名議員之連署提出動議，得對個別閣員進行不信任投票；眾議院通過不信任投票後，總統即應解除該位閣員職務（周萬來，2013：114；黃秀端，2014：277）。

在斯洛伐克，憲法第88條規定，國會可以對內閣與個別閣員行使不信任投票，門檻為全體國會議員的五分之一提案，並經全體國會議員的過半數同意而通過（Malova and Sivakova, 1996: 109）。憲法第114條第1項規定，國會得隨時對內閣提出不信任投票（王源森譯，2007a：108）[5]。我們從上述兩條規範可看出，斯洛伐克並未有建設性不信任投票之規定。

比較三國對於不信任投票的規定，提議門檻各有不同。波蘭為國會議員總數的一成五，斯洛伐克為五分之一，台灣為三分之一。因此，就提議門檻而言，波蘭最易，斯洛伐克次之，台灣最難。但若加上是否採行必須先提出繼任總理人選才能倒閣的建設性不信任案設計的話，波蘭有，台灣與斯洛伐克則無。綜合考量之下，波蘭提出不信任案便較不容易。

若比較三國是否可以針對個別部長行使不信任案的制度設計，波蘭與斯洛伐克有，而台灣沒有。而提議行使的門檻，波蘭為460席的眾議員中至少69名提議，也就是總席次的百分之十五，斯洛伐克則為國會議員五分之一提案，波蘭提議的門檻低於斯洛伐克。因此，三國相較，對個別部長行使不信任案強弱的監督能量，波蘭優於斯洛伐克，而這兩國又優於台灣。

5　參見International constitutional law：http://www.servat.unibe.ch/icl/。

二、質詢權

在台灣，憲法增修條文第3條第2項第1款，規範我國立法院之質詢權：「行政院有向立法院提出施政方針及施政報告之責。立法委員在開會時，有向行政院院長及行政院各部會首長質詢之權。」另外，憲法第67條第2項：「各種委員會得邀請政府人員及社會上有關係人員到會備詢。」我國除憲法規範外，尚有法律層級規範質詢權，如立法院職權行使法第17條規定：「行政院遇有重要事項發生，或施政方針變更時，行政院院長或有關部會首長應向立法院院會提出報告，並備質詢。」及第16條第2項：「立法院依前項規定向行政院院長及行政院各部會首長提出口頭質詢之會議次數，由程序委員會訂之。」該條文中所謂「前項」規定，包括所有例行施政總質詢以及行政院長新任時的總質詢；而由「程序委員會定之」則顯示立法院在質詢上擁有議程掌控的權力（廖達琪、陳月卿、李承訓，2013：62）。第27條則規定：「質詢事項，不得作為討論之議題。」我國為穩定政局，採用與英國相似之質詢制度，不得進行倒閣性質詢。意即質詢後不得進行辯論與不信任投票，以減少倒閣情事發生（周萬來，2011：174）。

波蘭眾議員得向內閣閣員提出質詢，其方式可分為三種：一是書面質詢（Interpellation）；二是大質詢（Request for providing current information）；三是小質詢（Question on current issue）。憲法第115條規定，內閣總理及閣員對於眾議員之質詢，應於21天內答覆。內閣總理及閣員應於眾議員開會日答覆眾議員之質詢。眾議員得針對國家政策及較重要之事項，隨時提出質詢。質詢應以書面向議長提出，其質詢內容應該與被質詢部會首長之業務及職權相關之事項，議員的質詢由議長即刻交付給被質詢者，眾議員的質詢與內閣的答覆均會刊登在院會之議事文件資料上。眾議員如不滿意內閣之答覆，得附理由在30天內向議長提出申訴，要求被質詢者提出書面補充說明，被質詢者則應在21天內提出補充說明。為了讓眾議員行使大質詢與小質詢，每次會議週的議程列有大質詢與小質詢

之議程。眾議院大質詢的權力屬於15人以上之黨團，只有黨團才有權提出此項質詢。由於院會進行大質詢詢答與討論之時間有限，每次會議週由何黨團提出大質詢，係由主席團（Presidium）經徵求元老會議（Council of Seniors）之意見後決定，通常考慮點為提出大質詢之議題是否具時事性或重要性，同時也須考慮提出質詢黨團之成員人數多寡。如果元老會議對此無法取得一致意見，則由院會來決定。大質詢之程序係先由質詢黨團推派代表提出質詢的議題並陳述其理由，其發言時間是5分鐘。其後由相關部會首長答覆，其時間為10分鐘。在詢答之後，隨即進行討論，討論階段是由各黨團議員與無黨籍議員交叉輪流發言，其發言次序由議長決定。討論完成後即進行總結陳述，由質詢之黨團代表發言5分鐘。最後由內閣代表發言10分鐘，完成整個大質詢。每次會議週雖然只有一個黨團提出大質詢，但對於大質詢議題，每個黨團都可推派代表發言、辯論時事要政（Malova, 2001: 357；周萬來，2007b：108-109）。

眾議員可另就內閣內外政策與公共事務提出小質詢。小質詢係在院會開會時由議員以口頭方式提出，並由相關內閣閣員即席答覆之。欲提出口頭質詢的議員，應在質詢前一天向議長登記，並提出質詢對象與質詢議題。每次會議週，小質詢之議題不可超過10個，而其質詢之議員與質詢次序係由主席團徵詢元老會議之意見後，通知各黨團。小質詢之進行，每位議員提問發言時間為2分鐘，相關部會首長應即席答覆，時間則為6分鐘。小質詢之議題不得作為討論對象，僅得由質詢議員於閣員答覆後增加提出一項質詢，其質詢時間為1分鐘，再由閣員答覆3分鐘。小質詢與書面質詢兩者同為議員個人得行使之質詢權，但是小質詢是即問即答的方式，其主要目的在於即時了解當前施政作為之內容與資訊，其議題與書面質詢具有較高政策性與重要性之問題有所差別（周萬來，2007b：109）。

斯洛伐克國會質詢則見於該國憲法第80條規定，國會議員得向內閣總理及其閣員或是其他政府機關首長提出質詢，議員之質詢應於30日內答覆。斯國國會議員質詢的內容包括內閣施政的全部，但主要為法律之執行、內閣的施政計畫有無實現、國會要求行政部門執行的決議有無執行

等。但國會也可決定，就某次質詢時間專為某項特定議題進行質詢。照斯國國會內規規定，質詢日欲進行質詢的議員，應先將質詢的議題與內容，於中午12時之前，以書面向議長提出，由議長送交被質詢的官員。由於質詢的議題很多，且質詢答覆時間有限，便以抽籤方式決定，哪些議員可質詢以及其質詢之次序。質詢的議員除已提出之書面議題外，有權以口頭方式另提一個議題，其發言時間為2分鐘。通常，在質詢時間一開始的前15分鐘，保留給總理先答覆。對於議員之質詢，列席官員應先以口頭答覆，但口頭答覆並不能排除書面答覆的義務，內閣應在30天內另以書面答覆議員質詢。如果質詢的議題具有急迫性，則答覆的時間縮短為15天。內閣的書面答覆送達國會之後，即列入下次會議議程，議長應將答覆送質詢議員及各黨團，如果質詢議員對答覆表示不滿，院會可就此進行討論，並做成決議。在這樣的情況下，內閣可能會提出一項涉及對內閣或個別內閣閣員信任投票之提案，國會即應對此信任提案進行投票（周萬來，2007a：93）。

　　由以上的規定可知，三國之國會對於質詢之安排都有自主性。特別要說明的是波蘭負責排質詢議程的重要機構主席團與元老會議，前者由議長與五位副議長組成，後者由議長、五位副議長及各黨派推派之成員（通常是黨團主席或資深議員）組成，從兩者組成成員觀之，都彰顯國會自主性[6]。

6　我國課責機制可以學習斯洛伐克，國會對閣員答詢質詢之內容可作為國會討論標的，並且可依此對內閣或個別閣員行使信任投票。我國目前總質詢內容無法形成政策辯論，淪為被譏「表演作秀」。改革方向可為：質詢應儘量避免容易造成答非所問或是議事衝突的即問即答方式，可預先告知質詢題目（也就是限制議題內容），讓行政部門有充分時間準備，另外應有對於質詢內容的課責機制（林濁水，2011：30；周萬來，2011：321-325）。在此波蘭與斯洛伐克便是我們很好的學習對象，我國可仿照波、斯二國，不論質詢形式，質詢的內容先經議長承認，再送行政部門準備答覆。

三、信任投票權

　　台灣的憲法並無規定行政院院長需要在剛就任時請求立法院的信任投票，也沒有在任職期間以特定法案質押請求立法院進行信任投票的規定。其實，憲法本文第55條原本規定我國行政院院長在被總統提名就任時需要立法院同意，也就是信任投票。但是，在1997年第四次修憲當中，增修條文第3條第1項規定總統可以在不需要立法院同意的情況下單獨任命行政院長，凍結了憲法本文的規範（許恒禎，2013）。

　　波蘭憲法則有規定總理剛就任時，以及就任後的任何時刻（包括質押法案或其他事項）要求眾議院的信任投票。關於總理剛就任時的情況，波蘭憲法第154條規定，新總理經總統任命後，應向眾議院要求信任投票，此投票應有眾議員過半數以上出席，出席眾議員過半數以上同意始為通過。如總理未能獲得國會信任，則眾議院應選出新總理與內閣閣員，如經眾議院議員過半數以上出席，出席眾議員過半數以上同意，則就職。憲法第155條規定，如眾議院無法選出新總理與閣員，總統應再度任命總理與閣員，眾議院應於新內閣組成後經過半數以上眾議員之出席，投票決定是否信任。關於就任後的情況，波蘭憲法第160條規定，總理得要求眾議院對內閣給予信任投票。此項信任票應有過半數以上眾議員之出席，出席眾議員過半數以上之同意通過（王源森譯，2007b：5）[7]。

　　一如波蘭，斯洛伐克憲法亦有規定總理剛就任時，以及就任後的任何時刻（包括質押法案或其他事項）要求眾議院的信任投票。關於總理剛就任時的情況，斯洛伐克憲法第113條規定，內閣在組成後30日內應列席國會，並提出內閣施政計畫，請求國會給予信任投票。關於就任後的情況，憲法第114條第2項規定，內閣得隨時要求國會對其進行信任投票。同條第3項規定，內閣得提出一項涉及對其是否信任之法案或其他事項，要求國會給予信任投票（王源森譯，2007a：108）。

---

[7]　參見International constitutional law：http://www.servat.unibe.ch/icl/。

　　若比較三國之國會得行使對於內閣的信任投票規範，我們可以發現波蘭與斯洛伐克國會不論在總理就任時，或是就任後之任何時刻，包括質押法案或其他事項，都對內閣有信任投票權，而台灣則皆無規範。因此，就信任投票規範的監督能量而言，波蘭與斯洛伐克相若，皆優於台灣。

參、國會監督制衡總統之權

　　有關半總統制國會監督制衡總統之權，本文將從罷免、彈劾、反否決與對總理人事同意比較之。對總理人事同意權（信任投票）已於上節所述，本節略之。

一、罷免權

　　中華民國憲法增修條文第2條第9項規定，總統、副總統之罷免案，須經全體立法委員四分之一以上之提議，全體立法委員三分之二以上之同意後提出，並經中華民國自由地區選舉人總額過半數之投票，有效票過半數同意罷免時，即為通過[8]。

8　立法院曾在2006年6月對陳總統提出罷免案，但未通過。當時反對黨以陳總統親信涉弊，總統已不適任為由，以57席立委達到當時立委總額四分之一的提議門檻，提出罷免案。立院投票結果，在當時總額221席立委中，119席贊成罷免，未達同意罷免三分之二門檻（148席），罷免失敗。2006年10月與11月立院再發動兩波罷免投票，同意票數分別為116票與118票，也都未達到同意罷免的三分之二門檻（林騰鷂，2014：168-169）。台灣在國會（立院）一黨擁有三分之二以上多數時，與總統是同黨，正常情形下不會對總統行使罷免權；而國會實際行使罷免權時，卻未在擁有三分之二多數的陳水扁總統時期。因此，台灣的罷免權實際上未成功行使過。這樣的運作似乎也顯示，我國目前的罷免總統制度過度保護總統，因為「立法院職權行使法」第44條規定，立法院提出罷免須以記名投票表決之。在此情形下，除非總統黨在立院席次低於三分之一，或總統黨立委有相當數量「公開叛變」，否則罷免案不太可能通過。應修憲賦予人民連署提罷免總統的權力，且將立院提出罷免案的表決方式改為無記名投票（蘇子喬，2013：193-194）。

　　斯洛伐克國民議會得對任期屆滿前之總統提案罷免，議長經全體議員五分之三多數做成罷免決議後30日內宣告舉行公民投票決定，該公民投票應於宣告後60日內舉行之，公民投票結果如有二分之一以上合格投票人同意罷免，總統即應予以解職；如結果罷免案未能通過，則總統應於投票結果公告後30日內解散國民議會，並於解散後7日宣告國會重新選舉，其個人任期則重新起算（周萬來，2014：102）。至於波蘭憲法中，國會則無罷免總統之規定（陳宏銘，2010：43）。

　　三國相較之下，台灣與斯洛伐克國會有罷免總統的權力，波蘭則無。台灣國會發動罷免總統需要全體立法委員三分之二以上之同意，斯洛伐克則需要國會全體議員五分之三以上，台灣的門檻高於斯洛伐克一些。就罷免制度設計而言，除波蘭國會根本無法罷免總統之外，就有罷免制度設計的台、斯兩國而言，台灣推動罷免難度大於斯洛伐克。

二、彈劾權

　　中華民國憲法增修條文第4條第7項規定，立法院對於總統、副總統之彈劾案，須經全體立法委員二分之一以上之提議，全體立法委員三分之二以上之決議，聲請司法院大法官審理。其實，在1997年第四次修憲時，對總統、副總統彈劾案的要件定為犯內亂或外患罪，但2000年第六次修憲時，將彈劾要件加以刪除，2010年立法院修正立法院職權行使法時，為配合修憲，也將犯內亂或外患罪的要件刪除（周萬來，2011：215-217）。

　　波蘭憲法第145條規定，總統得因違背憲法或法律或犯罪而被控訴移送國務法庭審理。對總統提出彈劾之控訴，應有國民議會140位以上議員之提議，並經國民議會全體議員三分之二以上之同意決議始得為之。國務法庭對總統控訴案進行審理之日，總統應暫時解除職務（王源森譯，2007b：93）[9]。此處的國民議會是指波蘭眾議院及參議院在憲法規定之情

---

[9]　參見international constitutional law：http://www.servat.unibe.ch/icl/。

況下，得召開二院聯席會議謂之國民議會。此項會議主持者為眾議院議長，若眾議院議長缺席時，則由參議院議長主持。此外，國民議會也得自行訂定議事規則（Sulowski, 2007: 54-69；周萬來，2007b：101-102）。

斯洛伐克憲法第107條規定，總統於任期內若因違憲或叛國，國會得加以控訴，經全體國會議員五分之三之多數同意後，提出對總統的彈劾案。彈劾案成立後，即移由憲法法院審理；如經判決有罪，總統即應解職，並終生不得再擔任此一職務（周萬來，2007a：85；周萬來，2014：102）。

由上可見，台灣、波蘭與斯洛伐克國會皆有彈劾總統之權限，但是門檻高低不同。台灣是需要全體立法委員三分之二以上決議；波蘭是需要參議院跟眾議院聯席組成的國民議會之全體議員三分之二以上決議，並非僅是眾議院全體議員的三分之二，顯然比台灣彈劾門檻高。至於斯洛伐克，則需要全體國會議員五分之三之多數決議。三國相較之下，關於彈劾總統的門檻難易度，波蘭最難、台灣次之、斯洛伐克最易。但若考量台灣在2000年第六次修憲時將彈劾要件刪除，而波、斯二國彈劾皆有總統違憲、違法或叛國等實質法律要件，相較之下，台灣國會彈劾總統應是難度最低。

三、反否決權

否決權（veto power）在我國稱為覆議權；所以，反否決權在我國應稱為反覆議權。在台灣，憲法增修條文第3條第2項第3款規定，行政院對於立法院決議之法律案、預算案、條約案，如認為有窒礙難行時，得經總統之核可，於決議案送達行政院10日內，移請立法院覆議。覆議時如經全體立委二分之一以上決議維持原案，行政院院長即應接受該決議。

在波蘭，總統得拒絕簽署法律，並附理由交眾議院覆議，如經眾議院二分之一以上出席，出席議員五分之三以上再通過該法律，總統即應簽署

該法律（波蘭憲法第122條第5項）（黃秀端，2010：76）[10]。這條規範是經過修正的，在1992年小憲法中規定，眾議院二分之一以上出席，出席議員三分之二以上再通過該法律，總統即應簽署（黃秀端，2014：278）。相較之下，出席議員的門檻由1992年小憲法的三分之二，微降到1997年新憲法的五分之三。

　　在斯洛伐克，根據憲法第87條第3項的規定，總統對國會通過之法律得不予簽署，而加註意見退回國會，國會對於總統退回的法律，須有全體國會議員過半數之同意，可推翻總統之意見，維持國會原先通過的法律（蔡榮祥，2013：92；周萬來，2007a：84）。

　　若將三國國會反否決的權力將以比較，台灣與斯洛伐克相若，都是國會議員過半數同意，即可再度通過總統退回國會的法律，而波蘭國會反否決門檻較高，不但全體議員的二分之一以上出席，還須要出席議員五分之三以上同意。相較於台灣與斯洛伐克，波蘭國會在此項監督能量較強。

肆、結語：半總統制國會監督制衡型態的追尋

　　如前文所述，本文已將國會監督制衡的條文規範歸類。若將規範搭

---

[10] 關於總統使用否決權在波蘭的實際運作經驗，參考黃秀端（2014：296）。在波蘭，左派的克瓦斯涅夫斯基（Alexander Kwasniewski）總統面對共治的右派總理布澤克（Jerzy Buzek），在1997年到2001年間，共成功否決30次，國會無法反否決成功；另一段高峰同樣是共治時期，是卡辛斯基（Lech Kaczynski）總統面對不同黨之政敵塔斯克（Donald Tusk）總理，不斷使出否決，光在2008年，總統成功否決12次，國會亦無法反否決成功。台灣與波蘭在此的差異是由於否決權搭配信任權不同設計而來的不同政府型態。在台灣，國會沒有對總理的同意權，所以總統在未能掌握國會多數時，能任命自己屬意的總理組成少數政府；波蘭因為國會擁有對總統所任命總理的同意權，故總統在無法主導總理人事與政府組成之下，只能以否決權與國會對抗，國會則以反否決權來監督總統。所以，在否決權的實際運作上，台灣常是總統與行政院院長立場相同來對抗持反對立場的國會，波蘭常是總理與國會多數立場相同，但總統有不同意見。

配各國實際國會政黨體系，則可看出監督制衡運作實效。本文研究的三國之國會對總理之監督制衡、倒閣設計方面已如前述。但實務上運作成功與否，還要搭配解散權設計為主動或被動，以及國會選舉制度等因素（許恒禎，2013）。質詢方面，三國對質詢議程均有自主性。但總理任命的信任權方面，只有台灣沒有，使得總統在政府「組成」階段不受國會影響與監督，所以台灣的總統在總統黨沒擁有國會多數時，能多次組成總統主導的少數政府；波蘭與斯洛伐克則都有信任權設計，搭配兩國政黨體系長期為多黨不過半。即波蘭眾議院每次選舉皆無一黨過半，斯洛伐克除2012年由方向—社會民主黨（Smer-SD, Direction-Social Democracy）一黨過半外，其餘每次選舉也無一黨過半。這樣的搭配造成波、斯兩國為了通過國會信任投票，政府組成多為兩黨以上共組過半聯合政府，與台灣大異其趣。

　　再來看三國之國會對總統之監督制衡。波蘭未設罷免而另兩國有罷免設計，連同彈劾，兩權力均很難對總統成功行使。反否決權方面，三國門檻不同，波蘭門檻不但要全體議員二分之一以上出席，還須要出席議員五分之三以上同意，且國會政黨體系較為破碎，難達到反否決門檻，故總統多次以否決權對抗國會監督。台灣與斯洛伐克國會反否決門檻則為全體二分之一（Malova and Rybar, 2008: 196-197）。另外，當然還得討論信任權。如同上述，波蘭與斯洛伐克均有信任投票設計，導致國會能間接牽制總統任命總理組成政府；台灣由於沒有信任投票設計，總統在主導政府組成上幾乎不受牽制。

　　最後本文試想，若要方便建立半總統制國會的監督制衡型態，我們可簡化變項到只剩核心變項，可以用國會的反否決權以及信任投票的有無來分別之。前者代表國會對行政部門推動法案的監督權力，後者代表國會監督制衡總統任命總理、或是總理本身的權力，具有關鍵性，適可作為關鍵變項。至於為何不採用罷免權與彈劾權等可直接使總統去職的設計作為分類標準？因為各國的罷免、彈劾設計都難以使用，在提案階段往往需要國會議員五分之三、甚至三分之二以上的設計（隋杜卿，2002：458-464），實務上很難作為制衡總統的工具。此外，質詢權對總理的監督力

有限，淪為口舌之爭。倒閣權則是各國皆有此設計，雖有條件與配套之差異，不如以信任投票此一設計更具有區別性。本文將反否決權依照門檻是否需達全體國會議員二分之一或比之更高的門檻作為分野，信任投票部分則看其有無此設計，這樣兩個關鍵變項，可分為四類（見表5-1）。

表5-1　半總統制國會監督制衡型態

	有信任投票設計	無信任投票設計
反否決權門檻低	ex.斯洛伐克	ex.台灣
反否決權門檻高	ex.波蘭 （全體二分之一出席，出席五分之三同意）	本文尚無案例

資料來源：作者自製。

　　本文拋出半總統制國會監督制衡類型的初探，日後若結合更多國運作經驗之觀察，可使國會監督制衡行政部門此一民主政治之重要議題，在半總統制研究領域趨於成熟。

參考書目

外 文部分

Aberbach, Joel D. 1990. *Keeping A Watchful Eye: the Politics of Congressional Oversight.* Washington, DC: Brookings Institution Press.

Duverger, Maurice. 1980. "A New Political System Model: Semi-Presidential Government. " *European Journal of Political Research* 8, 2:165-87.

Ilonszki, Gabriella and Michael Edinger. 2007. "MPs in Post-Communist and Post-Soviet Nations： A Parliamentary Elite in the Making." *The Journal of Legislative Studies* 13, 1: 142-163.

Liao, Da-Chi and Yueh-Ching Chen. 2014. "Parliamentary Oversight in 'Atypical Foreign Affairs' under Semi-Presidentialism- A Comparison of the French National Assembly, Romania's Parliament and Taiwan's Legislative Yuan." *Proceeding of a Conference on The Fifth Semi-Presidentialism and Democracy International Conference*. 17 May 2014. Kaohsiung: National Sun Yat-Sen University.

Malova, Darina and Danica Sivakova. 1996. "The National Council of the Slovak Republic: between Democratic Transition and National State-Building." *The Journal of Legislative Studies* 2, 1: 108-132.

Malova, Darina and Marek, Rybar. 2008. "Slovakia's Presidency: Consolidating Democracy by Curbing Ambiguous Powers." in Robert Elgie and Sophia Moestrup. eds. *Semi-presidentialism in Central and Eastern Europe*: 180-199. Manchester: Manchester University Press.

Malova, Darina. 2001. "Slovakia: From the Ambiguous Constitution to the Dominance of Informal Rules." *Democratic Consolidation in Eastern Europe* 1: 347-377.

Norton, Philip and David M. Olson. 2007. "Post-Communist and Post-Soviet Legislatures: Beyond Transition." *The Journal of Legislative Studies* 13, 1:

1-11.

Olson, David M. and Philip Norton. 2007. "Post-Communist and Post-Soviet Parliaments: Divergent Paths from Transition." *The Journal of Legislative Studies* 13, 1: 164-196.

Remington, Thomas. F. 2003. "Legislatures in Post-Communist Regimes." *The Journal of Legislative Studies* 9, 3: 153-160.

Rockman, Bert A. 1985. "Legislative-Executive Relations and Legislative Oversight." in Malcolm Edwin Jewell, Samuel Charles Patterson and Gerhard Loewenberg. eds. *Handbook of Legislative Research*: 519-572. MA: Harvard University Press.

Rosenthal, Alan. 1981. "Legislative Behavior and Legislative Oversight." *Legislative Studies Quarterly* 6, 1: 115-131.

Shugart, Matthew S. and John M. Carey. 1992. *Presidents and Assemblies: Constitutional Design and Electoral Dynamics*. Cambridge: Cambridge University Press.

Simon, Maurice D. 1996. "Institutional Development of Poland's Post-Communist Sejm: A Comparative Analysis." *The Journal of Legislative Studies* 2, 1: 60-81.

Sulowski, Stanislaw. 2007. *The Political System of Poland*. Warswana: Dom Wydawniczy.

中文部分

Malova, Darina and Danica Sivakova。1996a。王源森譯。2007a。〈斯洛伐克共和國憲法〉。《國會月刊》35,6：87-109。

Malova, Darina and Danica Sivakova。1996b。王源森譯。2007b。〈波蘭共和國憲法〉。《國會月刊》35,8：75-106。

吳玉山。2011。〈半總統制：全球發展與研究議程〉。《政治科學論叢》47：1-32。

周萬來。2007a。〈95年度立法院職員斯洛伐克、捷克、波蘭國會考察報告（上）〉。《國會月刊》35，3：82-122。

周萬來。2007b。〈95年度立法院職員斯洛伐克、捷克、波蘭國會考察報告（下）〉。《國會月刊》35，4：96-122。

周萬來。2011。《立法院職權行使法逐條釋論》。台北：五南圖書。

周萬來。2013。〈102年度立法院職員赴匈牙利、波蘭、斯洛伐克國會考察報告（1）〉。《國會月刊》41，12：71-104。

周萬來。2014。〈102年度立法院職員赴匈牙利、波蘭、斯洛伐克國會考察報告（2）〉。《國會月刊》42，1：83-130。

林濁水。2011。《終結亂象：國會改革政策白皮書》。台北：台灣智庫。

林騰鷂。2014。《中華民國憲法（修訂第五版）》。台北：三民書局。

許恒禎。2013。〈半總統制下不同政府型態之成因：台灣、蒙古、波蘭及其他後列寧民主國家〉。國立台灣大學政治學系博士論文。

陳宏銘。2010。〈新權力分立與半總統制國會：以芬蘭、法國與波蘭之經驗為例〉。《中華人文社會學報》13：32-65。

隋杜卿。2002。〈罷免與彈劾總統之研究〉。高朗、隋杜卿主編《憲政體制與總統權力》：439-485。台北：國家政策研究基金會。

黃秀端。2000。〈立法院內不同類型委員會的運作方式〉。《東吳政治學報》11：35-70。

黃秀端。2010。〈雙首長制中總統的角色：台灣與波蘭之比較〉。東吳大學政治學系主編《轉型中的行政與立法關係學術研討會論文集》：70-99。台北：東吳大學政治學系。

黃秀端。2011。〈憲政體制、政黨與國會運作〉。黃秀端主編《黨政關係與國會運作》：1-18。台北：五南圖書。

黃秀端。2013。〈台灣國會研究的回顧與展望〉。吳玉山、林繼文、冷則剛主編《政治學的回顧與前瞻》：291-327。台北：五南圖書。

黃秀端。2014。〈半總統制中總統的角色與憲政運作：台灣與波蘭之比較〉。黃秀端主編《轉型中的行政與立法關係》：271-303。台北：五南圖書。

廖達琪、陳月卿、李承訓。2013。〈半總統制下的國會監督：從法制面比較台灣與法國國會的監督能量〉。《問題與研究》52，2：51-97。

蔡榮祥。2013。〈多黨總理總統制民主的政府類型與憲政運作的衝突：以斯洛維尼亞、斯洛伐克、克羅埃西亞、立陶宛為例〉。《東吳政治學報》31，3：65-116。

蘇子喬。2013。《中華民國憲法：憲政體制的原理與實際》。台北：三民書局。

第六章
法國半總統制下國會制度之探討：以多重委任政治職務（Dual mandate / Cumul des mandats）的改革爲例

吳志中

《 *Moi, président de la République, les ministres ne pourraient pas cumuler leurs fonctions avec un mandat local (......) parce que je considère quils devraient se consacrer pleinement à leurs tâches.* 》[1]

François Hollande

Le 2 mai 2012

我，身爲法國總統，認爲法國的部長不應該同時擔任地方的民選政治職務……因爲我認爲他們應該全心全力全職擔任自己的職務。

法國總統歐蘭德

2012年5月2日

---

[1] 這是歐蘭德在2012年競選法國總統時的競選諾言，請參考法國世界報的報導（Le Monde, 2014b）。

壹、前言

　　法國憲法委員會（Le Conseil Constitutionnel）在2014年2月13日正式認可法國政府提出的法律案，從2017年3月31日開始禁止法國國會議員（包含國民議會與參議院）（L'OBS, 2014），以及從2019年開始禁止歐洲議會議員同時擔任包含市長在內的民選地方政府首長（Le Monde, 2014a）。

　　本來，在國家政治體系下，如果於行政權方面擔任多重政治職務的狀況，應該是不會引起太多的討論或者研究。就如同，一國之總理兼任經濟部長，或者是其他部會。而且，在法國第五共和的政治制度之下，甚至常常發生一個部長同時擔任經濟部、財政部、預算部等多重部會的情形。因此，本文並不討論在行政權方面的多重政治職務問題。

　　但是，本文嘗試要討論的是，在台灣不曾見過的，有關於同一個政治人物可以同時擔任許多不同層級的民意代表以及民選行政首長的狀況。以台灣的政治制度作為對照組來比較可以更清楚的理解，就是立法委員可以同時擔任市議員，或者是市長，甚至是過去的省長之狀況。這樣的政治運作狀況，不僅在法國是常態，在比利時，甚至其他的歐洲國家也可以見到。當然，其運作有其支持的民意，也有反對的民意。不過，經過法國政界、學術界與民意長年的討論與辯論，法國終於在2014年通過法律案，並於2017年對這項多重政治職務制度開始進行重大的改革。

　　根據2012年2月法國參議院的報告，有84%的法國國民議會議員以及72%的參議院議員至少擁有兩個以上之民選政治職務（Buffet and Labazée, 2012: 5）。這項統計數字顯示，法國國會議員之多重政治職務現象是法國政治制度的常態。但是，根據法國《世界報》（Le Monde）的一項民意調查，84%的法國人民希望法國民意代表只能夠擔任一項政治職務（Courtois, 2014）[2]。也因此，2012年法國在總統歐蘭德於就任之後，就

---

[2]　民意調查所提出問題的原文是：「impose aux élus de ne détenirqu'unseulmandat à la fois.」

開始進行這項制度的改革。　.

　　事實上，這項多重政治職務的制度，雖然在歐洲也是常態，但是，法國卻因為其政治人物大規模擔任多重委任政治之職務而成為其中之代表。以英國國會為例，在2011年只有9位，也就是1.4%的下議院議員擔任雙重之政治職務。以德國為例，在2008年雖然有24%的聯邦下議院（Bundestag）議員同時擔任地方政治職務，但是也都僅止於市議會之議員等比較小之政治機構。不若法國，其政治職務之重疊，常常包含重量級之地方職務，如同大城市之市長、縣長、與行政區主席[3]。

　　雖然，這項多重政治職務之現象牽連到如此多重要法國政治人物與職位，然而，針對這項制度的研究卻不多，也沒有比較深入的分析與探討（François and Navarro, 2013: 10）。但是，多重政治職務的實際運作，確實牽涉到政治菁英的職位升遷、政治前途、中央政府與地方之關係，以及政治資源的分配等多項重要的政治議題。因此，本文希望藉此了解法國多重政治職務的起源、運作、影響與未來，並且也稍微討論其他歐洲各國的實例[4]，以更深入從台灣了解法國國會與政治制度的改革方向。

貳、法國多重政治職務制度的形成原因研究

　　基本而言，多重委任政治職務的現象是與法國的民主發展有著極為密切的關係。法國的政治制度在1870年之後的第三共和，進入比較穩定的發展。

　　就現代政治制度的角度而言，法國從密特朗於1981年擔任總統以後

3　類似我國過去省長之職位。

4　歐洲是民主制度的發源地之一，人民對於政治人物之多重政治職務之制度，似乎有比較寬鬆之認定與接受度，因此在本文的最後，作者有稍微進行探討。惟本文的主旨是在討論法國之政治制度，而非歐洲國家，因此就沒有深入研究這些歐洲國家的多重政治職務之制度。

所推行的分權政策，開始逐步法治化這項多重政治職務的運作。現代法國政治的分權政策法律案在1982年3月2日通過，明確地將大規模的行政權下放給地方自治的單位（Baguenard, 2002: 16）。而在1985年，法國也第一次通過第85-1405號組織法，初步限制政治人物的多重政治任職[5]。在此之前，政治人物的多重政治職務是沒有限制的。而通過該項法律案的重要原因，就在於希望加重地方政治人物的責任與權力，以便夠更有效率的實施地方自治。

　　但是在更早以前，當法國於1789年爆發大革命，推翻了舊有的王室政治制度，進行了現代行政區之劃分後，這樣的多重政治職務之現象已開始在初期的共和政治制度中出現。因此，在1846年，法國的貴族院（Chambres des Pairs），相當於現代的參議院，就有54%的議員同時是市長或者是縣議員（Bach, 2012）。在當時，市長與縣議員是由中央政府直接任命。在隨後的法蘭西第二帝國，這樣的制度也一直維持下去。到了1870年之後的第三共和，法國進入民主的內閣議會型態政治制度，這些地方的職務開始必須透過民選而產生，但是，中央國會的職務與地方議會甚至市政府職務重疊的百分比卻沒有降低過。根據Laurent Bach的研究，在整個第三共和的時代（1870-1940），有25%到35%的國會議員同時是市長，40%到50%的國會議員同時是縣議員。擔任這樣的多重政治職務的包含右派、左派與共產黨。唯一的差別在於，左派的國會議員比較多擔任市長；而右派的國會議員比較多擔任縣議員。Laurent Bach所做的圖6-1與圖6-2，很清楚的顯示了法國歷史上，國會議員擔任地方政治職務之百分比狀況：

5　請參看法國政府有關法律案之公布檔案Legifrance（2014）。法國政府在1985年12月30日公布了限制國會議員多重政治職務的第85-1405號組織法。

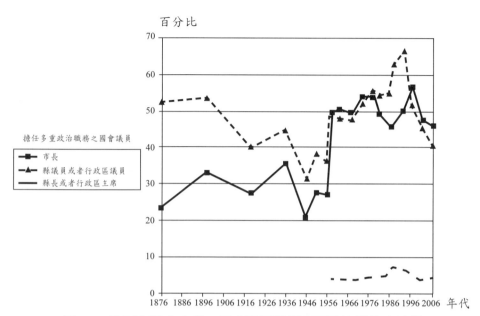

圖6-1　法國大革命之後，國會議員擔任多重政治職位之演進

資料來源：Bach（2012）。

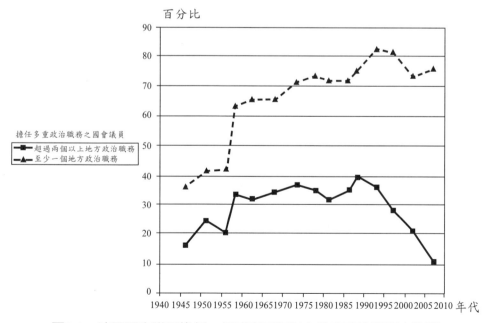

圖6-2　法國國會議員擔任一個或者兩個以上地方政治職務之比較

資料來源：Bach（2012）。

　　法國是在1870年的第三共和之後，才真正進入民主共和的政治制度
時代。在此之前，法國雖然於1789年發生了大革命，但是隨後的政治體制
一直不斷在變換。其中經歷了君主立憲、集體統治的國會共和制度、拿破
崙型態的共和帝國制度，以及短命的第二共和總統制。1870年的第三共和
維持到1940年，共70年，至今仍然是法國歷史最久的政治制度。第四共
和從1946年到1958年，不滿12年，然而第四共和卻是擔任多重政治職務
最少的年代。由於第二次世界大戰摧毀了法國的政治結構，許多政治人物
在戰爭中消失，甚至被視為叛國，尤其是整個右派的政黨被認為與納粹德
國有合作，而使整個支持度受到重大的影響。許多新的政治人物因此進入
法國政壇，但是，也因為無法立即接下舊政治人物的政治地盤，而造成多
重政治職務百分比減少。在圖6-1的圖表裡，可以清楚的發現，從1946年
以後，國會議員在地方上的任職百分比明顯減少。到了1958年，第五共和
的建立，吾人發現多重政治人物的任職百分比突然大量增加，並且不斷往
上，直到1980年代開始通過法律，限制這些多重政治人物的任職為止。事
實上，第五共和從1958至今，已經過了57年，其中經歷了總統從間接選舉
到直接選舉、分權政策的實施、總統任期的改變，以及現在國會議員多重
政治職務的改革，第五共和仍然在不斷演變當中。整體而言，第三共和之
後的法國，開始進入比較長期穩定的民主政治型態。而多重政治職務的傳
統，到了2014年通過法律，才開始面臨比較徹底的改革。

參、國會議員多重委任政治職務的現狀

　　研究法國政治發展的歷史，吾人發現從1789年大革命之後，法國的
政治制度一直不間斷的在追求改革與改變。根據法國憲法委員會的資料，
除了1789年公布的人權宣言之外，法國的政治改革路途總共正式公布了15
部憲法（Conseil Constitutionnel, 2014a）。同時，第五共和憲法至今也已
經修憲了24次（Conseil Constitutionnel, 2014b）。可見，法國的政治制度

也隨著世界局勢的發展，而不斷在進行修正。根據法國參議院的報告，這
一次多重政治職務的制度改革，也是為了因應新的政治局勢。法國參議院
認為，這一次多重政治職務的演變是為了：1.現代化法國的政治制度。這
個現代化的過程，又包含了三個原則：首先是透明化原則，希望能夠將國
會議員因為兼職而模糊化的地方利益與國家利益衝突攤在陽光下檢視；其
次是出席原則，希望地方的政治人物能夠專職處理地方愈來愈繁雜的政治
事務；最後是開放原則，不希望將所有的政治職務集中在少數的政治菁英
身上。2.強化法國國會的角色，重新賦予國會應該有的價值與影響力。而
強化法國國會的角色，則必須從加強國會議員的出席率開始，因為多重政
治職務的制度正式被視為議員在國會缺席的最主要原因。3.持續強化法國
自1980年代以來實施的地方分權政策。藉由強化地方政治人物在地區的角
色扮演、出現時將會健全化地方自治與地方民主，並且簡單化地方與中央
連接的政治複雜度（Buffet and Labazée, 2012）。

一、1985年的多重政治職務規定

　　1985年對多重政治職務限制的規定，是法國就這項制度的第一次重
大改革。在1985年以前，在同一個職等位階方面，就同一個行政區位階或
同一個縣的位階或同一個鄉鎮市位階，本來就無法有多重之政治職務，因
為一個人無法同時出現在兩個不同的地方。但是，具有上下階層管理關係
的職位，就沒有受到限制。因此，1985年的法律案，就規定法國的國民
議會議員與參議院議員最多只能與下列其中兩項職務有所重疊：1.歐洲議
會；2.行政區議會與政府；3.縣議會與政府；4.巴黎議會與政府；5.超過
20,000人之鄉鎮市市長；6.超過100,000人之鄉鎮市副市長。

　　但是，在1985年的法律裡，並沒有禁止對鄉鎮市議員職務的擔任。
因此，國會議員除了上述兩項職務的重疊之外，還可以加上第四個職務，
也就是市議員。不過，該項法律也規定，如果沒有國會議員的身分，就
不能擔任上述多重政治之職務。此外，也禁止行政區主席（président du

conseil régional）與縣長（président du conseil général）之重疊。最後，由於這一系列法律的原則，是允許與禁止職務重疊之規定，因此，這些政治人物在已經擔任多重政治職務之後，仍然可以參與選舉，在當選之後再進行職務之選擇。

二、2000年以後所實施多重政治職務之辦法

就現狀而言，經過多年的演變改革，法國將可以擔任許多民意選舉出來的政治職務之辦法規範在2000年通過包含4月5日第2000-294號組織法，以及第2000-295號組織法之一系列法案當中（Loi organique no 2000-294, 2000; Loi organique no 2000-295, 2000）。這些適用於現狀的規定規範了在中央與地方任職的民意代表。

在2000年通過的一系列法律裡，規定：1. 首先，禁止歐洲議會議員與國民議會議員，及參議院議員職務的互相重疊；2. 其次，歐洲議會議員禁止擔任地方政治首長職務，也禁止與超過一個以上之地方政治職務重疊；3. 法國經濟與社會議會成員禁止與國民議會、參議院與歐洲議會議員職務重疊。

除此之外，在中央政府的層次，一個歐洲議會議員或者是國民議會的議員或者是參議院的議員，不能夠同時擔任同一個層級的歐洲議員、國會議員或者是參議員。在地方的層次，各地方議會議員只能夠同時擔任另外一個地方議會議員。在地方行政首長的層次，行政區主席、縣長、鄉鎮市長與科西嘉議會議長，不能夠同時擔任其他地方之行政首長，但是不包含法屬玻里尼希亞首長、新加里多尼亞政府主席以及其各地方行政首長。

簡單而言，地方的政治職務重疊可以在行政區議會議員、縣議會議員、科西嘉議會議員、巴黎議會議員、市議會議員之間進行最多雙重職務之擔任。新的法律也允許，同時擔任以上地方政府之行政首長與另外一個地方議會之議員。但是，不允許同時擔任兩個地方行政區之首長。

在中央與地方政治職務之重疊方面，國民議會議員與參議院議員可

以同時擔任一個地方議會或者地方政府首長之職務，但是不包含3,500人以上之鄉鎮市議員以及跨縣市行政單位之政治職務。因此，國會議員與參議員仍然有可能同時是中央民意代表、地方政治首長與3,500人以下之鄉鎮市議員或市長。因此，許多國會議員仍然有兩個以上的多重政治職務，例如根據法國國會的官方網站資料，M. Jérôme Cahuzac國會議員同時是Villeneuve-sur-Lot市的市長，也是Lot-et-Garonne縣的縣議員。Patrice Carvalho議員同時是Thourotte市的市長，也是Oise縣的縣議員[6]。但是，其中最具代表性的是Charles-Ange de Ginesy議員：該議員是Alpes-Maritimes第二選區的國會議員，是961人Péone市的市長，是Alpes-Maritimes縣的副

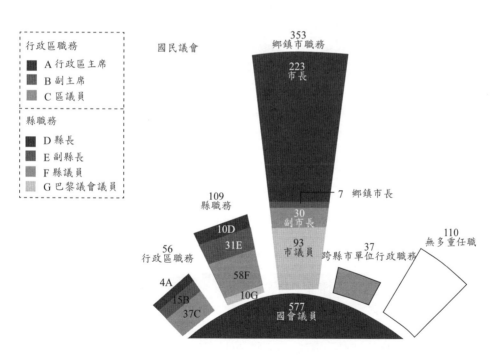

圖6-3　在2014年2月法國國民議會議員同時擔任多重政治職務之現況[7]

6　請參看http://www.assemblee-nationale.fr/11/tribun/mcd.asp#P10_57. Latest update 9 June 2014。

7　請參考法國《世界報》於2014年2月17日之報導（Roger, 2014）。

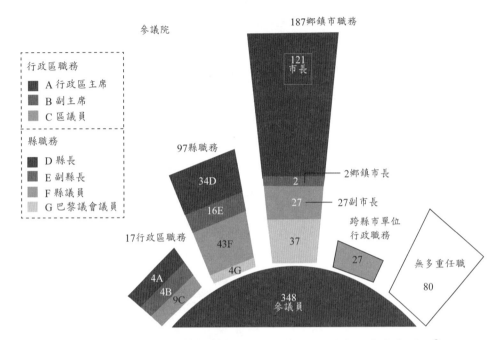

圖6-4　法國參議院議員於2014年2月擔任多重政治職務之現況[8]

縣長，最後也是Cians Var跨縣市單位的行政首長。另外Charles de Courson
議員是La Marne第五選區的國會議員，是409人Vanault-Les-Dames市的市
長，是La Marne縣的副縣長，也是Côte-de-Champagne跨縣市單位的行政
首長，也是累積了4個政治職位（Verdier, 2014）。

三、2014年通過之法律案內容

　　2014年2月14日，禁止國民議會議員與參議院議會議員擔任地方行政
職務或首長職務的法律案開始生效，並且在2014年2月16日公布。在此之
前，這一系列法律在國會與參議院引起很大的爭辯，甚至被送到憲法委員
會進行違憲審查。

8　請參考法國《世界報》於2014年2月17日之報導（Roger, 2014）。

（一）法律內容

　　這一系列的新法律規定，法國國民議會議員、參議院議員或者是歐洲議會議員，不得同時擔任地方政治職位之行政首長與副首長。這項禁令也包含具有單獨預算權的跨縣市行政單位以及法國的海外領土，甚至沒有行政權的科西嘉議會、馬丁尼克議會、新加里多尼亞議會以及法屬玻里尼希亞議會之議長職務。

　　此外，為了避免因為禁止多重政治職務而辭職的事件引起過多的地方補選現象，新的法律也同意由辭職的民意代表指定代理人替代其地方之政治職務。這些新規定，也在2017年3月1日起開始正式生效。

（二）國民議會與參議院的不同立場

　　這項法律案在2013年4月3日由當時的內政部長Manuel Valls在部長內閣會議中提出，並且同時要求國會採用加快的程序審理此法案（La procédureaccélérée）。由於法國參議院是代表法國各地區的民意代表，因此在審查此議案時，特別修改此項法律案，容許參議員的多重政治職務。但是，隨即遭到國民議會的反對，因此再度修法將參議員納入。由於國會兩院的許多不同意見，此案在2014年由國會與總理共同送入憲法委員會進行違憲審查。法國憲法委員會的大法官，在2014年2月做出禁止國會議員與參議員同時擔任地方行政首長的政策合乎憲法之解釋後，新的法律案也預計會在2017年與2019年開始正式實施。

肆、國會議員多重政治職務制度對法國政治制度的影響以及改革

一、法國半總統制的特色

　　法國的政治制度被稱為半總統制，與美國所代表的總統制，以及英

國的內閣制，分別為現代民主政治制度的重要典範。一般而言，總統制的
特色因為任期的保障，所以政權穩定，但是如果行政權與立法權分屬不同
的黨派，則可能陷入政治僵局。內閣制的特色由於政權是由國會多數所形
成，所以不會有政治僵局的形成，但是卻可能由於政權是由聯合政府所形
成，因此容易因為各黨派意見不合而容易政權不穩。半總統制則希望融合
總統制與內閣制的優點，選出一個總統以便穩定政權，但是也產生由國會
多數所形成的總理政府，使得政策能夠順利而不致形成僵局。

二、總統制傾向的半總統制：支持多重政治職務的論述

在戴高樂的強勢主導之下，法國在1958年建立了第五共和。

一般對法國的印象，都認為法國是一個浪漫與詩情畫意的國家。然
而，法國的歷史卻是一部戰爭史。法國學者Jacques Baguenard曾經指出：
「法國是一個中央集權傳統的國家，其統一是築基在粗暴的統治力量之
上」（La France est un pays de tradition centralisatrice. Son unité s'est forgée
dans et par la violence）（Baguenard, 2002）。查理曼大帝、路易十四、拿
破崙等法國的先賢，都是攻城略地的帝王；而戴高樂本身就是軍人出身，
也一向不喜歡朋黨政治。

在第二次世界大戰結束後，戴高樂擔任法國臨時政府的總統。但是
他無法忍受法國各政黨的爭權奪利，因此決定於1946年1月20日辭職，並
且發表著名的演說：「由政黨主導的政治制度再度出現。我拒絕並且譴
責這樣的政黨政治。除非建立極權政治才能避免，但是我不願意，也認
為會造成更壞的結果。我無力改變這樣的發展，因此只好辭職」（Gaulle,
1959）[9]。

另外一個第五共和的起草人之一，德布雷（Michel Debré）也對國會

9　原文是：「Le régime exclusif des partis a reparu. Je le reprouve. Mais à moins d'établir par
la force une dictature dont je ne veux pas et qui, sans doute, tournerait mal, je n'ai pas les
moyens d'empêcher cette expérience. Il me faut donc me retirer.」

主導的內閣制反感，並且曾經於1957年這樣說[10]：「國會不應該執政。一個偉大的國家是建立在一個負責任的政府為基礎。也就是說，其所負擔之政治責任必須有任期保障而不至於每日都被質疑[11]」。因此任何削弱政府權力的政策，在某些角度是違背當年戴高樂建立第五共和的精神。戴高樂的政治主張就是，總統高於一切，是國家唯一的領導人，因此總統不能陷在政黨的遊戲裡。而一個弱化的國會，則是讓總統有超然地位的方法之一。因此，法國第五共和所維持的傳統，也就是一個民主的中央集權政治制度（Un État centralisé）。而維持一個權力集中在中央的政治制度，其國會議員是應該可以同時擔任地方的行政職務。

　　此外，多重政治職務的支持者也認為，中央的國會議員擔任地方的行政職務，才能夠充分了解地方的想法，因而能夠反應到中央，這是國會反應地方民意專業的重要因素。再其次，是參議院認為參議員代表的是法國各地方自治單位，不同於國民議會代表人民，因此，容許參議員同時擔任地方政治首長是法國政治制度的精神。最後，多重政治職務的捍衛者認為，一切讓人民決定才符合民主的程序。如果人民不贊同多重政治職務的制度，就透過選票讓這些政治人物落選就可以了。

三、內閣制傾向的半總統制：反對多重政治職務之論述

　　在法國半總統制的制度下，第五共和的國會是法國第三共和以後，最

---

[10] Michel Debré（1957）是戴高樂重要的政治盟友，也是法國第五共和憲政重要的推手。他從1946年之後，就積極推動要求戴高樂重返政壇之政治活動，並且嚴厲攻擊第四共和之憲政體系。在他所著之：『這些統治我們的貴族／Ces princes qui nous gouvernent』就嚴厲批評第四共和之議會政治。第五共和建立之後，他擔任第五共和憲政第一任司法部長，隨後擔任總理、經濟部長、外交部長、國防部長等第五共和政府之重要職位。

[11] 法文原文是：「Le Parlement ne doit pas gouverner. Une grande nation suppose un gouvernement qui ait sa responsabilité, c'est-à-dire dont la responsabilité ne soit pas chaque jour mise en cause, et qui ait sa durée……」。

衰弱的國會。

　　根據法國新聞局自己本身的定義，法蘭西共和國的第五共和被稱為「理性化內閣議會制度（Parlementarisme rationalisé）」（La vie publique, 2014）[12]。法國政府自己認為，1958年建立的第五共和憲法就是為了強化政府的行動力，而將國會的權力設下一定的框架以作為限制[13]。在1993年之前曾經在法國不同政府擔任過公共安全部長、交通部長、通訊部長、國防部長、都市與居住部長，也同時擔任巴黎市議員與巴黎縣國會議員，並在1993年以後同時擔任Tarn縣Cordes-sur-Ciel市市長與Tarn縣第一選區國會議員的Paul Quilès就直言，造成法國國會衰弱的最主要原因，就是國會議員的多重政治職務（Quilès, 2009）。Quilès舉例說在2009年4月之時，法國政府要求國會討論通過Hadopi法案，就網路上的著作權保護法進行投票。結果，在整個法國國會577位國會議員當中，只有16位議員在政府閣員Roger Karoutchi的指示之下進行投票，是這個國會議員總數的2.7%。國會議員不僅沒有努力開會，並且完全聽從行政權。整體而言，有561位議員寧願去處理地方事務，而不願意關注國家層級的議題（Champeau, 2009）[14]。

　　同樣在2009年1月14日，以色列派軍干預加薩走廊的辯論當中，超過500位的法國國會議員缺席而專注在本身的地方事務。Quilès認為，如此重要的國際事務，不僅引起法國、聯合國與世界各國的關注，也到處有示

---

[12] 這是法國政府新聞局（La Direction de l'information légale et administrative auprès du Premier ministre）對自己本身第五共和政治制度的詮釋。

[13] 法國新聞局對理性化內閣議會制度的精確定義之原文為：「On appelle parlementarisme rationalisé l'ensemble des dispositions définies par la Constitution de 1958 ayant pour but d'encadrer les pouvoirs du Parlement afin d'accroître les capacités d'action du Gouvernement.」

[14] 在當時，Hadopi法案已經經過41個小時又40分鐘之討論，並且是在執政黨UMP、中間政黨與社會黨模糊的態度之下通過。這當然是一個比較特別的例子，但是，仍然被當作國會議員沒有專心處理國會議事的極端例子。經過輿論的批評之後，這一項法律隨後在2009年5月重新投票，並且以296票對233票獲得通過。

威活動。然而，法國國會議員卻不關注，這明顯是國會議員的地方事務占
據了這些民意代表的時間，也使得法國國會無法完全發揮其在三權分立精
神中應該扮演的角色。因此Quilès強烈認為，唯有完全禁止國會議員的兼
職，才能將國會議員的能量完全放在國民議會，也才能讓國會完全發揮監
督政府的力量（Levaï and Quilès, 2001）。

四、在第五共和憲法上的爭論

　　就法國的政治制度而言，法國半總統制的第五共和的設計，不僅僅
是由總統為國家元首以維持政權的穩定，總理對國會負責以維持行政的順
暢，而且國會的設計是兩院制，由國民議會代表人民，參議院代表地區政
府的利益。總統五年的任期被保障，所以政權是穩定的。總理由國會多
數政黨所產生，所以不至於發生類似美國總統制行政權與立法權對立的狀
況。而國會之國民議會與參議院的設計就如同大部分兩院制的民主國家，
不僅僅人民的利益必須在國會展現，區域的利益也必須在國會被參議員所
代表捍衛。法國第五共和的憲法第24條的規定因此是如此描述的[15]：

　　「國會投票通過法律。國會監督政府的政策。國會評鑑公共政策。
　　國會由國民議會與參議院所組成。
　　國民議會透過直接選舉而產生，議員人數不得超過577位。

---

[15] 請參考法國憲法委員會法國憲法第24條有關法國國會的描述：「ARTICLE 24.
Le Parlement vote la loi. Il contrôle l'action du Gouvernement. Il évalue les politiques
publiques.
Il comprend l'Assemblée nationale et le Sénat.
Les députés à l'Assemblée nationale, dont le nombre ne peut excéder cinq cent soixante-dix-
sept, sont élus au suffrage direct.
Le Sénat, dont le nombre de membres ne peut excéder trois cent quarante-huit, est élu au
suffrage indirect. Il assure la représentation des collectivités territoriales de la République.
Les Français établis hors de France sont représentés à l'Assemblée nationale et au Sénat.」

　　參議院透過間接選舉而產生，議員人數不得超過348位。參議院是共和國地方自治的代表。」

　　在憲法第24條的內容，有關參議院的描述，是認為法國參議院不僅僅在法國國會負責監督政府，通過法律，也是法蘭西共和國地方自治的代表。因此，許多人認為，如果廢除法國政治人物的多重政治職務可能性，將會讓參議員無法再將地方的聲音在國會發聲，因此，將會違反法國憲法。法國執政黨左派的參議員Jacques Mézard因此就強力批判同為左派的法國總歐蘭德之改革方案，認為這樣的政策改革是違反法國第五共和之憲法的（Sgherri, 2014）。但是，法國總理Manuel Valls則強烈反駁這樣的論述，認為參議員本身就是由各地方代表所選出，因此根本就沒有違反法國第五共和憲法。參議員本身就是法國各地區的代表，完全符合法國憲法的精神。為了解決爭論，法國總理在32個參議員與34個國會議員的要求之下，於2014年1月23日將禁止多重任職的法律案轉交憲法委員會進行違憲審查（Conseil Constitutionnel, 2014c）。而憲法委員會也在一個月後進行裁決，如同本文在前面的論述，將此法律案視為合乎法國第五共和的憲法精神。當然，類似Jacques Mézard參議員強烈反對的意見仍然沒有消除，認為廢除多重任職的政策就是宣布法國參議院的死刑（C'est la fin du Sénat），並且引用許多反對的法國憲法學者如同Pierre Avril, Dominidque Rousseau與Didier Maus（Sénat, 2013）。他們也認為，如果右派重回執政，很有可能廢掉這一條法律。因此，政治人物多重任職法律案的廢除，確實可能要等到2017年3月31日之後才能確認[16]。

---

[16] 本文出版時間已是2019年初，作者增補後續發展如下：「在2017年5月，中間派的馬克宏總統當選總統，他所領導的共和國前進黨也在6月的國會選舉獲得多數，參議員則在同一年10月進行改選，右派成為多數黨。廢除多重任職的法律正式生效，並且也即將在2019年的歐盟議會選舉裡適用於法國地區選出的議員。廢除政治人物多重任職的政策最後終於進入法國第五共和，成為法國政治改革的重要一環。馬克宏總統更計畫在2019年進行更多改革，把法國國會與參議院的議員數目進行大幅度的減少。國會議員

伍、與他國的比較：歐洲各國國會的多重政治職務

　　在歐洲的層次，歐盟的前身是歐洲煤鋼共同體與歐洲經濟共同體，以及歐洲原子能源共同體。在1958年歐洲經濟共同體成立之時，也形成了歐洲經濟共同體議會，其成員都是由經濟共同體成員國的國會所指定。因此，在早期，歐洲議會議員的成員與各國國會的成員是有雙重政治職務的擔任。1979年開始，歐洲議會的議員開始透過普選的方式產生，結束了當時自動產生的雙重政治職位。但是，當時也沒有禁止各國國會議員透過選舉的方式當選歐洲議會之議員。在2002年，歐盟執委會決定禁止歐盟議會議員與各國國會議員重疊的可能性。但是，歐洲議會的議員仍然可以擔任各國之地方政治職務。

　　因此，在2004年歐盟議會的626位議員裡，同時有在各會員國裡擔任地方政治職務有98位，占歐盟議會的15.7%。其中，荷蘭最少，只有6.5%的荷蘭歐盟議會議員有同時擔任地方政治職務；法國最多，44.8%的法國歐洲議會議員同時擔任地方的政治職務。整體而言，整個歐盟的議會議員同時擔任地方政治職務的現象，可以大概區分為三大群組：首先，少於10%的國家，包含英國、荷蘭與希臘；第二群大概介於10%到20%，分別為葡萄牙、德國、瑞典、芬蘭、奧地利、義大利、愛爾蘭與比利時；第三群是比例最高的，包含盧森堡（33.3%）與法國（44.8%）。

　　由此可見，多重政治職務的制度並非只侷限於法國，而是在許多歐洲國家都有類似的制度，但是就職務的層面與重要性而言，仍然以法國最具象徵性。本文以下也從Julien Navarro的研究當中，列出歐洲各國國會議員同時擔任地方政治職務的比較表，以利讀者理解歐洲的多重政治職務制度現狀（François and Navarro, 2013: 120-124）。

的數目將從577位減為404位，參議員從348位減為244位，減幅近30%。法國第五共和在存在60年後，改革的道路一直未停止。」

表6-1　歐洲各國國會法規與現狀

國家	法律規定	統計數字	註解
德國國會	德國聯邦政府沒有法律規定禁止地方議會議員與國會議員政治職務的重複。但是，下薩克森邦邦與北萊因西發里亞邦之邦憲法則明文規定禁止地方與聯邦邦政治職務的重複。	在2008年，24%（147/612）的德國聯邦下議院Bundestag議員，同時擔任： 1. 市議員，82位。 2. 市長，10位。 3. 地方議會（Kreistag）議員，84位。	德國之政治制度容許政治人物之多重政治職務。
奧地利國會	奧地利聯邦邦政府並未法律文規定禁止國會議員與地方政府議員之政治職務重複。但是，東部的布根蘭邦與南部的克恩頓邦之邦憲法禁止邦議會議員與聯邦邦議會議員政治職務之重複。	在1997年，國會183位議員中有15位（占國會議員總額中8%），同時擔任市長。沒有邦議會之議員同時擔任國會議員。	在2009年時，奧地利參議院之62位參議員，有19位同時擔任地方議會議員，8位在地方政府任職，以及9位在地方市長。
比利時聯邦眾議院	從1995年以後，比利時法律禁止聯邦各議會、地區議會、共同體議會各議員之政治職務之重複。但是，聯邦邦議會與地方議會政治職務之重複是被允許的。	在2008年，74.1%的聯邦議會議員在地方城市同時擔任民意代表： 1. 34.7%擔任市議員。 2. 20.7%擔任市長（Bourgmestres）。 3. 10.7%在地方政府任職（Echevins）。	比利時法律允許聯邦參議院議員與地方政治職務之重複。
保加利亞國會	根據1991年的憲法，保加利亞禁止國會議員同時擔任其他的政治職務。		

表6-1　歐洲各國國會法規與現狀（續）

國家	法律規定	統計數字	註解
塞浦路斯國會	塞浦路斯法律禁止國會議員同時擔任其他的民意代表。		
丹麥國會	丹麥法律並未明文規定國會議員不得兼任地方之政治職務，但是各政黨有內規，禁止國會議員同時擔任國家其他之政治職務。	在2012年，有12.9%（63/630）的國會議員同時擔任： 1. 市議員（16位）。 2. 副市長（5位）。 3. 區議會議員（2位）。	
西班牙國會	西班牙法律禁止國會議員同時擔任自治共同體議會的議員。但是，並不禁止國會議員同時擔任地方議會之議員。不過，地方議員的工作不能影響到國會議員之全職工作，也不能領取地方議會議員之薪水。	在2011年，有18%（63/350）之國會議員在地方同時任職其他之政治職務。	西班牙參議院之議員兼任自治共同體議會之議員，或者地方議會之議員是被允許的。在2012年的264位參議員裡，其組成如下： 1. 112位（4.5%）是自治共同體議會之議員。 2. 6位（2.3%）是省議會之議員。 3. 77位（29.2%）擔任市長、市議員、市政府官員。

表6-1 歐洲各國國會法規與現狀（續）

國家	法律規定	統計數字	註解
愛沙尼亞國會	愛沙尼亞禁止國會議員同時擔任地方之民意代表。		
芬蘭國會	芬蘭法律容許國會議員同時擔任地方之民意代表及政治職務。	在2010年，79.5%（159/200）的國會議員同時是地方市議會之議員。	
法國國會	法國法律規定國會議員最多擔任下列職務之一項選擇：行政區議會議員、科西嘉議會議員、縣議會議員、巴黎議會議員與超過3,500位居民之市議會議員。	在2012年，75.9%（438/577）之國會議員，其組成如下： 1.有250位（43.3%）議員同時擔任地方市長。 2.155位議員（26.9%）同時擔任縣議會議員。 3.83位議員（14.4%）同時擔任行政區議會議員。 4.16位議員（2.8%）同時擔任行政區主席或地方縣長。 5.131位議員（22.7%）同時擔任國會之外兩個以上之政治職務。	
希臘國會	希臘禁止重複擔任不同之政治職務。		

表6-1　歐洲各國國會法規與現狀（續）

國家	法律規定	統計數字	註解
匈牙利國會	匈牙利允許國會議員同時擔任地方議會民意代表	在2006年，396位國會議員有146位（36.9%）同時擔任不同之政治職務。其中有：1.51位市長（佔其中13%）。2.72位（佔其中18%）縣議員。3.23位有多重政治職務。	
愛爾蘭國會	2000年地方政府法案禁止國會議員之多重政治職務。		地方政府法案在2003年開始生效。
義大利國會	義大利法律禁止國會議員同時擔任人口20,000以上都市之市長，或者是省長，或者是地區議會議員。	在2009年，7%的國會議員同時擔任地方政治職務，4%的議員同時是市長。	根據2011年8月13日通過之第138號行政法律案，義大利國會議員不得同時擔任人口5,000人以上城市之市長。
拉脫維亞國會	根據2003年通過之法律，拉脫維亞禁止國會議員同時擔任地方之政治職務。		
立陶宛國會	根據2002年憲法委員會的解釋，禁止國會議員同時擔任地方之政治職務。		

表6-1　歐洲各國國會法規與現狀（續）

國家	法律規定	統計數字	註解
盧森堡國會	盧森堡法律沒有禁止國會議員不得兼任地方民意代表之政治職務。	75%的國會議員有同時擔任地方之政治職務。	
馬爾他國會	馬爾他法律禁止國會議員同時擔任地方民意代表之政治職。		
挪威國會	挪威法律沒有禁止國會議員同時擔任地方民意代表之政治職務。	在2012年，169位國會議員中有7位議員（占4.1%）有擔任地方之政治職務。如下： 1. 3位擔任市議員。 2. 1位擔任副市長。 3. 1位擔任地方議會議員。 4. 1位在地方政府任職。 5. 1位擔任市議員以及地方政府官員。	
荷蘭國會（Tweede Kamer der Staten Generaal）	荷蘭法律不禁止國會議員同時擔任地方之政治職務。	在2012年，150位荷蘭國會議員中，有9位國會議員（占其中6%）在地方任職政治職務。其中，8位是市議員，1位是省議員。	

表6-1　歐洲各國國會法規與現狀（續）

國家	法律規定	統計數字	註解
波蘭國會（Sejm Rzeczypospolitej Polskiej）	波蘭禁止國會議員同時擔任地方之政治職務。		
葡萄牙國會	葡萄牙法律禁止國會議員同時擔任市長，或者是同時擔任自治行政區之政府官員。	在2009年，230位國會議員中有82位議員（占其中35.7%），同時擔任地方之民意代表。其中包含：1. 26位市議員，占11.3%。2. 45位地方議會議員，占19.6%。3. 11位地方行政首長，占4.8%。	
英國國會（House of Commons of the United Kingdom）	沒有規定。	在2011年，1.4%的國會議員，也就是650位國會議員中有9位是雙重政治職務。但是，這些議員的雙重政治職務，全部都是北愛爾蘭議會議員。	2位英國上議院的議員擁有雙重政治職務。其中一位是北愛爾蘭議會議員，另外一位是威爾斯議會議員。
斯洛伐克國會	沒有規定。	國會議員同時擔任地方政治職務是斯洛伐克政壇常見的現象。	

表6-1　歐洲各國國會法規與現狀（續）

國家	法律規定	統計數字	註解
斯洛維尼亞國會	根據斯洛維尼亞的法律規定，國會議員可以同時擔任市議會議員。但是，在2011年通過法律，禁止國會議員同時擔任市長。	國會議員同時擔任市議會議員，在斯洛維尼亞是常見的現象。	在2011年未通過法律之前，有17.8%，也就是90位國會議員中同時有9位擔任市長。
瑞典國會	沒有規定。	在2012年，35%的國會議員同時擔任至少一個地方之政治職務。0.5%的國會議員同時擔任地方市長。	
瑞士國會	沒有聯邦法律禁止擔任多重政治職務。	在2010年，14.4%的國會議員，也就是246位國會議員中同時有36位擔任地方之政治職務。	
捷克國會	捷克容許政治人物擔任多重之政治職務。	這是在捷克政壇常見的現象。	

資料來源：François and Navarro（2013）。

陸、結論：法國半總統制的改革

　　根據法國世界日報（Le Monde）在2014年的一項民意調查，三分之二（64%）的法國人認為，法國現在的民主制度運作得不好（Courtois, 2014），因此希望國家快速進行政治改革。而政治制度的改革，更是法國從1789年以來，時常進行的政策方向，以便讓法國能夠適應世界改變的潮流。

　　法國第五共和於1958年創立以後，已經經歷了許多重大的改革。如同前文所述，第五共和的創立是帶有非常濃厚的戴高樂色彩，並且傾向於賦予總統較大的權力。

　　在1962年，戴高樂更著手進行政治改革，將間接選舉的總統改為人民直選，使得總統的職位直接來自於人民投票的授予，也強化了總統的權力。法國第五共和的理性議會內閣制正式轉型成為半總統制。

　　密特朗於1981年當選總統，這是左派第一次在第五共和取得政權，而密特朗也成為第五共和在位最久的總統，總共14年。密特朗在面臨國際社會的變動，決定強化法國的國家競爭力，賦予地方更多的權力，讓傳統中央集權的法國把政治權力下放給地方，因此於1982年開始實施地方分權的政策。權力集中在巴黎的第五共和逐漸將許多政治權力下放到地方政府。

　　由於總統7年的任期與國會5年的任期不同，加上法國愈來愈民主化的影響，結果造成第五共和1986-1988，1993-1995，以及1997-2002年的左右共治。這是戴高樂當年設計第五共和時，完全沒有設想到的演變。經過這三次的左右共治，第五共和也演變出國防外交是屬於總統的保留權力（Domaine réservé），而內政則比較屬於總理權限的政治運作慣例。

　　為了避免左右共治的再度發生，第五共和於2000年進行重要的修憲。席哈克總統透過公民投票將總統的任期從7年改為5年，與國會議員的任期進行配合，也讓法國的總統與國會議員的任期一致化，透過選舉的裙帶效應，讓左右共治不再存在於第五共和的運作。

　　薩克奇總統則在2008年進行修憲，決定讓法國國會的權力大幅度提升。其中包含給予國會制定以前屬於政府訂定立法討論議程的權力（ordre du jour）。其次，國會的委員會從6個增加為8個，強化了國會檢查法案的專業能力。最後，政府本來根據憲法第49.3條款，可以要求不經過國會討論投票而通過法案的權力，將被限縮在財務與社會安全的範圍，而且每一個會期只能要求通過一項。第五共和的國會權力在這項修憲案中，明顯的增強，也讓第五共和行政權獨大的不平衡狀態開始得到修正。

　　最後，歐蘭德總統於2014年通過限制國會議員多重政治職務，也改變了法國政壇另外一個在第五共和期間被強化之重要政治制度與傳統。主張限制國會議員多重政治職務的改革者認為，從此之後國會議員將能夠更專注於國會議事的運作，因此將讓法國第五共和的立法權與行政權取得更重要的平衡，使得法國的民主制度得以更加現代化與成熟。

參考書目

外 文部分

Bach, Laurent. 2012. *Faut-il abolir le cumul des mandats.* Paris: Éditions rue d'Ulm.

Baguenard, Jacques. 2002. *La Décentralisation, 6th ed.* Paris: Presses Universitaires de France.

Buffet, François-Noël and GeorgesLabazée. 2012. *Rapport d'information sur le cumul des mandats.* Sénat session ordinaire de 2011-2012 Numéro 365. Paris: Sénat.

Champeau Guillaume. 2009. "La Loi Hadopi votée à la sauvette par 16 députés!" in http://www.numerama.com/magazine/12527-la-loi-hadopi-votee-a-la-sauvette-par-16-deputes.html. Latest update 10 july 2016.

Conseil Constitutionnel. 2014a. "Les Constitutions de la France." in http://www.conseil-constitutionnel.fr/conseil-constitutionnel/francais/la-constitution/les-constitutions-de-la-france/les-constitutions-de-la-france.5080.html. Latest update 9 June 2014.

Conseil Consitutionnel. 2014b. "Les revisions constitutionnelles." in http://www.conseil-constitutionnel.fr/conseil-constitutionnel/francais/la-constitution/les-revisions-constitutionnelles/les-revisions-constitutionnelles.5075.html. Latest update 9 June 2014.

Conseil Consitutionnel. 2014c. "Décision n° 2014-689 DC du 13 février 2014." in http://www.conseil-constitutionnel.fr/decision/2014/2014-689-dc/decision-n-2014-689-dc-du-13-fevrier-2014.140128.html. Latest update 10 July 2015.

Courtois, Gérard. 2014. "Comment les Français veulent réparer la démocratie." *Le Monde* 21 April 2014. in http://abonnes.lemonde.fr/politique/article/2014/04/21/les-francais-reclament-davantage-de-proximite-avec-leurselus_4404638_823448.html?xtmc=cumul_des_mandats&xtcr=12. Latest update 8 June 2014.

Debré, Michel.1957. *Ces princes qui nous gouvernent :Lettre aux dirigeants de la nation Reliureinconnue.* Paris: Plon.

François, Abel and JulienNavarro. 2013. *Le cumul des mandats en France : causes et conséquences.* Bruxelles : Éditions de l'Université de Bruxelles.

Gaulle, Charles De. 1959. *Mémoires de Guerre, Le Salut, 1944~1946(tome III).* Paris: Le Petit Littéraire.

Legifrance. 2014. "Loiorganiquenuméro 85-1405 du 30 décembre 1985 tendant à la limitation du cumul des mandatsélectoraux et des fonctions electives par les parlementaires." in http://www.legifrance.gouv.fr/affichTexte.do?cidTex te=LEGITEXT000006068885&dateTexte=20101211. Latest update 8 June 2016.

L'OBS. 2014. "Le Conseil constitutionnel dit oui au non-cumul des mandats. Paris." 13 February 2014. in http://tempsreel.nouvelobs.com/politique/cumul-des-mandats/20140213.OBS6341/le-conseil-constitutionnel-dit-oui-au-non-cumul-des-mandats.html. Latest update 10 July 2015.

La vie publique. 2014. "Comment caractériser le régime politique de la Ve République?" *Direction de l'information légale et administrative.* in http://www.vie-publique.fr/decouverte-institutions/institutions/veme-republique/transformations/comment-caracteriser-regime-politique-ve-republique.html. Latest update 9 June 2014.

Le Monde. 2014a. "Les lois sur le non-cumul des mandats validées par les « sages »." 13 February 2014. in http://abonnes.lemonde.fr/politique/article/2014/02/13/les-lois-sur-le-non-cumul-des-mandats-validees-par-les-sages_4366237_823448.html. Latest update 8 June 2014.

Le Monde. 2014b. "Ségolène Royal va quitter la présidence de la région Poitou-Charentes." 03 April 2014. in http://abonnes.lemonde.fr/politique/article/2014/04/03/segolene-royal-va-abandonner-la-presidence-de-la-region-poitou-charentes_4394719_823448.html?xtmc=cumul_des_mandats&xtcr=20. Latest update8 June 2014.

Levaï, Ivan and PaulQuilès. 2001. *Les 577 Des députés pour quoi faire. Ce que je veux*. Paris : Éditions Stock.

Loi organique no 2000-294. 2000. "Incompatibilités entre mandats électoraux." *Paris:Legifrance.*" in http://www.legifrance.gouv.fr/affichTexte.do?cidTexte=JORFTEXT000000399110&fastPos=1&fastReqId=1384625&categorieLien=id&oldAction=rechTexte. Latest update 9 June 2014.

Loi organique no 2000-295. 2000. "Limitation du cumul des mandats électoraux et des fonctions et à leurs conditions d'exercice." *Paris:Legifrance.* in http://www.legifrance.gouv.fr/affichTexte.do?cidTexte=LEGITEXT000005629272. Latest update 9 June 2014.

Quilès, Paul. 2009. "Rejet de la loi Hadopi: où étaient les 541 députés absents." *Rue 89.* in http://rue89.nouvelobs.com/2009/04/11/rejet-de-la-loi-hadopi-ou-etaient-les-541-deputes-absents. Latest update 9 June 2014.

Roger, Patrick. 2014. "Le cumul des mandats a encore de beaux jours." *Le Monde* 27 February 2014. in http://abonnes.lemonde.fr/municipales/article/2014/02/27/les-parlementaires-rechignent-a-ceder-leur-mairie_4374368_1828682.html. Latest update 8 June 2014.

Sénat. 2013. "Compte rendu analytique officiel du 18." Septembre 2013. in http://www.senat.fr/cra/s20130918/s20130918_4.html. Latest update 10 July 2015.

Sgherri, Marie-Sandrine. 2013. "Non-cumul des mandats : la sainte colère du sénateur Mézard." *Le Point* 19 September 2013. in http://www.lepoint.fr/politique/non-cumul-des-mandats-la-sainte-colere-du-senateur-mezard-19-09-2013-1733102_20.php. Latest update 10 July 2015.

Verdier, Anthime. 2014. "Qui sont les champions du cumul des mandats ? "*Le nouvel Observateur* 21 January 2014. in http://tempsreel.nouvelobs.com/cumul-des-mandats/20140120.OBS3060/qui-sont-les-champions-du-cumul-des-mandats.html. Latest update 9 June 2014.

第七章
半總統制下國會監督實際作爲之初探：
台灣立法院與法國國民議會之比較[1]

廖達琪、陳月卿

壹、前言

　　本文試圖探討比較兩個半總統制國家中國會的實際監督作為。兩個國家是法國及台灣，國會則分別是國民議會及立法院，「監督」則採廣義之說，即對行政部門或官僚能造成施政或行動上的壓力，甚或改變的任何活動。比較研究期間則聚焦於2007到2012這五年之間[2]。本文所以做此半總統制下較動態面的國會監督作為探討，主要理由可分為四端，以下分別說明之。

　　首先，半總統制的特質多聚焦於雙行政首長，因傳統憲政體制二分類下的總統制及內閣制均為一元行政領導，而被視為介於二者之間的「半總統制」，除了有民選國會及通常非民選的總理外，也有民選總統，總理與總統要分食行政權，而這兩個行政首長間的權力扞格與國會中政黨角色的連動，多成為文獻探討的重點，卻很少有文獻探索半總統制下的國會如何監督行政權（廖達琪等，2013：51-97）。

　　其次，「監督」已是二十世紀以降民主國家國會最重要的功能。因為

1　本章原刊登於2016年《政治科學論叢》第69期，在此特別感謝政治科學論叢同意本文之刊登。本文相關資料的擷取及處理等相關資訊技術的提供，都由中山大學政治所博士候選人李承訓先生協助，特此致謝。

2　主要是以法國國民議會的任期為考量，第十三屆的任期是從2007年至2012年，我國立法院則是第七屆的2008年至2012年。選擇理由後文會說明。

「監督」雖是「內閣制」行政、立法權力合一下所設定給國會最主要的功能；但以「三權分立」的理論邏輯而建構的「總統制」，起初雖是設定國會最主要的功能是「立法」，但行政權日益龐大，職能擴張是舉世皆然的趨勢，且多實際包攬了立法的工程，故作為「總統制」典範的美國，都得接受國會以各種立法審議的程序及提案、聽證等作為，來達到有「監督」行政的「制衡」效果（施能傑，1987）。

　　第三，半總統制下的國會監督，在制度面，尤其是以傳統法制途徑的視角來解析，文獻上雖不多，不過，廖達琪等曾嘗試將台、法兩國國會的監督制度，分成國會整體、委員會及個別議員三層面來通盤比較，也發現台灣立法院在監督職權的各面向設計上較傾向總統制，法國的國民議會則較傾向內閣制，該文並依此判斷立法院的監督能量應強過國民議會（廖達琪等，2013：51-97）；但制度面的設計是否能與實際監督作為相呼應呢？該文並未深入探討。尤其，內閣制國會的原始精神是「監督」，其「監督」工具的設計也多些[3]；「總統制」的「監督」，則是將輔助「立法」的機構（如助理編列、研究諮詢機構的建置）都納入，才能與內閣制一較長短（Fish and Kroenig, 2009）；而半總統制下的國會，是如何實際進行監督？又如何反映出不同的半總統制類型下國會監督的差異呢？這是廖達琪等一文，僅以傳統制度面來衡量國會監督能量所無法回答的，也促使本文企圖以實證的行為研究來做進一步探索。

　　第四，「國會監督」的實際作為是動態面的切入，除了是延續前述靜態制度面的探索，也希望回應政治學90年代以降所興起的「新制度主義」途徑，融合制度與行為，並相信制度與行為的互動性；所以本文的嘗試，也是基於既然台、法的國會有相當不同的監督制度設計，理論上也會

---

[3]　例如內閣制國家的監督工具光是「質詢」就又可分為「詢問」（question）與「質問」（interpellation）兩種類型；倒閣權的制度設計又可分為總理的信任案提出權，以及國會議員的不信任案提出權兩種方式。因此，普遍而言，內閣制國家的監督「工具」會較多。

反映在實際的監督作為中，但究竟如何反應？台灣立法院偏總統制設計所謂的「強」監督能量，如何釋放？法國國民議會偏內閣制設計，被評為較「弱」的監督能量，又真是「弱監督」嗎？尤其，如前文所提，法國國民議會偏「內閣制」特質，是表示有以「監督」為主要職志的傳承，其「監督」之實際作為，即使因行政立法的合一性，或不會強力彰顯「監督」力道（如以口頭質詢來震懾），但難道不會在其他相關權責範圍內努力耕耘嗎（如院會或委員會之審議）？這些有待進一步釐清的問題，即構成撰寫本文的根本動因。

　　本文雖基於以上所歸納的四項理由，意欲探討文獻上甚少探索，動態狀況更少觸及的不同類型半總統制下國會監督的實際作為，但也清楚理解這項嘗試的困難與限制。綜合起來，本文遇到的困難亦可分為四大類，以下簡述之，並一併說明本文的因應措施或限制。

　　首先就是不同半總統制類型下國會監督作為相關理論探討的幾近真空狀態。有關「半總統制」的次類型雖不乏探討（林佳龍，2002；吳玉山，2001；張峻豪，2011；Shugart and Carey, 1992），「國會監督」的制度權限比較也頗有一些（Fish and Kroening, 2009; Messick, 2002; Haggard and McCubbins, 2001; Pelizzo and Stapenhurst, 2004; 2012；廖達琪等，2013），行為面的國會實際作為之理論及實證分析，也曾出現在文獻上，特別是以行為主義當道的60及70年代為多（Polsby, 1975; Mezey, 1979; Loewenberg et al., 1985）。近年針對單一國會，也有Lazardeux（2009: 287-309）探討法國國會監督行為之演變[4]，但要將「不同類型半總統制」、「國會監督」及「實際作為」三者加在一起的文獻，或能爬梳出相

---

[4] Lazardeux曾對法國國會進行國會監督的研究，其研究顯示，法國國會在運作上有愈來愈多且愈來愈深入的國會監督行為，以及反對黨成功反對政府行動的頻率增加。然而，行政權在第五共和憲法中享有優勢，國會的運作亦以有效多數為運作基礎，由此推論，從制度出發的假設與以政黨政治為基礎的國會監督研究之假設，在法國未能獲經驗證據的支持。因此其認為，反對黨雖仍然是國會監督的主力，但國會內部多數黨本身的分裂才是導致近代法國國會監督行為演變的主因。

關理論概念的，看來是從缺。

　　本文面對這項議題的理論真空狀態，所採取的措施是選擇一項制度分類理論，其最能反映台、法「半總統制」的制度差異作為起始點，再依此制度差異的內涵去構思研究策略；再從國會監督行為實際面文獻中，擷取可以跨類型並比的理論框架，以作為實際行為比較的依據。前者本文選的是Shugart及Carey（1992）的「總統─議會制」（president-parliamentarism）及「總理─總統制」（premier-presidentialism）的兩項次類型，後者則是Polsby議會表現功能的光譜概念（1975: 277）。為何做這樣的選擇及如何運用，會分別在下面的二、三節次中說明。

　　其次，本文面對的難題是跨國比較的對等性，台、法雖同被歸類為「半總統制」，但各自發展的軌跡及時間不同[5]，法國國內學者甚且不喜被套用歸類為「半總統制」，且強調法國的憲政體制基本遵奉的是「多數治理」（majority rule），不是三權分立（Millard, 2013）。而台灣的憲政體制，「多數治理」原則歷經多次修憲及政黨輪替的算計，早已不是能有共識的運作原則，反而「三權分立」說甚囂塵上（廖達琪等，2006）；立法院與法國國會的定位角色，誠如前已提及的廖文所述，前者較偏總統制的國會，較是以並立「制衡」來監督，後者則是以知情協作來實踐其「監督」職責。這兩者可對等比較嗎？如果再將「國會」的形式上制度安排帶入討論，又是另一問題。因法國的國會是二院，上院是參議院（Sénat），下院是國民議會，台灣目前則僅有立法院單院；但要對等比較，是兩院對一院？還是一對一呢？

　　針對這兩個「對等比較」問題，本文對性質不同的國會問題，採取的是Lijphart（1988: 54-70）「可比較個案」的策略，畢竟現有許多文獻已

---

[5]　我國自1997年修憲之後，憲政體制才成為「半總統制」；法國則是於1958年通過實行第五共和憲法就開始進入所謂「半總統制」的憲政時期，各自發展軌跡，台灣請參見陳新民（2002）、吳玉山（2006；2012）；法國請參見張台麟（2010）、郝培芝（2010）。

將法國納入「半總統制」類型，且與台灣「國會監督」制度面的比較，也已成文（廖達琪等，2013），本文欲從事的監督實際作為的行為面比較，更是較去脈絡化的比較研究策略。至於第二個形式不同問題，本文一如廖達琪（2013）所採之策略，法國仍是以有實權的「國民議會」為單一比較標的，台灣則就是立法院。

　　第三個難題是「國會監督作為」操作的困難。如本文所採納的監督定義，只要能「對行政部門或官僚造成施政或行動上的壓力，甚或改變的任何活動」都算，在此一廣泛界定下，國會中與行政部門正式或非正式接觸行為似都有被觀察的必要，因為都有可能形成壓力或改變；但就研究實務而言，這完全做不到。面對此一難題，本文採取的策略是以依國會正式法制職權所產生的監督作為，做有系統的觀察及記錄。所謂國會正式法制職權，包括質詢、提案、法案審議、聽證等等；台、法兩國國會在這些職權上或有些出入，本文會在參「研究設計及方法」中再說明。

　　至於這些正式職權產生的監督作為，有沒有對行政部門造成壓力，甚或改變，本文承認這是限制，以本文目前撰寫的規模及能用的資源而言，尚無法有效衡量「監督作為」實際產生的影響，所以本文在標題也僅標示：「國會監督實際作為之初探」。

　　第四個難題則是相關資料蒐集的困難。即使本文設定觀察兩國會監督作為的標的是「依正式職權產生的」，相關資料的跨國蒐集，還要能併比，十分不易，且資料量龐大繁雜，即使有資訊技術人力協助擷取整理，亦難做長時間或橫斷面全部相關作為的統整。本文採取的策略在時期方面是以近期能蒐集到完整資料的會期，並除去政黨因素的干擾[6]，也就是以

---

[6]　因為政黨會影響半總統制的運作，及行政立法關係，如掌行政、立法的政黨不一致，在法國曾有左右共治的狀況，在台灣則是2000年到2008年間的朝小野大抗爭局面；學者也常依政黨掌權情況，分類不同型態的半總統制（如吳玉山，2001；張峻豪，2011等研究）。但台、法目前各方制度設計都設法在減少行政、立法的不一致狀況，尤其法國自2000年以降，藉修憲縮短總統任期並與國會約略同步選舉，以減少左右共治的機會；而有所謂憲政體制「總統化」傾向（郝培芝，2010）。可說已靠近「總統國會

行政權及立法權均為一致政黨的國會任期，且兩國能較同步做時間切點，選出的時期是台灣的第七屆立法院（2008-2012），法國則是第十三屆的國民議會（2007-2012）。在此一時期內，本文又依「新制度主義」途徑所強調的制度與行為者的互動性，依循「總統一議會」及「總理一總統」兩次類型的憲政規範邏輯及國會議員理性自利的原理（Mayhew, 1974），來挑出官僚方面的「退撫」，核能方面的「核電」，及國防方面的「軍購」等，作為代表議題進行比較，選擇這些議題為分析對象的具體理由，會說明在第參節「研究設計及方法」中。

　　統整而言，本文試圖探討比較不同類型半總統制下國會監督的實際作為，並選擇Shugart及Carey的「總統一議會制」及「總理一總統制」為制度方面的自變項，再以Polsby的議會功能光譜概念，呈現國會監督實際作為從「表演」到「實作」型的交織變化傾向，作為理論上受制度影響的觀察指標（依變項）；至於「總統一議會制」或「總理一總統制」會造成比較「表演」或「實作」型的國會監督作為呢？則因相關的研究文獻實太稀薄，不足以歸納推論出有效的理論假設；故本文雖整合出制度與經驗研究的兩套理論，但仍以啟發式（heuristic）的研究定位[7]，即嘗試從有限的實證案例，來探索半總統制下不同次類型設計與其國會監督作為的可能關聯。詳細的理論背景及相關實證研究等，均說明於下面的節次中。

制」下總統主治國政的狀況，但因憲政程序上，內閣還是以對國會負責為要，總統通常在當選後，會依慣例宣布退出政黨，再加上台灣的總統國會制下的內閣通常與國會人事較不交流，而法國的總理總統制下的內閣與國會人事交流較緊密（廖達琪等，2013），故與台灣仍屬於兩類型。

[7] 啟發式研究法意指，基於經驗或判斷力的研究方法，雖然無法保證是最佳解決辦法，但不失為能解決問題的好方法（Foulds, 1983: 929）。

貳、理論及實證回顧

　　如「前言」中所提，與「半總統制下國會監督實際作為」有關的文獻，尤其還牽涉到跨國比較，是很罕見的，如還要論及「理論」，更幾近空白。本文的文獻回顧乃就可能有關，且還有理論意涵的研究，大體分成半總統制次類型、國會監督制度面、及國會監督行為面三大區塊來整理，並說明本文選取運用相關理論之原由。

　　就「半總統制次類型」的探討方面，最早提出分類的是Shugart及Carey（1992），其基本採用對半總統制較嚴格的定義標準[8]，從「總統的權力」與「內閣負責的對象」，將半總統制分為「總統—議會制」與「總理—總統制」。其中，總統權力又可區分為「立法權」與「非立法權」兩種：立法權包含否決權（全部或部分）、法規命令權、獨占提案權（保留特定政策領域）、預算提案權與公民複決權；非立法權包含組成內閣、解除內閣職務、國會譴責權與解散國會權（Shugart and Carey, 1992: 150-51）。「內閣負責的對象」則分成向國會負責，或同時要向總統及國會負責兩大類。Shugart及Carey二分類的重點主要放在「內閣對誰負責」這一項，只需向國會負責的為「總理—總統制」，要向國會及總統雙面負責的即為「總統—議會制」，因為總統權力這一項，名目上雖分立法或非立法權，但在半總統制的憲政設計中，都難免涉及。

　　依Shugart及Carey之分類，「總理—總統制」的特徵可說是「總統由民選方式產生，總統擁有相當重要的權力，以及由總理和內閣執行行政功能，並向國會負責」。而「總統—議會制」則是「總統由民選方式產生、總統任免內閣閣員、內閣閣員受制於國會的信託，以及總統有解散國會權

---

[8] 較嚴格的定義是由Duverger（1980: 161）所提出的半總統制的定義，其認為，半總統制構成的條件須包含三個條件，分別是：總統由人民直選、總統擁有重要的權力，以及同時存在一位總理與內閣，他們受國會信任的支配，並執行行政上的功能；較寬鬆的定義則是由Elgie（2008: 249）所提出，其認為，只要滿足「總統由人民直選且有固定任期，以及同時存在一個向議會負責的內閣」，便可被歸納為半總統制國家。

或立法權，或是兩者都有」（Shugart and Carey, 1992: 23-24）。在這樣的分類架構下，台灣比較傾向歸屬於「總統—議會制」，因為1997年修憲後，總統可單獨任命閣揆，不須立法院同意；可說強化了內閣必須對總統及立法院雙重負責的機制。法國則較屬於「總理—總統制」，她的總統一方面雖有主動解散國會等重要權力，但另一方面她的憲政設計及運作強調對國會負責的總理及內閣，並不包含對總統也負責的相關規定[9]。

　　Shugart及Carey的二分法，雖曾遭致一些批評[10]，但仍是最普遍被引用的分類方式，尤其啟動後續依他們分類的元素，又因應實務上變化，增添一些情境變數來擴充其二分的類別。比如吳玉山（2001）即以「內閣人事權」及「政黨體系」二元素，將半總統制分為「準內閣制」、「換軌共治」、「分權妥協」、「總統優越」等四種型，可說因應我國公元2000年時民進黨陳水扁當選總統，有閣揆任命權而相當程度掌握內閣人事，但國會中仍是國民黨及親民黨等的泛藍聯盟為多數的情況下，企圖依比較動態狀況，尤其是政黨是否同時掌控行政、立法，以及總統對內閣人事選擇的可能，作為分類的思考[11]。雖然這些後來加入情境條件（尤其是政黨角色）的分類方式，更細緻的展現半總統制在實務上的可能類型，但也讓半總統制的次類型之分類架構跨越了憲政條文本身的規範力，進入實務領域，且在一國之內，就可能因不同時期之政治情境，而歸屬於不同的

9　第五共和的憲法並未規範總理須對總統負責，然在實際運作上，總統仍享有不少優勢，尤其在一致政府的時期，更是如此。

10　對Shugart and Carey將半總統制分為「總理—總統制」與「總統—議會制」，有學者認為其分類不甚必要，但也有學者覺得類型太少。持第一種看法的學者如Giovanni Sartori，其認為，由於法國體制是一種可隨政治情勢在總統制與內閣制之間轉換的體制，因此並無總統和總理誰有實權的問題存在；以及「總統—議會制」因實際上的個案太少，將之從半總統制中再分類出來並無意義（Sartori, 1994: 132）。持後一種看法的學者如Alan Siaroff，其認為，總統的角色定位在不同憲政體制之間有所差異，因此，兩種次類型實不足以展現多半總統制運作的多樣性（Siaroff, 2003: 287）。

11　對半總統制運作次類型提出分類的研究尚有張峻豪（2011）、林佳龍（2002）等研究。

次類型，這對跨國比較而言，增添了不必要的複雜度，也似乎低估憲政規範本身的影響力。所以，本文還是回歸「半總統制」二分類的原型，以Shugart及Carey的觀點為依據，試圖從其中找尋、觀察不同類型下國會監督作為的著力點。

不同的半總統制次類型是否影響國會的監督作為呢？文獻上沒有直接的答案。比較有共識的是：同樣的制度設計，卻在實作時，都會出現落差（Elgie, 1999: 20; Duverger, 1980: 177），何況是不同的次類型，即使處於相同的「半總統制」傘蓋下，會不影響實作嗎？再加以本文採取新制度主義觀點：制度與行為會互相牽動，法制條文的不同，即便非關鍵，也有作用力。問題自是如何影響，尤其是在國會監督作為上。

那麼不同半總統制次類型對國會監督作為的影響是何呢？文獻上答的不明確，本文試答的更精準一些，但相關文獻得先從國會監督制度權力的探討著手。國會監督，如前所述，本是內閣制國會的天職，總統制依三權分立原則，國會是以「立法」為職志，但舉世潮流是將國會功能推向以「監督」為主，而在估計其監督能力的強弱上，也因「內閣制」及「總統制」的切入視角之不同而有評估的差異。如世界銀行學院與議會聯盟（World Bank Institute and Inter-parliamentary Union）曾對全球議會的監督權限進行調查，評估不同政體下的國會監督潛力（oversight potential）[12]，這項調查分析主要從議會所擁有監督工具數量、種類與使用偏好，來呈現不同政治體制（即總統制、內閣制及半總統制）的國會監督潛能之差異，所得結果顯示總統制國會所具有的監督潛能最差，內閣制最優，半總統制介於其間（Pelizzo and Stapenhurst, 2004: 19; 2012: 19）。但這項調查的分析[13]，頗受一些質疑，認為其沒有顧慮憲政體制設計的邏

---

[12] 世界銀行與議會聯盟的調查結果發現，與國會監督政府最相關的八種國會監督工具分別是：書面與口頭質詢、質問（interpellations）、辯論、委員會聽證、設置調查委員會、草案報告、派代表團至政府部門，以及是否有護民官的制度（ombudsman）。

[13] 世界銀行調查的對象不包括台灣。

輯對國會監督制度的影響，比如總統制國會，其主職是「立法」而非「監督」，因而在「監督工具的數量」上會不如內閣制國會，但實踐監督作為的「力道」則不見得會比內閣制國會差（Fish and Kroenig, 2009）。

　　相對於前述內閣制視角的國會監督潛力調查，Fish及Kroenig（2009）則較從總統制國會重視「立法權」的視角切入，透過對議會所具有與立法權有關的權限進行調查（Legislative Powers Survey, LPS）[14]，並以此調查為基礎，計算出「各國議會」的「國會權力指數」（Parliamentary Powers Index, PPI）[15]。依據這項調查分析，「總統制」的國會確實有最強的立法權力，也可說有最強的監督力道，因議員的資源配置（如祕書、政策幕僚等）及國會有獨立的獲取資訊權能（如調查權）等均納入；「內閣制」的國會反不具此優勢。而歸類於「半總統制」的台灣和法國，依此研究，前者得分指標0.59[16]，後者為0.56[17]，立法院相對於國民議會的監督力道，可

---

[14] 這32個權力指標項目分別是：彈劾權、兼任部長權、質問權、調查權、軍情機關監督權、任命總理權、任命部長權、無總統或總統由國會選出、倒閣權、國會不可被解散權、無行政命令權、反否決權、無違憲審查制度、提案權、行政機構保留款控制權、財政自主權、豁免權、議員皆為人民直選、修憲權、宣戰權、條約同意權、大赦權、赦免權、大法官任命同意權、央行總裁任命權、自有媒體權、固定集會、每位議員都有祕書、每位議員至少有一位非祕書的政策專家顧問、無連任限制、尋求連任、再當選率高。

[15] PPI指數介於0（最不具權力）至1（最具權力）之間；亦即，如一個國家的國會在32個權力指標項目中滿足16項，則其PPI指數為0.5。

[16] 在32個指標項目中，立法院共擁有19項權力，分別是：質問權、調查權、軍情機關監督權、無行政命令權、提案權、行政機構保留款控制權、財政自主權、豁免權、議員皆為人民直選、宣戰權、條約同意權、大赦權、大法官任命同意權、固定集會、每位議員都有祕書、每位議員至少有一位非祕書的政策專家顧問、無連任限制、尋求連任、再當選率高。因此，依據Fish and Kroenig（2009）的計算，立法院的權力指標分數為0.59分。其實，立法院擁有不信任案投票權，亦即倒閣權，在這份資料中並未被計入，因此實質上，立法院應擁有20項權力，指標分數應是0.63。

[17] 在32個指標項目中，國民議會共擁有18項權力，分別是：質問權、調查權、不信任案投票權、無行政命令權、無反否決權、提案權、財政自主權、豁免權、議員皆為人民直選、宣戰權、條約同意權、大赦權、固定集會、每位議員都有祕書、每位議員至少有一位非祕書的政策專家顧問、無連任限制、尋求連任、再當選率高。

說略勝一籌。

　　前兩項有關國會監督力道評估的研究，因切入視角之不同，而有不同評估結果，雖有參考價值，但針對本文關切的半總統制不同次類型下的監督作為尚不能提供解答，因為兩項研究均以較廣泛的制度權力作為判準依據[18]，雖有多國比較的優勢，但實際作為面還是難以涵括。其次，兩項研究各自從內閣制國會的監督權（如質詢）及總統制國會的立法權（如調查等）切入，也得到對各自體制有利的評估，但介於兩者間的「半總統制」在國會權力上，通常也兼具兩者（如質詢及調查），卻似兩頭落空，尤其對次類型下的差異，不是很明顯可看出。Fish及Kroenig的研究雖做了本文關切的台灣和法國國會之評比，但因只納入立法權相關指標，未納入「質詢」權的評估，也很難定論台灣立法院的監督作為就一定優於法國的。

　　與本文關懷最接近的文獻是廖達琪等所評估的台、法國會制度面監督能量（2013：51-97），該文從國會整體、委員會到個別議員三層次，再從法制權限、運作規則，及資源配置三面向統整比較及評估台灣立法院及法國國民議會的監督能量，所得結果是立法院為較偏總統制下的國會，有較強的監督能量；國民議會則為偏向內閣制的國會，能掌握的權限、運作規則及資源較弱一些。廖文的結果雖與Fish及Kroenig（2009）的評比頗能呼應，且廖文從「半總統制」的角度思考，較完整的納入國會各項可能產生監督力道的權限、規則及資源，所得結果應更貼近不同類型半總統制下國會的監督設計；惟廖文僅能就較靜態的「制度面」做評比，評出立法院強，國民議會弱之結果，仍是邏輯上的推估，經驗事實是否如此，是有待驗證的；尤其依法制權限產生的監督實作行為，究竟如何反應出類型上的差異，值得探索。

---

[18] 這裡的「廣泛」制度權力是指同時包含「新舊制度主義」中對「制度」的觀點，除既有成文的法制，也有或不成文的規範或規律（routine），比如幕僚的配置情形，及國會議員連任情形。

　　國會監督的經驗行為研究，在行為主義較是顯學的60及70年代較多
（Rockman, 1984: 519-572），當時多從「角色功能」的途徑來檢視國會
（Hedlund, 1985: 325-27），其中較受矚目的國會角色分析或分類，尤其
可用來做跨國比較架構，並能引為「監督」功能表現評估的理論依據者，
當推Polsby（1975）的連續光譜分類概念[19]，Polsby應用兩極端國會類型
來做光譜的兩端，一端是轉換型（transformative）的議會，一端是表演型
（arena）。前者指議會具有經常獨立運作的能力，且足以將各種議題轉
換成法案，形成法律；後者則指議會主要作為許多政治力量互動較勁的正
式表演場合（Polsby, 1975: 277）。而所謂「光譜」的概念，是指在「表
演」及「轉換」的兩極端間，有無數兩者不同成分比例，細密交織的類
型。其概念圖可繪如下：

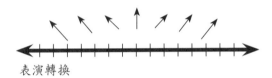

表演轉換

圖7-1　國會角色從「表演」到「轉換」的光譜概念圖

資料來源：依Polsby概念，作者自繪。

　　這一光譜分類雖是以整個國會角色為對象，但就國會監督這項功能
而言，目前已是不分體制、任何國會的共同主軸任務，所以這一概念圖應
可引入來協助評量國會監督實際作為傾向的理論依據。惟Polsby在提出此
一光譜概念時，多少隱約有「內閣制」及「總統制」二分思考在其中，所
以「表演」型議會似是內閣制下的特質，而「轉換」型議會看來最像美國
國會的理念原型（ideal type），其強調的是創制「立法」功能，但「國會
監督」的當下發展，即便在總統制國家，也多是將「立法」審議過程的細

---

[19] 1960-1970年代也有其他研究者提出其他功能的理論，例如Loewenberg and Patterson
（1979）及Mezey（1979）等等，更詳細的分析請見廖達琪等（2006：27-57）。

密視為是「監督」，而不是放在創制法案上[20]。因此，國會監督作為的光譜兩極端，一方仍可是「表演」傾向，即在國會中行使正式相關職權的作用，主要能代表國會中某政治力量來與其他力量較勁，如口頭質詢權之行使。但另一方則不宜名為「轉換」，因如本文前已提及，目前能觀察到的國會監督實際作為，只能做到有職權依據的正式作為，如質詢、提案、委員會或院會審議，和公聽會等，尚難依此論斷「轉換」成法律的程度；故另一端，本文命名為「實作」傾向，表示某國會在監督工作實務上，依職權行使所得資料，顯示其以開公聽會及委員會等為主軸，而在「質詢」行使上並不積極，尤其是「口頭質詢」；這樣的作為傾向某種程度顯示該國會在監督上較以「實作」為導向，作秀的成分較少，但並不能代表「實作」之監督作為就是有更強的「轉換」效果。

如果將Polsby的概念修改成適合本文「國會監督」實際作為之衡量光譜，即以「表演」與「實作」為兩極端，其中間雜不同比例的混合類型，這只是完成國會監督實際作為的歸類依據表，至於哪些依職權所產生的國會監督作為屬於「表演」？哪些又較偏於「實作」？則仍須檢視台、法兩國會擁有與監督實作有關的職權，然後分別依理歸類。這一部分會在第參節「研究設計及方法」中交待。至於最後台、法國會監督實際作為的總評或在光譜上的定位，則必須依各職權行使的情形做統計分析，再加總歸納，細部職權行使的資料蒐集及計算方法，亦見於下面參。

---

[20] 雖然總統制下一位議員就可提案，但提案多半是「做業績」，而不是為了創制法案。例如2013年到2015年第一百一十三屆的美國眾議院，總共提出5,885個法案，但實際通過的只有388個（Tracking the United States Congress, 2016）。

參、研究設計及方法

一、適合兩次類型比較之議題選擇

　　如前所述，本文選擇使用Shugart及 Carey（1992）對半總統制次類型的分類作為比較框架，認為台灣與法國分屬於「總統─議會制」與「總理─總統制」。依Shugart及Carey（1992）的分類標準，「總統─議會制」的運作特性是總統會有較大的主導性，因此，我國的行政院院長及其所領導的內閣，實際上需同時向總統與立法院負責；「總理─總統制」的運作特性則是總理會有較大的主導性，故法國總理及其所領導的內閣，只需向國會負責。

　　依照這兩個次類型，本文進一步要挑選較能「公平」反映這兩個次類型監督作為力道的議題。如何能公平呢？本文的思考是以兩次類型的憲政制度特色及國會議員的理性選擇為挑選基準。所謂的制度特質已如前述，「總統─議會制」是內閣對總統及議會都負責，且議會與內閣人事基本為分立，不太交流；而「總理─總統制」則內閣對國會負責，且雙方人士較有交流，而國會議員的理性選擇則是對自我權力能有效行使的概念，如質詢能彰顯自己的才幹或知名度等，而有選票效益（Kingdon, 1989; Mayhew, 1974）。

　　至於議題本身，則要能反映不同制度類型下的不同監督誘因，也就是某議題在「總統─議會制」的國會中可能對議員有監督誘因，但在「總理─總統制」中則不見得；如只獨厚一方，則不公平，必須再挑一題，並依制度邏輯及議員的理性自利原則，其應該是對「總理─總統制」下的國會議員較有監督誘因的，以求公允。除了挑兩議題各可能有利於一方，本文也試圖挑一中立議題，也就是對兩類型下的國會議員均不構成明顯的監督誘因，以第三方的姿態來檢視依前兩議題所產生監督作為的穩定或代表性。以下分別說明此三議題之挑選。

　　本文首先挑選的是官僚方面的「退撫」議題，因此議題在「總統─議

會制」下，內閣對議會及總統兩面負責，且內閣與議會間的分立關係大於融合[21]。有關文官「退撫」議題，議會與行政官僚交流知情的管道不多，文官「退撫」又事關社會中白領層的利益或易引起各階層的關切，這些都會連動到選票，故議員有較多的誘因依正式職權去監督，所以依邏輯，此議題較能激發「總統─議會制」中的議員去監督。反觀在「總理─總統制」中，除內閣對議會完全負責外，兩者關係較傾向融合[22]，任何有關文官「退撫」法制的變革，兩者間通常有多方意見交流的管道，議會因可知情的來源多[23]，而依正式職權監督對議員本身的利益不見得是最適切選擇，故檯面上強力監督的誘因並不大。

　　第二個挑選出比較的議題是國防方面的「軍購」。國防軍事權在兩個次類型中的權責歸屬，似有些區分[24]。在「總理─總統制」中，總統雖為統帥，但因內閣僅對國會負責，國會對此一軍購議題，因知內閣必須面對國會負起所有行政作為的責任，國會也有完全知情的權力，自有誘因去行使監督職權。相對的，在「總統─議會制」下，國防軍事名目上之軍令權或仍屬總統管轄，但與內閣的軍政權如何切割，不甚明確，且內閣又同時要向總統及國會負責，有關如「軍購」這樣的議題，內閣依規制向國會說明或報告，然因內閣成員（含閣揆）或由總統任命，且國會亦知其背後仍有總統之意旨，大力監督的結果，仍似在打稻草人，而無法追究到在背後

---

[21] 總統通常有內閣的人事任命權，但內閣與國會則不見得有人事交流，例如我國的立委不得兼任官吏，屬於「總統─議會制」的俄羅斯亦然。

[22] 內閣中的人事任命與議會的交流較多，例如法國議員經常被挑選為閣員，出任官員的議員需暫時辭去其議員身分，並可於卸任後重拾；如任層級較低的地方官員職務，則無需辭職而可同時兼議員。

[23] 據統計，第十三屆（2007-2012）法國國民議會議員兼任地方行政職的比率高達84%（廖達琪等，2013：75）。議員兼任地方行政職的情形在法國十分普遍，議會可知情的管道因此很多。

[24] 例如在「總理─總統制」中，內閣只需對國會負責，因此，在國防議題上，內閣有很清楚的軍政監督權；但在「總統─議會制」中，內閣同時要對總統與國會負責，因此在此制度下，國會的軍政監督權將不清楚。

的總統；雖然，關心「軍購」的多係小眾，不論在哪一體制都差異不大，但相形之下，「總理—總統制」下的國會議員，比「總統—議會制」下的較有意願監督，因力道的發揮不致落空。

　　第三個中立題，本文挑選的是核能中的「核電」議題。此一議題涉及複雜專業，即便在行政體系中都多由專業單位來處理推動，而以國會這樣較扁平，以反映民意為主的組織構成，要在非常專業的議題上展現監督力道，恐不是國會議員的上選[25]，因如代表監督力道的審議法案、質詢、甚或提法律案，議員們都不能提出專精見解，恐怕會自曝其短，也不利選票，這對「總統—議會制」或「總理—總統制」下的國會應都適用。故本文以此議題，來檢視不同類型半總統制下國會監督作為的穩定度。

　　以上「退撫」、「軍購」及「核電」三議題的選擇，主要是依制度邏輯，實務上還要考量兩個要被比較的國會，在被比的時段中，有沒有相關議題之審議等，本文都先做了相關字詞的檢索，確認資料的可能。

二、比較台、法產生監督作用的正式項目選取

　　本文對國會監督所採納的定義是，「只要能對行政部門或官僚造成施政或行動上的壓力，甚或改變的任何活動，都算是監督行為」，此一定義就研究實務而言，非常難以做到，因國會中與行政部門正式或非正式的接觸行為，似乎都有被觀察的必要。因此，本研究採取的策略是以依國會正式法制職權所產生的監督作為，做有系統的觀察及記錄，這些正式法制職權中，以「質詢權」、「法案提案權」、以及「法案審議權」所衍伸的國會監督作為，已足以涵蓋多數國會的監督行為。而台灣與法國的國會在以上三個權力的制度設計與使用規範上有些不同[26]，以下分述之。

---

[25] 廖達琪與陳月卿（2012）曾對兩國國會對核能議題的監督情形進行實證研究，結果發現，對於這個議題，台、法的涉足都不深。

[26] 國會的監督權包含質詢權、調查權、信任與不信任案權、彈劾權、罷免權、釋憲權、公投提案權、糾舉權等，見廖達琪等（2013：51-97）。

（一）質詢權

　　台灣與法國的國會在質詢制度的設計上，都是「詢問」（question）而非「質問」（interpellation）[27]，所以可併比。在質詢類型上，基本上都可歸納成「口頭質詢」與「書面質詢」兩種。口頭質詢在兩國的規範有些不同，但不影響併比[28]。不及回覆的口頭質詢，則可以轉由書面答覆，但我國對轉為書面回覆的口頭質詢的回覆期限較長，且規範的彈性較大，法國則是較短[29]，但這亦不影響兩國國會在「口頭質詢」方面的可比較性。

（二）法案提案權

　　台灣與法國在法案提案權的制度上，都賦予議員個人及黨團有法案的提案權，但對於提案的種類，則各有三種有不同的類型規範。我國使用的名稱為：「法律提案」、「臨時提案」與「修正動議」；法國使用的名稱則為：「法律提案」、「修正案」（amendment）與「決議案」（résolution）。從使用的名稱上可知，最具有可比較基礎的是「法律提案」，其他兩種類型的議案則都是立法權的延伸，但較難成為可以比較的基礎，原因是我國的「臨時提案」通常僅用在突發性、臨時性事件之處理，故以亟待解決事項為限，且法律案不得以臨時提案的形式提出；「修正動議」則是僅能在法案二讀會廣泛討論後或三讀會中提出，並須有10人

---

[27] 質問（interpellation）是法國第三、第四共和議會內閣制時期，國會議員經常使用的監督工具，議員提出質詢，辯論後將付諸表決，如表決結果對政府不利，相當於不信任案，則政府必須總辭，因此，往往造成倒閣的後果，進而造成政潮頻仍。目前的第五共和已取消這種制度。

[28] 例如口頭質詢在我國又可分為政黨質詢與個人質詢，於政黨質詢的規範下，我國是以各政黨黨團提出質詢的人數乘以30分鐘的規範來保障小黨的發言權；法國則是透過「每次會議，每個黨團至少都必須提出一個問題」的規範來保障小黨的發言權，但發言的時間與人數則由「主席會議」（Conférence de Président）決定之。

[29] 我國對未及答覆的口頭質詢轉為書面質詢的回覆期限為20日，如質詢事項牽涉過廣，則有5日的寬限；法國對此種類型質詢的答覆期限則是10日。

以上的連署或附議。法國的法案類型,除了「法律提案」之外,國會中的執政黨與反對黨議員經常提出大量的「修正案」,然後又於期限前撤回,作為政治動作的宣示(其使用的時機有類於我國的「修正動議」);「決議案」則僅用修改國會內規,以及設置調查委員會這兩種目的的法案上。因此,從名稱上可知,除了「法律提案」外,其餘兩種類型的議案,通常以意見表達、彰顯政治行動為目的,而不是以進入實質的立法程序為目的,較難有可比較的基礎,本研究乃以兩國國會對議題的「法律提案」數量進行比較。

(三)法案審議權

國會的法案審議過程通常包含院會審議、委員會審查兩個階段,委員會審查是專業審查的重要階段,院會審議則是通常是透過報告、討論,以及表決等程序,來完成立法程序;委員會則是透過辯論、座談會或者聽證會的舉行、研究報告的產出等方式,達到深入了解的目的,進而建立專業審查的形象。為了達到上述目的,法案審議權通常搭配國會的調查權(文件調閱權)與聽證權、國會獨立研究機構的設置,或者特殊立法程序的安排,來彰顯國會的法案審議權。立法院在法案審議的過程中,除了可邀官員出席答詢,尚有其他輔助性權力(例如調查權與聽證權),以及獨特的黨團協商制度;法國則是將「研究報告」亦列為國會監督政府的責任之一,但台灣與法國在研究報告上規範的差異頗大。立法院的研究報告通常由立法院的法制局負責,但未強制議員參與,立委通常也不太參與;在法國則是由國民議會的「科技評估處」(Office parlementaire d'évaluation des choix scientifiques et technologiques)與「政府政策監督委員會」(Comité d'évaluation et de contrôle)負責,因為法國2008年7月的修憲中,其中一項為國會有評估政府政策的責任。因此,法國的委員會目前亦有負責撰寫法案研究報告的義務[30]。國民議會以上兩個機構經常透過

---

[30] 國民議會於2009年9月起,對大部分由政府提出的法案,會進行政策的適用性評估。

成立「研究小組」（groupes d'études）的方式，對研究主題進行深入的調查與探討，且通常由議員帶領，目的是提升議員對法案牽涉議題的了解、政策制定過程的參與、以及議員專業性的培養。但法國在法案的審議程序中，並未要求行政部門有到場備詢的責任，僅規範委員會與院會可以透過聽證會的舉行，要求政府官員到場對法案進行說明。因此，國民議會在法案的審議過程中，經常伴隨著大量的聽證會與研究報告的產出，然而，台灣的立法院並沒有相似的程序規範來要求從事「聽證」或「研究報告」之監督活動。總體看來，兩國在法案審議的程序上，相同的有「委員會審查」以及「院會審議」；「委員會聽證」及「研究報告」則是執行程序不同，但兩國會應仍可併比；只有在立法院獨有「黨團協商」的程序上，由於國民議會完全沒有這項程序，因此無法併比，故本文僅將之列為參考。

　　以上兩國國會得以類比的監督權限，總計可併比的有：口頭質詢、書面質詢、法律提案、院會審議、委員會審查、委員會聽證，以及研究報告等七項。至於不能併比的台「臨時提案」，法「修正及決議案」等，及立法院獨有的「黨團協商」。本文先將這些項目可能的監督作為傾向列入下面Polsby光譜中定位，作為理論上的參考，但在實際資料蒐集時，只列出台灣「黨團協商」的紀錄，不再列出「臨時提案」等較龐雜又無法比較之部分。

三、Polsby光譜與監督作為傾向的定位

　　本研究參考Polsby（1975）所提出的光譜概念，將國會的監督方式以兩種極端類型作為光譜的兩端，兩極端的中間有無數細密的交錯類型，光譜的兩端分別是表演傾向與實作傾向，從表演傾向到實作傾向的國會監督方式，本文定位的次序分別是：口頭質詢、臨時提案、書面質詢、法律提案、院會審議、委員會審查、委員會聽證、研究報告、以及黨團協商（請參見下圖7-2）。至於台灣的「臨時提案」與法國的「修正案、決議案」雖不能併比，但都是發生頻率不少的監督作為，本文在下面將這些監督職

權所代表的「表演」或「實作」傾向定位時，也會納入做概念演練，但在
實證資料上則省略。

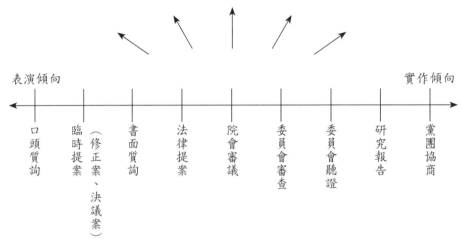

圖7-2　國會監督傾向光譜

資料來源：作者自製。

　　以下分別對九種監督作為在光譜上定位之原因進行說明。

（一）口頭質詢

　　為國會行使質詢權的一種方式，是充滿表演傾向的一種國會監督作
為，因為能對行政權造成最直接的壓力，且容易形成風潮，引起輿論對特
定主題的關注。雖然，台灣與法國對口頭質詢的規範有些許差異，但不影
響「口頭質詢」在兩國俱是最有「表演傾向」的監督權力行使，尤其口頭
質詢在兩國會經常透過直播的方式呈現。

（二）臨時提案

　　為國會提案權的一種類型，泛指除了法律提案外的其他提案類型，
此種類型的提案通常不會進入實質的立法程序，例如在我國的實踐被稱

之為「臨時提案」，通常僅用在突發性、臨時性事件之處理而提出；法國則是除法律提案之外，還有「修正案」（amendment）與「決議案」（résolution）兩種類型，雖然表面上都是議員立法權的延伸，但使用起來立法成案的機率很低。由於法律提案外的提案類型，通常以表達意見、彰顯政治行動為目的，因此為表演傾向居多的監督方式。在台灣，甚且「臨時提案」被認為是立委對選區選民交代的一種做「業績」方式（盛杏湲，2000：37-70），其表演傾向之較強，不言可喻。惟台灣與法國的國會，在此面向上使用情形的差異較大，難以類比，本文故不將之列入比較。

（三）書面質詢

為國會行使質詢權的另一種方式，其用意是讓行政機關經過一段時間的準備後，再予以回覆質詢的問題。也因如此，與口頭質詢相比，帶給行政權的壓力會小一些。而有些未能及時獲得回覆的口頭質詢，也可以轉由書面答覆，以達到監督的效果。然而，書面質詢經常讓政府有拒絕回覆或者延遲回覆的空間，例如政府可以以質詢事項涉及國家安全與軍事機密為由，不予回覆，因此就國會監督的角度來看，實作的空間不大，且由於其帶給行政權的壓力較口頭質詢小，其提出之目的，也有類「臨時提案」的業績目的，但因對行政方還有些作用，故排序在「臨時提案」之後，稍靠近一些「實作傾向」。

（四）法律提案

為直接展現國會立法權的一種監督行為，需擬具立法旨趣、條文內容、並且署名，提案的目的是要讓法案能進入實質立法程序，要求行政權執行，因此相較於臨時提案，實作性的色彩較高，但也不是十分輕易就能成功，尤其與行政機關相比，立法機關所擁有的資源與組織配備，實難與行政機關相抗衡，但議員的法律提案確實可以影響政府政策的方向。台灣與法國的半總統制國會，對提案權的設置皆是議員與政府都有提案權，但

兩國對法律提案的程序規範有些不同，我國對議員提出的法律提案有連署人數的限制[31]；法國則無此規範。而會提出「法律案」的議員，相當程度也是有「表演」性質，因其可回應相關團體的要求或向某些群眾表彰自己對議題的關切及努力。

（五）院會審議

為表演傾向與實作傾向監督方式的交界，可說兼具兩種特質。由於院會為所有議員集合的場所，在法案審議過程中，可以是作秀式的由議員發言，也可以是較嚴謹務實的一讀及三讀法案，故設定院會審議為表演型監督與實作型監督的交界，由此以降，實作型監督的傾向將益加明顯。

（六）委員會審查

委員會審查為部分議員的集會，與全體議員集會場域的院會不同，且委員會審查通常不進行直播[32]，也不開放旁聽，為的是避免審查時受到干擾，因此，通常較院會審議更具實作型色彩。國會的委員會對法案所進行的審查，通常也是法案實質審議的核心，以台灣與法國的情形來看，兩國國會中委員會皆是常設性質，有鼓勵委員會審議專業化之期許。整體而言，委員會審查展現的是國會實作型監督的面向，表演空間較小。

（七）委員會聽證

為國會進行監督行為的輔助性工具之一，主要的目的是蒐集資訊，以助於委員會做出審查建議。因此，聽證會的目標明確、主題限定，於實踐時亦有一套程序性規範，議員在這場域較無作秀空間，故是較委員會審查更具實作傾向的一種監督作為。

31　依「立法院議事規則」第8條之規定，法律提案須有15名以上立法委員之連署。換言之，一個法律提案至少需要一位主提案委員，外加15位連署委員，方符合議事規定。

32　2016年4月8日立法院國會頻道正式試播，從此委員會審查也加入直播行列。

（八）研究報告

為國會運用其研究資源，針對特定主題所發布的研究報告，是國會展現其資訊蒐集結果的一種形式，也是輔助性監督工具的一種。負責研究報告撰寫的機關十分多元，可以由國會的獨立研究機構負責，也可以由國會中的委員會負責。研究報告的產出，通常需要一段時間的準備，基本程序就包含研究問題的篩選、資料的蒐集、資料的整理與分析，以及對研究主題之評估建議等等。因此，在「研究報告」方面，議員能作秀的成分，可說非常稀薄。

（九）黨團協商

黨團協商是立法院所獨有，基本上是一種全然的黑箱作業，無議員可藉此表彰作為，協商結果且可以推翻委員會的審查建議，是強力杯葛行政方面法案的利器，因此本研究認為，是最具實作傾向的監督行為。

以上為本研究對九種監督方式的傾向定位之說明，本研究扣除「臨時提案」，將「黨團協商」之外的其餘七項監督項目，進行台灣與法國在三個議題上的實際監督作為次數進行比較，台灣獨有的「黨團協商」資料則將之列出作為參考。

四、監督作為的資料蒐集

在比較期間的選擇上，本研究僅挑選兩國屆期較為相近的一屆進行比較，於台灣是第七屆（2008.02.01-2012.01.31）的立法院，於法國是第十三屆的國民議會（2007.06.19-2012.06.20），這一選擇也能避開分裂政府時期對國會監督作為所可能造成的影響。本研究所有的資料皆來自於兩國國會的官方網站所釋出的電子資料。立法院的資料來自於立法院全球資

訊網，以及立法院國會圖書館[33]；國民議會的電子資料來自於國民議會官網，以及國民議會線上直播網站／影音資料庫[34]。兩國資料總數請參見下表7-1。

表7-1　監督作為次數統計表

議題領域	國會	
	第七屆立法院	第十三屆國民議會
官僚退撫	537	3,495
國防軍購	53	541
核能核電	224	1,974
整屆總數	20,343	132,894

單位：次數
註：立法院的資料為包含黨團協商八項監督作為的總數，國民議會的資料為七項監督作為的總數。
資料來源：作者自行統計。

---

[33] 立法院有兩個資訊公開的網站，分別是：
　　(1)立法院全球資訊網（網址：http://www.ly.gov.tw/innerIndex.action），本研究主要使用裡面的議事暨公報管理系統（網址：http://lci.ly.gov.tw/LyLCEW/lcivComm.action#pageName_searchResult=1）所公開的資訊。
　　(2)立法院國會圖書館（網址：http://npl.ly.gov.tw/do/www/homePage），本研究主要使用裡面的立法院質詢查詢系統（網址：http://lis.ly.gov.tw/qrkmc/qrkm）與立法院智庫整合檢索系統（網址：http://lis.ly.gov.tw/lydbc/lydbkmout）的公開資料。
[34] 國民議會目前主要有三個主要資訊公開的網站，分別是：
　　(1)國民議會官網（網址：http://www.assemblee-nationale.fr/）、
　　(2)國民議會線上直播網站/影音資料庫（網址：http://videos.assemblee-nationale.fr/index.php）、
　　(3)國民議會檔案庫（網址：http://archives.assemblee-nationale.fr/）。
　　本研究主要使用前面兩個網站的資料。

肆、議題案例之解析及評估

　　本研究對兩國的三個議題的監督作為進行資料的蒐集，將第七屆的立法院與第十三屆的國民議會在退撫議題、軍購議題以及核電議題上的監督作為，整理成十二個表，內容包含在比較屆期中八個監督項目（七個台、法可併比項目，加上台灣獨有的黨團協商）的監督作為總次數、兩國國會該屆歷年監督作為的分布情形與人均指數，由於資料量龐大，所占篇幅亦多，於此不列出（詳見附表7-1至7-12），本節僅列出兩國實際監督作為觀察期每年人均指數的結果（請參見下表7-2），以下分別說明之。

　　首先，在官僚議題的「退撫制度」上，立法院在「口頭質詢」與「法律提案」上的監督表現比國民議會積極許多；國民議會則是在院會審議、委員會審查、委員會聽證，以及研究報告上比立法院積極；而在官僚議題的退撫制度相關法案上，立法院有黨團協商的紀錄。整體而言，國民議會在官僚議題的退撫制度監督審議上，雖似比立法院積極些，尤其在「實作傾向」的各職權上，但立法院在表演傾向強的「口頭質詢」強勁出擊，使用頻率是法國的近6倍（0.2/0.034）；其次，是有較大的實作傾向，但仍有作秀意味的「法律提案」，立法院提出件數也是法國的近6倍（0.093/0.016）。這一「退撫制度」議題，依「總統─議會制」及「總理─總統制」兩制之邏輯，屬「總統─議會制」的立法院，應較有監督誘因，從實際作為看，立法院的監督力道較展現在表演意味較濃的「口頭質詢」，而法律提案亦頗積極，似乎也反映立法院傾總統制下以「立法」為主職的特質。就各職權監督次數加總年人均計算，立法院雖略遜於國民議會，但雙方比值極接近（1.212/1.188≒1.02），應屬不相上下。本文推論的「總統─議會制」下國會對官僚議題較有監督誘因，應屬合理，只是其監督力道的表現偏向表演性，但也有以「立法」來展現的傾向。

　　其次，在「國防議題」的軍購方面，本文依「總理─總統制」及「總統─議會制」之邏輯，認為此議題應是對「總理─總統制」下的國會較有監督之誘因，從表7-2看來，屬於「總統─議會制」下的台灣在「實作

表7-2 立法院與國民議會對三個議題的監督作為比較表*

▲表演傾向

配分	國家 監督指標	退撫議題		軍購議題		核電議題	
		台灣 立法院	法國 國民議會	台灣 立法院	法國 國民議會	台灣 立法院	法國 國民議會
1	口頭質詢	0.2	0.034	0.01	0.0004	0.125	0.004
2	書面質詢	0.665	0.74	0.095	0.046	0.213	0.406
3	法律提案	0.093	0.016	-	0.0002	0.015	0.01
4	院會審議	0.115	0.186	0.01	0.038	0.023	0.124
5	委員會審查	0.080	0.158	0.005	0.052	0.105	0.072
6	委員會聽證	0.005	0.094	-	0.03	-	0.04
7	研究報告	0.035	0.078	-	0.05	0.013	0.068
	黨團協商	0.005	-	-	-	0.005	-
	總計	1.188	1.212	0.12	0.186	0.494	0.684
	議題總得分	4	22	3	25	9	19

▼實作傾向

單位：每年人均

* 方框數值代表兩國落差達1.5倍以上[36]。

每年人均計算方式：監督作為總數／議員總數／任期年數（台灣是113位立委，4年一任；法國577
　　　　　　　　　位，5年一任）。

欄位的計算方式為：口頭質詢+書面質詢+法律提案+院會審議+委員會審查+研究報告，未計入委員會
　　　　　　　　　聽證與黨團協商，因委員會審查所呈現的數值為已納入委員會聽證的整體結果。

入委員會聽證，將重複計算；黨團協商則僅列為參考，故亦不列入總計計算。

數值取至小數點第三位，如數值小於0.001，則取至小數點第四位。

資料來源：作者自製。

傾向」方面的監督行使，幾近空白，包括委員會審查、委員會聽證、研究
報告等，只有委員會審查略有活動（0.005／每年人均）；但在「表演傾

---

35 由於過去的文獻未對兩國這樣的比較提供可參考的比較基準，本研究認為，兩國每年
　　人均數值落差達1.5倍，已能突顯兩國之差異，故本文以1.5倍為標示基準。

向」較強的「口頭質詢」及「書面質詢」，均強過法國的國民議會，尤其口頭質詢達25倍的使用頻率，但法律提案是零紀錄。是否可依此論斷屬「總理—總統制」的法國國民議會的監督作為就不力了呢？表7-2中很清楚的展現在比較是「實作傾向」的監督職權方面：委員會審查、聽證、研究報告等，再包括較具中間性質的院會審議及有點作秀性質的法律提案，法國的國民議會都遠較立法院積極，其程度均達1.5倍以上[36]。尤其，在「委員會聽證」及「研究報告」上，立法院全無紀錄，甚至在官僚議題「退撫制度」大量使用的「法律提案」，在此軍購議題方面，立法院也是掛零。

　　總結說來，「總理—總統制」下的國民議會確實對國防方面的軍購議題，有較積極的監督作為，因為總計的每年人均次數是超過立法院的（0.1866 > 0.12），且倍數達1.55倍（0.186/0.12），只是其監督方向較重實作，而立法院在「表演傾向」最濃的「口頭質詢」，仍是遙遙領先達25倍（0.01/0.0004），甚且在作秀意味次濃的「書面質詢」，亦有積極表現；反而是較有「實作」意涵的「法律提案」及「院會審議」，立法院的監督作為都相對退化，尤其「法律提案」，國民議會都還能有所表現，立法院卻完全放空，多少顯示「總統—議會制」下的國會對國防議題一定受制於──內閣也對總統負責，但總統不向國會負責──的無奈。

　　第三個選擇的議題是核能方面的核電議題，本文主要的思考為其專業性高，國會監督不易，對哪種制度而言，都屬高門檻之議題，故本文稱之為「中立性」議題。這方面檢視的結果，表7-2顯示，台灣立法院仍是以「表演」傾向最強的「口頭質詢」來宣洩監督力道，其使用平均頻率是法國的31.25倍（0.125/0.004）；其次有秀味的「書面質詢」，法國國民議會使用較多，是立法院的1.91倍（0.406/0.213）；有秀味但也有實作意涵的「法律提案」，則立法院又較國民議會積極，比數也

---

[36] 監督項目每年人均：委員會審查：法0.052 vs. 台0.005；委員會聽證：法0.03 vs. 台0；研究報告：法0.05 vs. 台0；院會審議：法0.038 vs. 台0.01；法律提案：法0.0002 vs. 台0。

達1.5倍（0.015/0.01）；屬於中間的「院會審議」，國民議會較頻繁舉行，是立法院的5.39倍（0.124/0.023）；但在實作傾向較強的各職權中，立法院難得的在「委員會審查」的頻率上，是高過國民議會約1.5倍（0.105/0.072）的；而在「委員會聽證」及「研究報告」兩方面，均遠不及國民議會（在「聽證」紀錄上更是掛零）。但為了「核電」相關議題，立法院倒是有「黨團協商」，雖然頻率不算高。

　　總結來說，核能中的核電這一中立議題，對兩種制度下的國會要監督，都有一定的難度，兩個國會每年人均的監督頻率，法國雖略高，但與台灣相去不遠（未達1.5倍），而與其他兩議題相較，比「退撫」監督少，但仍多於「國防」中的軍購議題，畢竟半總統制下對國防的監督，似總有總統這一層的間隔，而難全力施為。相較之下，台灣立法院的監督作為，仍是以「表演意味」濃的「口頭質詢」為首選，強力使用，但也有一些較有實作意涵的作為，如「法律提案」及「委員會審議」；在法國國民議會方面，似也不能不作秀，在「書面質詢」方面特別積極，其他在實作傾向的「委員會聽證」、「研究報告」方面，及位於中間的「院會審議」，也都如其他二議題一般，較立法院更積極。

　　最後，本文從整體來評量兩個國會在三個議題上所展現的監督作為，歸納出兩個方向：一個是橫跨三議題的共同趨勢，另一個則是二國會屬於不同次類型的影響評估。就橫跨三議題的共同趨勢而言，表7-2其實相當清楚的呈現，台灣立法院較傾向以表演性最強的「口頭質詢」來展現監督力道，其使用頻率在三議題上都遠超過法國的國民議會；其次，立法院常使用的是「法律提案」，也是有「表演傾向」，但多少展現偏總統制三權分立下國會特性，以「立法」為「監督」或「制衡」行政的手段；反觀法國的國民會議，則主要傾向使用以「實作」為尚的監督職權，包括：「委員會審查」、「委員會聽證」、「研究報告」等等。甚且居於中位的「院會審議」，法國在三議題使用的頻率都較立法院多些。

　　為了更精準的確認台、法國會「監督作為」的傾向，本文將表演到實作傾向的七職權（黨團協商除外），分別賦分，「口頭質詢」為1，「書

面」2，依序列「研究報告」為7，再分別乘以台、法國會勝出1.5倍的項目（如官僚議題的「口頭質詢」項，台得1，法得0；國防議題的「研究報告」項，台得0，法得7，依此類推），加總計算後，分數愈少者，代表「表演傾向」強；反之，則是「實作傾向」。所得結果（如表7-2所示）為台灣立法院16[37]，法國國民會議66[38]，前者重「表演」式的監督作為，後者則走「實作」路線，殆無疑義！只是「表演」與「實作」的監督，何者較能影響及轉變政府政策，就不是本文可答覆了。

　　再就「總統—議會制」及「總理—總統制」二個半總統制次類型而言，台灣立法院在歸屬於「總統—議會制」下，偏三權分立式國會的發展軌跡，且內閣與議會人事的不交流，在官僚議題的退撫制度上，是較有積極監督的動力，但主要表現在「口頭質詢」及「法律提案」職權上；歸屬於「總理—總統制」下的法國國民會議則確實對國防方面的軍購議題在「實作」監督各面向，顯得比台灣立法院積極甚多，甚且在「法律提案」也有所表現，台灣立法院在此方面的落空，也多少顯示監督國防在「總統—議會制」中難以著力的困境。

　　理論上較不受制度影響的高專業議題—核能中的核電，台灣立法院與法國國民議會，可能顯現其監督作為的本然傾向，台灣立法院仍是以「表演」為重，但有總統制下偏「立法」之特質，包括「法律提案」及「委員會審查」均較法國國民會議為積極，而後者則仍是以「實作」為監督重點，只有「書面質詢」這一表演傾向較濃的監督作為，國民議會勝過了立法院。

　　最後整體看來，法國國民議會在三項議題的總監督年人均頻率算是高於立法院的，雖然在「官僚退撫」及「核能核電」方面，落差實不大（未超過1.5倍），但在國防的「軍購」議題上，超過立法院1.5倍。對國防議題的監督不力是「總統—議會制」下國會的普遍現象嗎？本文不敢驟答；

37　台灣議題總得分：1*3 + 2*1 + 3*2 + 4*0 + 5*1 + 6*0 + 7*0 = 16。
38　法國議題總得分：1*0 + 2*1 + 3*1 + 4*3 + 5*2 + 6*3 + 7*3 = 66。

另外，對「國防議題」的平均監督頻率在三議題中跨兩國都是最低（甚且低於高專業的核電議題），這種對國防議題低監督密度的現象，又是否為半總統制的共同宿命，本文也未敢肯定，有待未來更多研究確認。

伍、結論

　　本文以探討比較不同類型半總統制下國會的監督作為有何差異為問題出發點，並以Shugart及Carey的「總統—議會制」及「總理—總統制」兩次類型為比較差異的理論推論思考點，再稍事修正Polsby針對議會功能所提出的「表演—轉換」光譜為「表演—實作」的監督傾向光譜，以為評量本文所比較代表「總統—議會」制的台灣立法院，及代表「總理—總統制」的法國國民議會監督作為傾向的依據。

　　本文針對「總統—議會制」中，內閣與議會人事較少交流，且內閣須對總統及議會都負責的特性，及「總理—總統制」中，內閣與議會人事交流較密切，且內閣僅須對議會負責之邏輯，及理論上議員均理性自利之原則，分別選出對「總統—議會制」國會較有監督誘因的官僚議題方面的「退撫制度」，及對「總理—總統制」國會較有監督誘因之國防議題的「軍購問題」，來平衡檢視對兩次類型各自理論上有利之議題的實際監督作為；並再加一中立議題——「核能核電」，以其專業性高，對任何制度下的國會都屬較難監督的性質，來探測所觀察兩國會「監督作為」傾向的穩定度。在實際監督作為的評比上，本文歸納整理台、法兩國會可併比的七項職權，分別是：口頭質詢、書面質詢、法律提案、院會審議、委員會審查、委員會聽證、研究報告，另台灣獨有的「黨團協商」亦列入做參考項目。上述所列可發揮監督力道的職權，依其性質，亦依前述順序，分別定位在「表演—實作」監督傾向的光譜上；即「口頭質詢」表演性最強，依序遞減；而實作傾向則依序遞增。「黨團協商」因係黑箱作業，無議員作秀空間，且最有改變行政部門政策的實力，故列為最具「實作傾向」之

監督作為的極端參考項。

　　台、法兩國會在三議題於政黨一致的觀察期間，在各項職權所展現的監督作為傾向，經通盤整理統計分析，得到的發現為：台灣立法院在三個議題上，都展現使用「表演傾向」強的監督作為，尤其是「口頭質詢」的行使頻率，貫穿三議題的遠高於法國國民議會的行使情形，其次是「法律提案」，立法院也相對行使較積極；至於法國國民議會，則整體展現較強的「實作傾向」監督作為，除了「委員會聽證」及「研究報告」這兩項依其內規[39]，不意外的遠較立法院行使的多，但在「委員會審查」及「院會審查」這兩項也較具「實作傾向」的監督作為上，法國國民議會也較積極些。以表演到實作，從低到高各項目賦分，綜合統計的數值，台得16，法得66，清楚認肯兩國國會監督作為，一重「表演」，一講「實作」的分歧。

　　這樣的研究發現可說初步回答了本文的研究問題─即不同半總統制次類型下國會的監督作為確實有差異，其差異處依本文之探討分析是：「總統─議會制」下的國會，如台灣立法院較偏向「表演」式來監督，尤其大量運用「口頭質詢」，對「法律提案」也有偏好；「總理─總統制」下的國會，如法國的國民議會則偏向「實作」型的監督，除了有頻繁的「聽證」舉辦及「研究報告」產出，在「院會」與「委員會」的審議召開次數上，也比較積極。

　　不過，除了兩次類型下的國會之監督作為確實有差異外，本文的研究發現也顯示：兩國會之監督有共同困境，即在面對三個議題中的國防軍購問題，都顯現監督頻率低的現象，甚且低於對高專業之「核能核電」的監督密度；同時，兩次類型相較，「總統─議會制」下的立法院似更有「弱中之弱」的監督表現。

　　以上發現是否有普遍推論性呢？本文目前持保留態度。因為本文以「半總統制次類型」之單一因素出發，來尋求可比較個案，並沒有將其他

---

[39] 請參見本文的「參」之「二」的第（三）項「法案審議權」之說明。

可能影響體制運作的因素帶入思考，如憲政體制發展的時間歷程，行憲的環境背景等，所得結果可說關聯性強，因果性則待未來更多的案例及經驗檢證才能有所確認。其次，本文的比較著重在國會於憲政法制規範面的權限及實際職權行使之行為面的表現，而中間仍有許多相關的細部規則，如台、法「口頭質詢」權之行使，「聽證」及「研究報告」之相關規定等，均有相當差異，本文未做控制處理，但這些「中間規範」的不同，對台、法雙方國會在監督作為的傾向上，應有一定作用。如台灣立委的質詢，在院會或委員會，都是法定必行的，但法國在委員會不是；而法國國民議會的「聽證」及「研究報告」，則是被規制強化要做的程序。這些規範某種程度可說強化了兩國國會使用監督職權的方向（如台傾向「口頭質詢」，法「聽證」及「研究報告」量大），也驗證了「制度影響行為」的基本命題，但因這些規範是隱藏於兩次類型下，很難論定在其他相同次類型下是否有相同的規則，因此也難以將本研究的結果，驟然做較廣泛的推論。

　　最後，本文要再一次申明本文的限制。本文所測量及呈現的監督作為，可以有「表演」及「實作」傾向的推斷，但難據以衡量監督的效力，即「表演傾向」強的監督作為是否就代表對行政行動或政策的改變力道較弱，而「實作傾向」的監督效力就較強，或反之亦然；本文的研究結果尚不能推論至此！只是如對台灣立委過度用「口頭質詢」表演監督的作為感到不耐的各方人士，或可參考本文的研究，尤其法國國民議會如何用制度強化實作監督的部分，作為改革立法院的思考方向之一。

參考書目

外文部分

Duverger, Maurice. 1980. "A New Political System Model: Semi-Presidential Government." *European Journal of Political Research* 8, 2: 165-187.

Elgie, Robert. 1999. *Semi-Presidentialism in Europe.* New York: Oxford University Press.

Elgie, Robert. 2008. "Semi-Presidentialism: An Increasing Common Constitutional Choice." *Proceeding of a Conference on Semi-Presidentialism and Democracy: Institutional Choice, Performance, and Evolution.*17 October 2008. Taipei: Institute of Political Science, Academic Sinica.

Fish, M. Steven and Matthew Kroenig. 2009. *The Handbook of National Legislatures: A Global Survey.* New York: Cambridge University Press.

Foulds, Leslie Richar. 1983. "The Heuristic Problem-Solving Approach." *Journal of the Operational Research* 34, 10: 927-934.

Haggard, Stephen and Mathew D. McCubbins. 2001. *Presidents, Parliaments, and Policy.* London: Cambridge University Press.

Hedlund, Ronald D. 1985. "Organizational Attributes of Legislative Institutions: Structure, Rules, Norms, Resources." in G. Loewenberg, Samuel C. Patterson, and Malcolm E. Jewell. eds. *The Handbook of Legislative Research*: 321-394. Boston: Harvard University Press.

Kingdon, John. 1989. *Congressman's Voting Decisions*. 3rd edition. Ann Arbor: University of Michigan Press.

Lazardeux, Sébastien G. 2009. "The French National Assembly's Oversight of the Executive: Changing Role, Partisanship and Intra-Majority Conflict." *West European Politics* 32, 2: 287-309.

Lijphart, Arend. 1988. "The Comparative Method: The Comparable-Cases Strategy in Comparative Research." in Louis J. Cantori and Andrew H.

Ziegler Jr. eds. *Comparative Politics in the Post-Behavioral Era*: 54-70. London: Lynne Rienner.

Loewenberg, Gerhard and Samuel C. Patterson. 1979. *Comparing Legislatures*. Boston: Little, Brown and Company.

Loewenberg, Gerhard, Samuel C. Patterson and Malcolm E. Jewell. 1985. *The Handbook of Legislative Research*. Boston: Harvard University Press.

Mayhew, David. 1974. *Congress: The Electoral Connection*. New Haven: Yale University Press.

Mezey, Michael L. 1979. *Comparative Legislatures*. North Carolina, Durham: Duke University Press.

Messick, Richard. 2002. *Strengthening Legislatures: Implications from Industrial Countries*. World Bank PREM Note 63. Washington, DC: World Bank Institute.

Millard, Eric. 2013. "Le Modèle Français: Deux Formes de Présidentialisation du Régime Parlementaire." *Teoria Politica* 3: 211-231.

Pelizzo, Riccardo and Rick Stapenhurst. 2004. "Tools for Legislative Oversight: An Empirical Investigation." *Policy Research Working Paper* 3388. Washington, DC: World Bank Institute.

Pelizzo, Riccardo and Frederick Stapenhurst.2012. *Parliamentary Oversight Tools: A Comparative Analysis*. UK, Abington: Routledge.

Polsby, Nelson W. 1975. "Legislatures." in Fred I. Greenstein and Nelson W. Polsby. eds. *Handbook of Political Science*: 257-319. Reading, MA: Addison-Wesley.

Rockman, Bert. A. 1984. "Legislative-Executive Relations and Legislative Oversight." in G. Loewenberg, Samuel C. Patterson and Malcolm E. Jewell. eds. *The Handbook of Legislative Research*: 519-572. Boston: Harvard University Press.

Sartori, Giovanni. 1994. *Comparative Constitutional Engineering: An Inquiry into Structures, Incentives and Outcomes*. New York: New York University

Press.

Shugart, Matthew S. and John M. Carey. 1992. *Presidents and Assemblies: Constitutional Design and Electoral Dynamics*. Cambridge: Cambridge University Press.

Siaroff, Alan. 2003. "Comparative Presidencies: The Inadequacy of the Presidential, Semi-Presidentialism and Parliamentary Distinction." *European Journal of Political Research* 42, 3: 287-312.

Tracking the United States Congress. 2016. "Advanced Search for Legislation." in https://www.govtrack.us/congress/bills/browse?congress=114&status=28, 29,32,33#congress=113&current_status=__ALL__. Latest update 25 April 2016.

中文部分

吳玉山。2001。〈合作還是對立？半總統制府會分立下的憲政運作〉。明居正、高朗主編《憲政體制的新走向》：165-209。台北：財團法人新台灣人文教基金會。

吳玉山。2006。〈政權合法性與憲改模式：比較台灣與歐洲後共新興民主國家〉。吳重禮、吳玉山編《憲政改革：背景、運作與影響》：59-62。台北：五南圖書。

吳玉山。2012。《權力在哪裡？從多個角度看半總統制》。台北：五南圖書。

林佳龍。2002。〈導讀：半總統制、多黨體系與不穩定的民主〉。Matthew S. Shugart and John M. Carey 原著；曾建元、羅培凌、何景榮、謝秉憲、陳景堯、王心儀譯。《總統與國會：憲政設計與選舉動力》：v-xxxviii。台北：韋伯。

郝培芝。2010。〈法國半總統制的演化：法國2008年修憲的憲政影響分析〉。《問題與研究》49，2：65-98。

施能傑。1987。《國會監督與政策執行：美國經驗之研究並兼論我國的發

展》。台北：台灣商務印書館。

張峻豪。2011。〈半總統制運作類型的跨國研究〉。《問題與研究》50，
　　2：107-142。

張台麟。2010。〈2008年法國修憲內容及其對我國的啟示〉。財團法人國
　　家政策研究基金會。http://www.npf.org.tw/3/8296。2016/05/03。

盛杏湲。2000。〈政黨或選區？立法委員的代表取向與行為〉。《選舉研
　　究》7，2：37-70。

陳新民。2002。《1997-2000台灣修憲紀實：十年憲政發展之見證》。台
　　北：學林。

廖達琪、黃志呈、謝承璋。2006。〈修憲對立法院功能與角色之影響：從
　　表演場到表演場〉。《台灣民主季刊》3，1：25-58。

廖達琪、陳月卿。2012。〈非關國會？：從核能政策比較半總統制下台
　　灣、法國與羅馬尼亞國會的監督力量〉。《2012年會暨「重新定位的年
　　代：伸張正義、能源發展、與國際趨勢」學術研討會》。2012年12月
　　7-9日。台北：師範大學。

廖達琪、陳月卿、李承訓。2013。〈半總統制下的國會監督：從法制面比
　　較台灣與法國國會的監督能量〉。《問題與研究》52，2：51-97。

附錄

附表7-1　第七屆立法院對公務員退撫相關法案的監督作為表

監督作為	退撫案相關次數（人均）	該屆總次數（人均）	比率
質詢	391（3.46）	14,300（126.55）	2.7%
- 書面	301件（2.66）／占77.0%	12,823（113.48）	2.3%
	已答：297件；未答：0件		
	平均回答率：100%		
	平均回答時間：82天		
- 口頭	90（0.80）／占23.0%	1,477（13.07）	6.1%
法律提案	42（0.37）	778（6.88）	5.4%
院會審議	52（0.46）	2,272（20.11）	2.3%
	2（0.02）／占3.9%	194（1.72）	1.0%
委員會審查	36（0.32）	2,280（20.18）	1.6%
- 委員會聽證	2（0.02）／占5.6%	71（0.63）	2.8%
報告	16（0.14）	713（6.31）	2.2%
總計	537（4.75）	20,343（180.03）	2.6%

註：＊質詢合計施政質詢、專案質詢與預決算質詢。

＊＊法律提案中的立委提案已記入黨團提案，但未計入臨時提案。

人均：指每人平均次數；計算方式：總數／113位立法委員。

資料來源：作者自行統計自立法院智庫整合檢索系統，網址：http://lis.ly.gov.tw/lydbc/lydbkmout。

附表7-2　第七屆立法院會公務員退撫相關法案歷年監督作為表

年度	質詢			法律提案	院會審議		委員會審查		研究報告	總數
	書面	口頭	總數		協商	總數	聽證	總數		
2008	62	20	82	7	-	5	-	7	2	103
	(.55)	(.18)	(.73)	(.06)	-	(.04)	-	(.06)	(.02)	(.91)
2009	67	25	92	11	2	15		12	7	137
	(.59)	(.22)	(.81)	(.10)	(.02)	(.13)		(.10)	(.06)	(1.21)

附表7-2　第七屆立法院會公務員退撫相關法案歷年監督作為表（續）

年度	質詢			法律提案	院會審議		委員會審查		研究報告	總數
	書面	口頭	總數		協商	總數	聽證	總數		
2010	73	20	93	14	-	17	2	13	5	142
	(.65)	(.18)	(.83)	(.12)	-	(.15)	(.02)	(.12)	(.04)	(1.26)
2011	99	25	124	10	-	15	-	4	2	155
	(.88)	(.22)	(1.10)	(.09)	-	(.13)	-	(.04)	(.02)	(1.37)
2012	-	-	-	-	-	-	-	-	-	-
總計	301	90	391	42	2	52	2	36	16	537
	(2.63)	(.83)	(3.46)	(.37)	(.02)	(.46)	(.02)	(.32)	(.14)	(4.75)

單位：次／（人均）

註：2008年統計期間為2008.02.01-2008.12.31。

　　2012年統計期間為2012.01.01-2012.01.31。

人均計算方式：總數／113位立法委員。

* 本表「院會討論」僅列出「協商」類別、委員會審議僅列出「聽證會」類別。

資料來源：作者自行統計自立法院智庫整合檢索系統，網址：http://lis.ly.gov.tw/lydbc/lydbkmout。

附表7-3　第十三屆國民議會對公務員退休金相關法案監督作為表

監督作為	退休金案相關次數（人均）	該屆總次數（人均）	比率
質詢	2,233（3.87）	123,962（214.84）	1.8%
- 書面	2,134（3.70）／占95.6%	118,854（205.99）	1.8%
	已答：2,051件；未答：83件		
	平均回答率：96%		
	平均回答時間：130天	5,108（8.85）	1.9%
- 口頭	99（0.17）／占4.4%		
法律提案	44（0.08）	2,023（3.51）	2.2%
院會審議	536（0.93）	1,163（2.02）	46.1%
委員會審查	455（0.79）	3,681（6.38）	12.4%
- 委員會聽證	271（0.47）／占59.6%	1,828（3.17）	14.8%

附表7-3　第十三屆國民議會對公務員退休金相關法案監督作為表（續）

監督作為	退休金案相關次數（人均）	該屆總次數（人均）	比率
報告	227（0.39）	2,065（3.58）	11%
總計	3,495（6.06）	132,894（230.32）	2.6%

註：人均次數的計算方式為：總數／577位國民議會議員。

資料來源：作者自行統計自國民議會官網，網址：http://www.assemblee-nationale.fr/。

附表7-4　第十三屆國民議會對公務員退休法案歷年監督作為表

年度	質詢			法律提案	院會審議	委員會審查		研究報告	總計
	書面	口頭	總計			聽證	總計		
2007	190	12	202	6	83	22	34	4	329
	(.33)	(.02)	(.35)	(.01)	(.14)	(.04)	(.06)	(.007)	(.57)
2008-1	350	7	357	4	57	20	32	25	475
	(.61)	(.01)	(.62)	(.007)	(.10)	(.03)	(.06)	(.04)	(.82)
2008-2	290	2	292	0	57	16	30	12	391
	(.50)	(.003)	(.53)	-	(.10)	(.03)	(.05)	(.02)	(.68)
2008合計	640	9	649	4	114	36	62	37	866
	(1.11)	(.02)	(1.13)	(.01)	(.20)	(.06)	(.11)	(.06)	(1.50)
2009	452	12	464	6	83	52	86	39	678
	(.78)	(.02)	(.80)	(.01)	(.14)	(.09)	(.15)	(.07)	(1.18)
2010	428	32	460	12	79	85	132	29	712
	(.74)	(.06)	(.80)	(.03)	(.14)	(.15)	(.23)	(.50)	(1.23)
2011	402	29	431	13	147	71	125	49	765
	(.70)	(.05)	(0.75)	(.02)	(.25)	(.12)	(.22)	(.05)	(1.33)
2012	22	5	27	3	30	5	16	69	145
	(.04)	(.008)	(.048)	(.005)	(.05)	(.008)	(.03)	(.12)	(.25)

附表7-4　第十三屆國民議會對公務員退休法案歷年監督作為表（續）

年度	質詢			法律提案	院會審議	委員會審查		研究報告	總計
	書面	口頭	總計			聽證	總計		
總計	2,134 (3.70)	99 (.17)	2,233 (3.87)	44 (.08)	536 (.93)	271 (.47)	455 (.79)	227 (.39)	3,495 (6.05)

單位：次／（人均）

註：2007年的統計期間為2007.01.01-2007.12.31。

因2008年2月23日以後法國的修憲案通過，故2008-1的統計期間為2008.01.01-2008.07.23。2008-2的統計期間為2008.07.24-2008.12.31。

人均的計算方式為：次數／577位國民議會議員。

＊委員會審議中只列出「聽證會」類別。

資料來源：作者自行統計自國民議會官網，網址：http://www.assemblee-nationale.fr/。

附表7-5　第七屆立法院對國防軍購相關法案的監督作為表

監督作為	軍購案相關次數（人均）	該屆總次數（人均）	比率
質詢＊	47（0.42）	14,300（126.55）	0.3%
-書面	42（0.37）／占89.4%	12,823（113.48）	0.3%
	已答：42件；未答：0件		
	平均回答率：100%		
	平均回答時間：62天		
-口頭	5（0.04）／占10.6%	1,477（13.07）	0.3%
法律提案＊＊	0	778（6.88）	-
院會討論	4（0.04）	2,272（20.11）	0.1%
-黨團協商	-	194（1.72）	-
委員會審查	2（0.02）	2,280（20.18）	0.1%
-委員會聽證	-	71（0.63）	-
報告	0	713（6.31）	-
總計	53（0.48）	20,343（180.03）	0.3%

註：＊質詢合計施政質詢、專案質詢與預決算質詢。

　　＊＊法律提案中的立委提案已記入黨團提案，但未計入臨時提案。

人均：指每人平均次數；計算方式：總數／113位立法委員。

資料來源：作者自行統計自立法院智庫整合檢索系統，網址：http://lis.ly.gov.tw/lydbc/lydbkmout。

附表7-6　第七屆立法院會對軍購相關法案歷年監督作為表

年度	質詢			法律提案	院會審議		委員會審查		研究報告	總數
	書面	口頭	總數		協商	總數	聽證	總數		
2008	15	2	17	-	-	3**	-	1****	-	21
	(.13)	(.02)	(.15)	-	-	(.02)	-	(.009)	-	(.40)
2009	3	1	4	-	-	-	-	-	-	4
	(.03)	(.009)	(.04)	-	-	-	-	-	-	(.04)
2010	7	-	7	-	-	1***	-	1*****	-	9
	(.06)	-	(.12)	-	-	(.009)	-	(.009)	-	(.08)
2011	17	2	19	-	-	-	-	-	-	19
	(.15)	(.02)	(.17)	-	-	-	-	-	-	(.17)
2012	-	-	-	-	-	-	-	-	-	-
總計	42	5	47	-	-	4	-	2	-	53
	(.37)	(.04)	(.41)	-	-	(.04)	-	(.02)	-	(.47)

單位：次／（人均）

註：2008年統計期間為2008.02.01-2008.12.31。

　　2012年統計期間為2012.01.01-2012.01.31。

人均計算方式：總數／113位立法委員。

* 本表「院會討論」僅列出「協商」類別、委員會審議僅列出「聽證會」類別。

** 3筆均審查為外交及國防委員會之報告；有2筆為外交及國防委員會報告人民之請願案的審查結果，另1筆為苗栗縣議會檢呈之動議案，均非審查法律提案。

*** 為審查外交及國防委員會報告人民請願案之審查結果。

**** 為外交及國防委員會審查人民之請願案，非法律提案。

***** 為外交及國防委員會審查人民之請願案，非法律提案。

資料來源：作者自行統計自立法院智庫整合檢索系統，網址：http://lis.ly.gov.tw/lydbc/lydbkmout。

附表7-7　第十三屆國民議會對國防軍購相關法案之監督作為表

監督作為	軍購案相關相關次數（人均）	該屆總次數（人均）	比率
質詢	133（0.232）	123,962（214.84）	0.1%
－書面	132（0.23）／占99.2%	118,854（205.99）	0.1%
	已答：130件；未答：2件		
	平均回答率：98.5%		
	平均回答時間：144天		
－口頭*	1（0.002）／占0.8%	5,108（8.85）	0.02%
法律提案	7（0.01）	2,023（3.51）	0.3%
院會審議	108（0.19）	1,163（2.02）	9.3%
委員會審查	148（0.26）	3,681（6.38）	4.0%
－委員會聽證	84（0.15）／占56.8%	1,828（3.37）	4.6%
報告	145（0.25）	2,065（3.58）	7.0%
總計	541（0.94）	132,894（230.332）	0.4%

註：* 口頭質詢合計質詢政府時段的質詢、口頭質詢不辯論、以及帶辯論的口頭質詢。

資料來源：作者自行統計自國民議會官網，網址：http://www.assemblee-nationale.fr/。

附表7-8　第十三屆國民議會對軍購相關法案歷年的監督作為表

年度	質詢			法律提案	院會審議	委員會審查		研究報告	總計
	書面	口頭	總數			聽證	總計		
2007	22	-	22	1	14	6	10	1	48
	(.04)	-	(.04)	(.002)	(.02)	(.01)	(.02)	(.002)	(.08)
2008-1	28	-	28	2	12	5	8	12	62
	(.04)	-	(.04)	(.003)	(.02)	(.009)	(.01)	(.02)	(.11)
2008-2	11	-	11	-	17	14	24	11	63
	(.02)	-	(.02)	-	(.03)	(.02)	(.04)	(.02)	(.11)
2008 合計	39	-	39	2	29	19	32	23	125
	(.07)	-	(.07)	(.003)	(.05)	(.03)	(.06)	(.04)	(.22)

附表7-8　第十三屆國民議會對軍購相關法案歷年的監督作為表（續）

年度	質詢			法律提案	院會審議	委員會審查		研究報告	總計
	書面	口頭	總數			聽證	總計		
2009	34	1	35	1	15	22	35	17	103
	(.06)	(.002)	(.062)	(.002)	(.03)	(.06)	(.08)	(.03)	(.18)
2010	25	-	25	2	17	17	32	17	93
	(.04)	-	(.04)	(.003)	(.03)	(.03)	(.06)	(.03)	(.16)
2011	12	-	12	1	28	19	33	25	99
	(.02)	-	(.02)	(.002)	(.05)	(.03)	(.06)	(.04)	(.17)
2012	-	-	-	-	5	1	6	62	73
	-	-	-	-	(.04)	(.002)	(.01)	(.11)	(.13)
總計	132	1	133	7	108	84	148	145	541
	(.23)	(.002)	(.232)	(.01)	(.19)	(.15)	(.26)	(.25)	(.93)

單位：次／（人均）

註：2007年的統計期間為2007.01.01-2007.12.31。

因2008年2月23日以後法國的修憲案通過，故2008-1的統計期間為2008.01.01-2008.07.23。2008-2的統計期間為2008.07.24-2008.12.31。

人均的計算方式為：次數／577位國民議會議員。

* 委員會審議中只列出「聽證會」類別。

資料來源：作者自行統計自國民議會官網，網址：http://www.assemblee-nationale.fr/。

附表7-9　第七屆立法院對核能相關法案之監督作為表

監督作為	核能案相關次數（人均）	該屆總次數（人均）	比率
質詢*	153（1.35）	14,300（126.55）	1.1%
- 書面	96（0.85）／占62.7%	12,823（113.48）	0.8%
	已答：95 件；未答：1件		
- 口頭	平均回答率：99%		
	平均回答時間：52天		
	57（0.50）／占37.3%	1,477（13.07）	3.9%

附表7-9　第七屆立法院對核能相關法案之監督作為表（續）

監督作為	核能案相關次數（人均）	該屆總次數（人均）	比率
法律提案**	7（0.06）	778（6.88）	0.9%
院會審議	10（0.09）	2,272（20.11）	0.4%
- 黨團協商	2（0.02）／占20.0%	194（1.72）	0.5%
委員會審查	48（0.42）	2,280（20.18）	2.1%
- 委員會聽證	0	71（0.63）	-
報告	6（0.05）	713（6.31）	0.8%
總計	224（1.98）	20,343（180.03）	1.1%

註：＊質詢合計施政質詢、專案質詢與預決算質詢。

＊＊法律提案中的立委提案已記入黨團提案，但未計入臨時提案。

人均：指每人平均次數；計算方式：總數／113位立法委員。

資料來源：作者自行統計自立法院智庫整合檢索系統，網址：http://lis.ly.gov.tw/lydbc/lydbkmout。

附表7-10　第七屆立法院會對核能相關法案歷年的監督作為表

年度	質詢			法律提案	院會審議		委員會審查		研究報告	總數
	書面	口頭	總數		協商	總數	聽證	總數		
2008	13	10	23	1	2	2	-	15	5	46
	(.12)	(.09)	(.20)	(.009)	(.02)	(.02)	-	(.13)	(.04)	(.41)
2009	12	2	14	-	-	-	-	11	-	25
	(.11)	(.02)	(.12)	-	-	-	-	(.10)	-	(.22)
2010	8	5	13	-	-	2	-	5	1	23
	(.07)	(.04)	(.12)	-	-	(.02)	-	(.04)	(.009)	(.20)
2011	63	40	103	6	-	5	-	17	-	131
	(.56)	(.35)	(.91)	(.05)	-	(.04)	-	(.15)	-	(1.16)
2012	-	-	-	-	-	1	-	-	-	1
	-	-	-	-	-	(.009)	-	-	-	(.009)

附表7-10 第七屆立法院會對核能相關法案歷年的監督作為表（續）

年度	質詢			法律提案	院會審議		委員會審查		研究報告	總數
	書面	口頭	總數		協商	總數	聽證	總數		
總計	96 (.85)	57 (.50)	153 (1.35)	7 (.06)	2 (.02)	10 (.09)	-	48 (.42)	6 (.05)	224 (1.98)

單位：次／（人均）

註：2008年統計期間為2008.02.01-2008.12.31。

2012年統計期間為2012.01.01-2012.01.31。

人均計算方式：總數／113位立法委員。

* 本表「院會討論」僅列出「協商」類別、委員會審議僅列出「聽證會」類別。

資料來源：作者自行統計自立法院智庫整合檢索系統，網址：http://lis.ly.gov.tw/lydbc/lydbkmout。

附表7-11 第十三屆國民議會對核能相關法案之監督作為表

監督作為	核能案相關次數（人均）	該屆總次數（人均）	比率
質詢	1,184（2.05）	123,962（214.84）	0.9%
- 書面	1,172（2.03）／占99.0%	118,854（205.99）	1.0%
	已答：1,125件；未答：47件		
	平均回答率：95%		
	平均回答時間：106天		
- 口頭	12（0.02）／占1.0%	5,108（8.85）	0.2%
法律提案	29（0.05）	2,023（3.51）	1.4%
院會審議	356（0.62）	1,163（2.02）	30.6%
委員會審查	208（0.36）	3,681（6.38）	5.7%
- 委員會聽證	117（0.20）／占56.3%	1,828（3.17）	6.4%
報告	197（0.34）	2,065（3.58）	9.5%
總計	1,974（3.42）	132,894（230.32）	1.5%

資料來源：作者自行統計自國民議會官網，網址：http://www.assemblee-nationale.fr/。

附表7-12　第十三屆國民議會對核能相關法案歷年的監督作為表

年度	質詢			法律提案	院會審議	委員會審查		研究報告	總計
	書面	口頭	總數			聽證	總計		
2007	76	-	76	6	52	8	14	3	151
	(.13)	-	(.13)	(.01)	(.09)	(.01)	(.02)	(.005)	(.26)
2008-1	129	1	130	4	38	8	8	24	204
	(.22)	(.002)	(.222)	(.007)	(.07)	(.01)	(.01)	(.04)	(.36)
2008-2	184	-	184	-	35	11	29	9	257
	(.32)	-	(.32)	-	(.06)	(.02)	(.05)	(.02)	(.45)
2008 合計	313	1	314	4	73	20	37	33	461
	(.54)	(.002)	(.542)	(.007)	(.13)	(.03)	(.06)	(.06)	(.80)
2009	227	1	228	3	55	30	48	31	365
	(.39)	(.002)	(.392)	(.005)	(.10)	(.05)	(.08)	(.05)	(.63)
2010	319	6	325	3	58	36	53	22	461
	(.55)	(.01)	(.56)	(.005)	(.10)	(.06)	(.09)	(.04)	(.80)
2011	225	3	228	11	97	22	50	42	428
	(.39)	(.005)	(0.395)	(.02)	(.17)	(.04)	(.08)	(.07)	(.74)
2012	12	1	13	2	21	2	6	66	108
	(.02)	(.002)	(.022)	(.005)	(.04)	(.005)	(.01)	(.11)	(.19)
總計	1,172	12	1,184	29	356	117	208	197	1,974
	(2.03)	(.02)	(2.05)	(.33)	(.62)	(.20)	(.36)	(.34)	(3.42)

單位：次 / （人均）

註：2007年的統計期間為2007.01.01-2007.12.31。

因2008年2月23日以後法國的修憲案通過，故2008-1的統計期間為2008.01.01-2008.07.23。2008-2的統計期間為2008.07.24-2008.12.31。

人均的計算方式為：次數 / 577位國民議會議員。

* 委員會審議中只列出「聽證會」類別。

資料來源：作者自行統計自國民議會官網，網址：http://www.assemblee-nationale.fr/。

第八章
公民監督國會對立委行為之影響：
以公督盟的評鑑為例

黃秀端、邱禹捷

壹、前言

　　在憲法上，立法院負責監督行政院，行政院必須向立法院提出施政方針與報告，立法委員可以對行政院院長及各部會首長質詢。同時，政府的各項法律案與預算案都必須要經過立法院的審查，方能通過。但是誰來監督立法院呢？是否在每四年選舉完之後，我們就沒有辦法監督他們呢？尤其是當民眾對立法院的表現不滿時，我們能做什麼呢？

　　過去幾年來，民眾對立法院的表現非常不滿，每次民調結果，至少七成民眾表示不滿意立法院或立委之表現。根據法務部委託國際透明組織台灣分會於2010年的調查，所調查之16個機構中立法院在民眾心目中是貪腐最嚴重之機構（陳俊明，2010）。民主制度是建立在制衡和監督之上，而不是建立在聖君賢相或偉大的領導者之上，因為聖君賢相乃可遇而不可求之事，唯有建立在制度之上方能長長久久。但是如何建立讓立法院能發揮其監督行政部門的功能的機制呢？

　　有鑑於此，2007年年底由國內四十多個民間社團組成公民監督國會聯盟（以下簡稱公督盟），此聯盟的組成希望對國會以及立法委員進行持續且長期的監督。2008年進行對第七屆第一會期之立法委員的監督，到現在公督盟已經進行20次監督了。一開始的時候，由於經驗不足、加上立法院的資訊開放不多，出席率等量化資料占的比例相當高。但是隨著資訊的開放以及監督的成熟，出席率的比例開始下降，到第七屆第四會期時便降

為10%，質詢、提案、預算案、IVOD公民評鑑、委員會審查等指標陸續加入，加上質化的陽光公益、特殊事蹟等，指標愈來愈多元。

　　有人可能會質疑監督到底有沒有效？立委是否依舊我行我素？還是會隨著指標的調整而調整其行為呢？

　　本文首先會先整理過去國內公民團體對國會監督的情況；其次，了解國外相關團體如何監督他們的國會。再其次，探討國內學術界對這些監督團體的研究，以及他們對監督團體影響力的看法。接著，檢視十年來公督盟的監督指標以及其變化。最後，將更進一步針對公督盟幾次評鑑指標重大的調整，來觀察是否因此影響立委的國會行為呢？

貳、公民團體對國會的監督

　　國內最早對立法委員做全面性表現的監督是新時代基金會（1990）針對七十九至八十二會期72位增額立委所做的觀察。該基金會由蕭新煌教授擔任總召，11位學者專家與多位研究助理參與，針對立委之質詢次數、屬性、特點、法案發言次數、發言對法案影響力、政見與質詢的關聯性與符合性來分析。該基金會的評鑑在當時引發相當多的注意，也使得立委開始重視質詢，可惜因為耗費太大的人力，並無後繼的監督。爾後有國會觀察基金會的成立，該基金會曾經租用了相當大的辦公室，僱用不少專任人員對立委問政表現、不當行為、兼職、財產、政見履行、利益迴避等評鑑，龐大的運作經費加上負責人本身亦從政參選立委，使得該基金會從此名存實亡。

　　除此之外，還有許多公民團體曾經做過立委評鑑，台灣勞工陣線、婦女新知基金會、澄社等，其中澄社算是監督國會行動持續最久的團體（瞿海源等，2003；2004）。1992年澄社邀請國內各社團，包括社福團體、婦女團體、勞工團體、環保團體等進行對國會議員之評鑑。除此之外，澄社亦同時邀請國會記者各自推薦前五名表現最優以及後五名表現最差的立

委。1993年澄社第二度進行國會評鑑報告，在方法上還是邀請國會記者與全國「社運團體」進行評鑑。1994年與2000年都是以國會記者填答的問卷為評鑑之基礎。2002年除了歷年的國會記者評鑑外，另外增加委員會評鑑以及立委兼職調查。2003年，也就是第五屆第三會期，在瞿海源的召集下，澄社再度進行較完整的報告，報告內容包括對該屆立法的總檢討、立委兼任營利事業報告、質詢與發言、不當行為、與資深記者座談等（瞿海源等，2004）。

2004年與2007年澄社改變監督的方式，完全放棄國會記者評鑑，以免因為政黨對立，媒體也跟著染上政黨色彩，使得主觀評鑑被扭曲，因此採取客觀之正面觀察指標與負面觀察指標，並據此公布表現不及格之立委以及表現優良之立委。負面觀察指標包括：1.利益衝突風險指標：指的是立委個人事業可能會出現該迴避事項；2.言行不良指標；3.起訴判刑指標，指的是涉及貪瀆、違背選罷法、遭檢察官起訴仍在訴訟中者。正面觀察指標包括：1.對於法案審查相對積極；2.簽到出席情形至少達尚可（出席委員會達66%以上）；3.不涉及上述負面觀察。

2007年年底由國內多個民間社團組成公民監督國會聯盟，希望對國會以及立法委員進行持續且長期的監督。希望透過「立委評鑑」的方式，督促立委加強在立法問政的表現，革新國會政治。公督盟成立至今已經邁入第十一年，每一會期結束後都提出評鑑報告，已經有20次評鑑，並且隨時針對立委不當或脫序的行為予與評論或譴責，相對上給予立委較大壓力且獲得不少政壇立委的關注。

「口袋國會」網站平台乃由「財團法人二十一世紀基金會」設立，嘗試藉由國會資訊的公開，來達成監督國會問政、促進公民參與、提升議事品質。該網路平台設有立委專區，呈現個別立委背景資料；立委投票紀錄，記錄立法院記名投票之議案與人事案；政績量化統計，呈現法律全文提案量、法律主條文提案量、法律部分條文修正案提案量、口頭質詢量、跨委員會口頭質詢量。政治獻金財產申報，彙自監察院財產申報資料，希望使政黨與立委政治獻金、國會議員財產申報紀錄均能在同一網站蒐集到

位，有效提升國會研究資料蒐集之效益，其立意良好。然而，有關政治獻金的資料太過簡略，無法真正追蹤捐款來源。

除了公督盟與口袋國會之外，太陽花學運之後，民眾發現國會扮演重要角色，因此有幾個關注國會的團體出現。其中包括：

沃草的國會無雙[1]：

除了進行國會直播外，針對特定議題，編輯精選或製作懶人包，以文字新聞、直播互動為主。

沃草的立委出任務[2]：

針對特定議題（婚姻平權、課綱、公投、罷免等議題）來觀察立委質詢紀錄的資料圖表化，以圖文呈現為主。目的是希望提供選舉時，民眾投票的參考。

立委投票指南[3]：

呈現立委的法律提案、表決紀錄的整體彙整，供民眾參考，減少盲目投票。內容以文字呈現為主。

國會調查兵團[4]：

以立委個人為單位，專注於建立立委影片、新聞、立院質詢的資料庫。讓使用者監督「單一立委」可以更方便搜尋。網站主要以立院質詢影片作為主打。該團體能持續長期透過固定人員每日監看，爬梳一天重要的質詢內容，篩選出值得關注的議題，剪輯成影片並撰寫成容易理解的文案，讓更多人可以輕鬆地理解國會最近正在討論什麼。

1　國會無雙的網址為：https://musou.tw/。
2　立委出任務的網址為：wevote.tw。
3　立委投票指南的網址為：http://vote.ly.g0v.tw/。
4　國會調查兵團的網址為：https:/cic.tw/。

參、國外對國會監督的相關團體與文獻

　　國際上有超過220個監督國會的組織監督全球90個國家的國會（Mandelbaum and Swislow, 2016）。透過監督可以促進國會功能的提升和國會的課責性，也可以促成更多的公民參與立法過程和接觸國會的資訊。強有力的國會是民主化的制度關鍵（Steven, 2006）。發展最快的國會監督工具為使用電子化民主或電子化參與工具。

　　在美國監督國會的權威團體以Common Cause為代表，後來還有Public Citizen、Sunlight Foundation等監督團體，C-SPAN則是轉播國會議事的頻道。南韓在2000、2004年曾經發起國會議員「落薦／落選運動」的「公民監督大選聯盟」，成功推動將不適任國會議員不被政黨推薦，甚至使其落選而聲名大噪（Kim, 2004）。另外，葉門有葉門國會監督（Yemen Parliament Watch），蘇丹有蘇丹選舉監督計畫（Sudan Vote Monitor），黎巴嫩也有黎巴嫩國會監督計畫（Lebanese Parliament Monitor）等活動在進行。歐洲也成立Parlorama，負責監督歐洲議會（呂建億，2010），遠在南非的Parliamentary Monitoring Group也是個著名的國會監督團體。

　　國會監督組織所進行的活動大致可以分為五類（Mandelbaum, 2011: 19-21）：

1. 資訊的集結和傳播：國會監督組織蒐集各項國會議員的活動與功能，並重組成民眾可以更容易了解與使用的方式，以促進對國會的接觸。這些包括議員個人的背景資料和他們在國會的工作。有些會追蹤立法的過程以及提供法案簡單的介紹，幫助民眾法案的內容。譬如：南非的Parliamentary Monitoring Group（htpps://pmg.org.za）提供委員會的會議紀錄、委員會的報告和其他資訊，同時會e-mail提醒特定委員會的活動。

2. 評估與評鑑（assessment and evaluation）：有些國會監督組織會評價國會議員的表現（出席率、質詢等）。孟加拉國際透明組織的Parliament Watch計畫，同時採用量化與質化的方式於每會期來評估國會議員的表

現。

3. 研究和分析：有一些國會監督組織會進行研究和分析，就如同美國的
國會研究服務（Congressional Research Service）。他們會將法案內容
做成摘要或分析一個法案或當政策執行是會對社會產生何種影響。PRS
Legislative Research[5]是2005成立於印度的非政府組織。其成立目的在進
行獨立的研究，並且讓印度的立法過程的資訊更充分、過程更透明和更
具參與性。

4. 倡議（advocacy）：有四成的國會監督組織將對國會的監督視為是他們
倡議活動的一部分。當他們進行國會監督時，發現為對抗腐化、促進透
明化，國會改革是必要的。另外，還有一些組織提出如何改善國會功能
的政策建議。

5. 公民參與（citizen engagement）：為促進公民參與和對立法過程的了
解，許多國會監督組織發展出虛擬或面對面機制，來進行國會議員與民
眾的互動。

對於國會議員的監督通常在幫助民眾更了解國會議員的工作，也
有助於公民之投票選擇和鼓勵他們對政治過程的參與。這樣的監督也讓
國會議員了解他們的行為是受到大眾的檢驗以及傳達民眾的期待。根據
Mandelbaum（2011: 19-21）的調查，監督個別國會議員所呈現的資訊包
括：個別國會議員的背景資訊、出席率和參與率、國會辯論和公共宣言、
國會議員運用其監督工具的情況、立法和投票紀錄、選區服務和選區發展
經費、國會議員財產揭露和政治獻金等。

塞爾維亞的Center for Research, Transparency and Accountability
（CRTA-Serbia）truth-o-matter分析國會議員在國會辯論或對媒體發表的
陳述是否精確。德國的Open Data Network（Open knowledge Foundation
Deutschland, 2017）網站Wahlversprechen.info提供國會議員的選舉政見以
及其政見是否被實踐。法國的La fabrique De la loi（2017）利用文字和視

5　PRS的網址為：http://www.prsindia.org/。

覺上的圖表，進行法案追蹤，從提案到委員會、院會到最後修正的幅度與內容皆清楚的呈現給讀者。英國的They WorkForYou.com[6]，提供議員在特定議題投票紀錄的評比、辯論資料等。Votewatch Europe: European Parliament Votes[7]呈現歐洲議會議員和歐洲理事會的個人背景資訊、出席率和參與率、立法和投票紀錄、提供政策的深入評論等資訊，讓民眾可以較容易接觸和了解。歐洲議會和歐洲理事會成員的表現和整個議會的議程。另外，Fair Play Alliance[8]則關注於國會議員財產揭露和政治獻金。

　　國際上有關國會監督的組織不少，在此無法一一陳述。他們各有所長，當然每一種方式都有其優點也有其缺陷，重要的是，公民團體的監督有助於資訊的透明化、對議員的課責性、促進民眾參與、提升民主品質。

肆、對國會的監督是否會影響國會議員的行為？

　　一些社會團體希望從立法審議過程影響國會決策，持續觀察其所推動的法案。不過，並非所有團體都能長期對國會進行追蹤，黃瀚儀（2006）曾經針對當時比較持續觀察國會的澄社及婦女新知基金會來分析。但是黃瀚儀（2006）對於澄社以及婦女新知的監督並不是那麼樂觀，有許多困境必須解決。就澄社而言，首先是澄社關懷的問題廣泛，內部對於是否要將評鑑放在優先地位有疑義，不同的社長有不同的重心；其次，立法院資訊的不夠透明，難以獲得精確的資料，以致無法突破。婦女新知關心的是與婦女權利有關的議題，因此立委對婦女權益的問政情況、性別平權相關法案在國會審議的進程是其監督重點，並於每次立委改選前發表對國會的

6　They WorkForYou.com的網址為：https://www.theyworkforyou.com/。

7　Votewatch Europe: European Parliament Votes的網址為：http://www.votewatch.eu/en/term8-european-parliament-latest-votes.html。

8　Fair Play Alliance的網址為：http://transparency.globalvoicesonline.org/project/fair-play-alliance。

評鑑報告。不過，婦女新知一方面要監督立法院，同時又要扮演遊說的工作，有時候會形成緊張關係。最後，黃瀚儀（2006）認為兩個團體都面臨人力與經費短缺的問題，無法全心的監督。該文並以美國的Common Cause的運作，作為監督團體的參考。「監督國會」是一個需要長期進行的工作，持續的觀察並提出意見，才能累積評鑑的公信力以及效力。但是黃瀚儀（2006）的結論為，台灣的政治及社會環境對於「監督國會」的認同不足以支撐社會團體持續進行監督行動。不過一年多之後，公督盟的出現是該文所未預料的。公督盟的成立一開始便以監督國會為主，並且企圖吸引更多的支持者來參與，進行定期且持續的觀察與監督，並逐漸建立其公信力。

顧忠華（2008）從立法院的效能不彰到各種公民社會的監督運動提起，並表示早年澄社等相關監督團體組織過於鬆散，且缺乏一貫性，因此有公督盟的成立。該組織是由公民社會所組成，象徵公民社會踏出一步，為自己發聲來努力。

王宏恩（2011）藉由公督盟招募的170位參與立法院網際網路多媒體隨選視訊系統（IVOD）立委評鑑的民眾，進行準實驗設計衡量。他發現，這些主動參與的民眾看完4小時IVOD後，對於立法院的政治信任顯著提高，也對媒體的公正性產生懷疑，認為媒體過往提供的資訊相較於影片內容並不完整。由於民眾看到的是委員會內立法委員整段的質詢、行政官員全盤的回應，而非只是新聞裡一、兩句剪接的片段和畫面，因而當民眾取得更多立法院運作資訊時，隨著資訊的增加而提升對於立法院的政治信任。而IVOD的開放及現在無電視網路皆提供院會與委員會的現場直播，給予民眾可以直接觀察立法院真實運作情形的管道。當民眾看到不是媒體所報導的打架與怒罵的鏡頭，反而是看到立委平均素質高於以往的印象，對於立法院的整體形象改變，因此透明化的推動其實對立法院是正面的效果。

廖育嶒（2015）仔細的分析公督盟評鑑對立委的立法行為是否產生影響，其發現大多數立委對於立委評鑑是感到關心的（71.43%），立委

評鑑在立委心中占有相當的分量。不過，僅有約四成左右的立委覺得立委評鑑是公正的（40.48%），立委評鑑成績愈高愈覺得立委評鑑是公正的；反之，則認為愈不公正。

　　從第七屆立委主提案數及總主提案數如此高的情形，廖育嶒（2015）認為公督盟的遊戲規則確實發揮「考試領導教學」的功能，因為法律提案列為主提案人才採計分數的設計，促使立委汲汲於簽署其他立委的提案，以美化自己的立法成績表現。單一選區使得選民對於自己選區的立委辨識程度提高，任何影響立委形象的負面事件，將透過媒體或挑戰者的宣傳而渲染放大，因此立委對於公督盟的立委評鑑是持關注的態度。根據廖育嶒（2015）的訪談，發現有些立委大量簽署其他立委的提案乃是因應立委評鑑的設計，衝高自己的評鑑成績。

　　在舊選制的複數選區下，立委當選的票數不多，他們僅需要照顧一小群特定選民就好，加上候選人眾多，必須要有一些個人的特色才能吸引選民的注意，當時公民團體的評鑑只是立委眾多宣傳手法之一，能打動多少選民並不知道。然而，單一選區使得立委重視任何一個對他們形象有損傷的事件，最好不要有任何負面新聞的閃失。被評鑑為第一名的立委，在選舉時當然會大力宣傳；如果立委被評鑑為待觀察名單，競爭對手就會幫你宣傳，以此向選民宣揚現任立委的不適任（廖育嶒，2015）。

　　不過，盛杏湲（2014）指出公督盟若真的能對多數立委造成影響，係因為選制改革提供公督盟發揮影響力的機會；假若公督盟與選制改革沒有一併發生，公督盟再好的評鑑機制也可能與過去公民團體一樣並無法發揮太大效果。因此她認為選制變革是造成立委大量提案的主因，公督盟的影響應該被低估，或者說選制變革使得立委評鑑的效果被加乘放大。

　　Nyhan and Reifler（2015）採取了一個實驗的方式，他們首先用隨機選擇的方式，在選前發出一系列的信件給這些被隨機抽出之州議員，信件中嚴重的警告這些候選人如果被發現口出不遜或散播不實言論，將會嚴重危及其聲望或選舉；另外有一組控制組則未收到這樣的信件。透過PolitiFact（對政治人物進行一個事實檢視的網站）的檢驗，作者確實發現

這些收到信件者,他們收到負面的評價的比例顯著下降許多。換言之,他們認為外在的監督是會影響議員的行為。

伍、公督盟評鑑指標變化

　　本文選擇公督盟作為研究對象主要是因為該組織是目前國內唯一長期未曾間斷且有系統的監督立法委員的專責機構。自從2007年成立以來,公督盟每一會期皆會公布評鑑結果,慢慢形成對立法委員的壓力。為評估立法委員的表現,公督盟發展出其監督的指標。這些指標隨著立法院資訊的透明度不斷提升,亦不斷改變,形成愈來愈完整的系統資料蒐集。以下將先討論公督盟目前的指標,接著討論這些指標在過去的變化。

　　第一部分為量化的基本表現指標,包括:

1. 出席率:(1)院會出席率占3%;(2)委員會席率占7%,共占10%。

2. 委員會表現:(1)口頭質詢、書面質詢占15%;(2)法案／預算審查占15%。

3. 法案:(1)主提案(包含a.新立法、b.修正案、c.廢止案),此部分占20%。

4. 預算案:(1)預算合理刪減成案占15%;(2)預算審查提案占5%。

5. 公民評鑑立委的IVOD表現:號召公民觀看立委在其所屬委員會的質詢影片,然後給予分數,此部分占20%。

6. 立委資訊揭露:以利益衝突迴避及立委助理勞動權益資訊揭露為審查重點,此部分僅有5%。

　　第二部分為質化的加減分指標:

1. 法案的加分:陽光／公益(義)法案主提案人(包含a.新立法、b.修正案)在法案評鑑小組的審查酌予加分,新立法最多可以加到10分,修正立法最多可以加到5分。

2. 預算案的加分:預算刪減案三讀通過、預算刪減案符合重大公益(義)

價值、預算案特殊事蹟皆由預算案評鑑小組審查，酌予加分。

3. 特殊事蹟加分：(1)舉辦委員會公聽會；(2)自辦具代表性及功能性之公聽會；(3)記者會、座談會、協調會、會勘；(4)爭取地方發展、揭發政府不當施政之活動（惟所屬委員會內提出之提案及質詢因已列入其他評鑑項目，故不列入）等。

　　以上活動，由言行及官司小組進行審查，以符合中央民代職權以及具多數公眾重大利益為標準，至多加到4分。純粹是個別選民服務，則不加以採計。

4. 法案的減分：扣分的原則為該法案可能圖利特定團體或傷害特定弱勢族群、侵害人民的基本權利與自由、破壞環境等。侵害基本人權法案由法案評鑑小組審查，主提案人每筆扣0.5至5分，連署人扣0.2分。該項目最多可扣至10分。

5. 預算案的減分：侵害基本人權或違反重大公益（義）預算案，每筆扣0.1至1分，提案與表決皆列入扣分。由預算案評鑑小組參酌的預算案提案內容，決議是否扣分。

6. 司法案件的扣分：已經定讞不可再上訴者，由言行及官司小組進行審查，根據其嚴重性以及過去言行官司及相關案例扣分。

7. 言行脫序表現（院內及院外）的扣分：由言行及官司小組進行審查，就其行為嚴重性，院內行為每筆扣0.1至2分，院外行為每筆扣0.1至1分。

　　在過去十年的過程中，公督盟隨著立法院資訊不斷的透明化以及與立委和助理多次的座談，指標不斷的修正，期能真正選出優秀的立委，並提升立委的問政與立法品質。以下分別就出席率、質詢率、提案數及IVOD公民評鑑指標變化探討。

一、出席率

　　第七屆第一、二會期，在出席率的部分，比重下降且趨於穩定，從表8-1可以看出變化，公督盟在成立初衷希望能鼓勵立委們常常出席會議，因為出席是身為立委最基本的義務。故在一開始較重視立委的出席表現，

在第一會期評鑑的時候出席率占了很高的比例，後隨著立委出席會議的情況逐漸穩定，公督盟將出席率的比例調降，到第三會期已調整至15%，第四會期改為10%，此後沒有再改過。

表8-1　第七、八、九屆出席率變化表

屆期	7-1	7-2	7-3	7-4	7-5	7-6	7-7	7-8
院會出席率	36%	16%	5%	3%	3%	3%	3%	3%
委員會出席率	-	-	10%	7%	7%	7%	7%	7%
屆期	8-1	8-2	8-3	8-4	8-5	8-6	8-7	8-8
院會出席率	3%	3%	3%	3%	3%	3%	3%	3%
委員會出席率	7%	7%	7%	7%	7%	7%	7%	7%
屆期	9-1	9-2	9-3	9-4	9-5	9-6	9-7	9-8
院會出席率	3%	3%	3%	3%	3%	-	-	-
委員會出席率	7%	7%	7%	7%	7%	-	-	-

資料來源：社團法人公民監督國會聯盟（2008；2009a；2009b；2010a；2010b；2011a；2011b；2012a；2012b；2013a；2013b；2014a；2014b；2015a；2015b；2016a；2016b；2017a；2017b；2018）。

二、委員會質詢率

　　民主國家的國會，國會議員都有正式質詢政府或各部會首長的權力，相關的政府首長必須回應。透過這樣的方法，國會可以監督政府。在台灣立法委員有向行政院院長及行政院各部會首長質詢之權，總質詢期間，官員會由行政院院長領軍，在院會面對委員提出的各項問題。除了院會的總質詢之外，各委員會也可以邀請官員備質詢。在每個會期開始時，各委員會通常會邀請相關部會作業務報告，並備質詢。委員會的質詢受到的限制沒有院會那麼多。但是過去由於媒體皆將焦點放在院會的質詢，因此委員較少著力於委員會。然而公督盟認為若要國會專業化，必須強化委員會的職權，包括質詢在內，因此質詢率指標以統計委員會的質詢為主。

　　在委員會質詢的指標，第七屆第一會期只有占12%，但是到第三會期調整至35%，其用意在於希望每一個立委去開會的時候都可以表達意見，而不是只是坐在一旁聆聽或甚至是簽到就離開，至少也要提書面質詢，故將委員會的整體的質詢表現分數增加到35%。不過到第四會期又調降至20%，主要是增加其他的指標，包括IVOD的評鑑。

表8-2　第七屆、第八屆質詢率比重比較表

屆期	7-1	7-2	7-3		7-4		7-5		7-6		7-7		7-8	
質詢率	12%	24%	口頭 30%		口頭 15%		口頭 15%		口頭 15%		口頭 15%		口頭 15%	
			書面 5%		書面 5%		書面 5%		書面 5%		書面 5%		書面 5%	
屆期	8-1	8-2	8-3	8-4	8-5	8-6	8-7	8-8
質詢率	20%	20%	20%	20%	20%	20%	20%	20%
屆期	9-1	9-2	9-3	9-4	9-5	9-6	9-7	9-8
質詢率	20%	20%	20%	20%	20%	-	-	-

資料來源：社團法人公民監督國會聯盟（2008；2009a；2009b；2010a；2010b；2011a；2011b；2012a；2012b；2013a；2013b；2014a；2014b；2015a；2015b；2016a；2016b；2017a；2017b；2018）。

三、提案數

　　在法律提案數，在第七屆前兩個會期，將法律提案列為加減分指標，第三會期以後則改為基本分指標，公督盟認為法案評鑑質與量皆需要考量，立委所提之法案，若有助於民主改革、國家資源合理分配、環境保護、照顧弱勢團體、保障人權、促進公平正義、掃蕩貪腐弊端、促進利益迴避之「陽光公益（義）法案」，則予以加分。加分多少由初審法案小組依修法或立法之內容品質及幅度而定（社團法人公民監督國會聯盟，2009b）。

表8-3　公督盟第七、八、九屆法律主提案比重比較表

屆期	7-1	7-2	7-3	7-4	7-5	7-6	7-7	7-8
法律主提案	8% （加分）	12% （加分）	50%	20%	35%	15%	30%	15%
屆期	8-1	8-2	8-3	8-4	8-5	8-6	8-7	8-8
法律主提案	30%	15%	30%	15%	30%	20%	20%	20%
屆期	9-1	9-2	9-3	9-4	9-5	9-6	9-7	9-8
法律主提案	20%	20%	20%	20%	-	-	-	

資料來源：社團法人公民監督國會聯盟（2008；2009a；2009b；2010a；2010b；2011a；2011b；2012a；2012b；2013a；2013b；2014a；2014b；2015a；2015b；2016a；2017a；2017b；2018）。

　　在法律提案的部分，過去在第七屆第一、二會期法律提案都是在加分指標，多提1筆法案等於是多一個加分的機會；經過兩個會期的時間觀察，在評鑑的過程中發現，立委們為了要在提案的成績提升，漸漸將提案數量提高，但實質上，並不是多提案就能代表該立委有所作為，立委針對社會現象提出法案的修改或制訂也是立委應盡的職責。因此自第三會期以來，將法案提案移至基本分指標，並且提高法律提案計分的比重。

　　然而當提案成為基本指標後，為因應公督盟指標的改變，立委們便拼命做業績，衝高提案數，甚至將同一提案拆成數筆，因此公督盟在第八屆第三會期提出法律案合併的標準，在同一會期內，同一委員針對相同法律所提出複數之提案以及在同一會期內，同一委員針對相同修法意旨之不同提案合併計算（社團法人公民監督國會聯盟，2013）。是否合併由法案評鑑小組議決。同時，在計分上，細分為主提案第一人，及非主提案第一人兩大類，前者占70%，後者占30%。第八屆第五會期開始針對提案筆數設限，每位立委在主提案第一人的部分最多只計算5筆，非主提案的部分最多10筆。到第八屆第七會期不只是主提案第一人最多計算5筆，非主提案的部分也是最多5筆。主要原因是若只是衝量並無助於立法品質，考量一個會期的時間，委員合理的提案數，因此公督盟決定提到5筆在該項目就

滿分，提10筆或20筆都是一樣滿分。

　　公督盟也統計出法律提案零分的委員，以第八屆第五會期為例，零分的委員有：陳唐山、王進士、陳雪生委員。新聞稿中指出，「第五會期扣除政府單位提案後，共有596筆由立法委員提出之法律案，平均每人提3.96筆主提案第一人，以及7.76筆非主提案第一人，全體委員共有11位法律提案數滿分，扣除正副院長則陳唐山、王進士、陳雪生委員法律提案數零分，即完全未提出或共同簽署任何法案。本會期為法案會期，三位委員竟完全零提案，這是非常荒腔走板的表現。」（公民監督國會聯盟，2014）。

四、IVOD公民評鑑

　　在公督盟的努力之下，立法院議事隨選視訊直播系統（IVOD）在2009年2月20日開始啟用。在直播開始之後，公督盟開始討論如何建立IVOD觀察評鑑指標。於是於第七屆第四會期開始有IVOD之觀察評鑑指標。在第七屆第四會期之後，於會期結束期間在全台灣各縣市學校租借電腦教室，舉行巡迴IVOD公民評鑑，每個場次收看二至三個委員的問政影音，民眾在收看完畢後予以填問卷打分數，之後將收看同一委員會的民眾分成同一小組，民眾共同分享收看意見、感想及對立委的評語（廖育嶒，2013）。

　　在IVOD的部分，可分成：1.問政專業（資料準備充分、質詢內容考證嚴謹、提出專業見解、熟悉質詢對象業務與權責、熟悉議事規則）；2.價值立場（關注公眾利益、重視弱勢權益、沒有同黨護航、對會議主題有明確立場、不為強權財團發聲）；3.問題解決（質詢內容緊扣主題、質詢內容條理清楚不矛盾、就主題具體指出問題癥結點、就主題提出具體建議、不為強權財團發聲）；4.態度文明（遵守議事規則、質詢內容無歧視或煽動性字眼、質詢過程態度文明理性、不搶話，讓官員有答詢空間）。民眾分別就此四部分給予個別立委評分。

陸、指標變化與立委行為

　　公督盟的監督究竟對國會議員的行為有無影響呢？在此先舉幾個例子來看公督盟所發生的影響力：

1. 2017年12月25日林淑芬委員在個人FACEBOOK上對公督盟評論，認為「礦業法」到現在沒有進展都是因為公督盟，由於公督盟任立委提出多種版本，光是念都唸不完，因此她拜託公督盟不要亂搞，以免立委為了業績不斷提案與抄案。雖然林淑芬所講的並不完全合乎事實，但是因為該團體受到矚目，才成為代罪羔羊。

2. 拿到5次待觀察的王進士立委，潑墨汁淋身激情演出，控訴公督盟抹黑他。最後，他在2016年競選連任失利（三立新聞網，2016）。

3. 2016年立委選舉，17位被公督盟列為最差的待觀察名單，有11位落榜或未再選。

4. 第九屆第三會期有26位獲得優秀立委獎，其中25位親自出席優秀立委頒獎典禮[9]，在當天有14位立委在臉書放上獲獎新聞與感言（許正宏，2017）。

　　當然光看這樣的報導並不足以服人，我們仍需要更有系統的研究，但是要研究國會監督團體的影響並不容易。由於干擾變數太多，很難直接證明兩者之間的關係。公民對國會監督的目的無非是想透過媒體曝光和輿論的壓力來影響立法委員的行為。如果公督盟對立委的表現有影響力的話，我們將期待看到指標的變化會影響立委的行為的改變。

一、出席率變化

　　公督盟在基本分的配置上，第七屆第一會期至第二會期的出席率比重較高，目的是希望能夠提高立委們的出席率，從第三會期開始，計分的

---

[9]　唯一一位未來親自接受頒獎者是因為當天行政院院長訪問其選區，而必須陪同，因此無法參與。

方式分為院會（5%）及委員會（10%），總共占15%，第四會期後院會
（3%）及委員會（7%）皆維持10%的比重，沒有再調整過。

　　從表8-4數字可以看出，在第一會期的部分為平均為84%，是最低
的，第二會期開始接維持穩定，到了第八會期則又下降為87%，而第七會
期至第八會期的這段時間，適逢選舉期間，故立委們對於出席院會及委員
會較為不看重。

表8-4　第七屆第一會期至第九屆第四會期平均出席率比較表

屆期	7-1	7-2	7-3	7-4	7-5	7-6	7-7	7-8
出席率	84%	93%	93%	93%	95%	91%	92%	87%
屆期	8-1	8-2	8-3	8-4	8-5	8-6	8-7	8-8
出席率	87%	95%	93%	87%	88%	91%	93%	93%
屆期	9-1	9-2	9-3	9-4	9-5	9-6	9-7	9-8
出席率	96%	96%	98%	98%	-	-	-	-

資料來源：社團法人公民監督國會聯盟（2008；2009a；2009b；2010a；2010b；2011a；2011b；
　　　　2012a；2012b；2013a；2013b；2014a；2014b；2015a；2015b；2016a；2016b；2017a；
　　　　2017b；2018）。

　　到了第八屆第一會期，出席率仍維持在87%，但隨後出席率比例提升
很多，在第四會期期間，也是遇到縣市長選舉，許多立委忙著選舉相關事
務，也會影響出席成績，故第四會期的出席率再度下降為87%。

　　由於第九屆立委選舉時，公督盟的評鑑結果常成為候選人相互攻擊的
資訊，表現欠佳的，成為其他候選人攻擊的目標。表現好的，也會以此做
宣傳。選舉結果17位被評為最差的待觀察立委，有11位不是在初選未被提
名，就是在大選落選。此種結果，讓立委相當震撼，因此第九屆立委特別
關心公督盟的評鑑。第九屆的出席率因而是所有會期裡面最高的，前面兩
個會期的平均出席率，皆達96%，而第三、四會期皆高達98%。或許大家
認為出席率只是一種形式，但是公督盟的評鑑至少讓立委了解出席是對他
們最基本的要求。

二、質詢率變化

　　質詢是立委很重要的職權，過去立委很重視院會的質詢，並不重視委員會的質詢。公督盟一直在推行立法院各項會議直播系統，希望讓所有人民能一起透過直播了解立法委員質詢的狀態，第七屆第四會期開始納入IVOD評鑑分數。理論上，立委們得知這樣轉播是會讓所有人民看見，在質詢的表現上應該會做得比過往來的好，質詢率也應該要有所提升，故質詢率的部分則是以有無IVOD直播作為一個區分點。

　　表8-5為第七屆、第八屆及第九屆的平均委員會質詢率比較表，從數字上可以看出，第七屆一開始的比分最低，只有44%，最主要是因為過去沒有人關心立委在委員會的質詢，所以第一會期的分數相當低。第七屆第二會期提升至56%，第三會期達到62%，爾後雖稍有變動，但是差異並不是非常大，且自此質詢率從未低於五成，甚至在第八會期也是如此。

表8-5　第七屆第一會期至第九屆第四會期平均質詢率比較表

屆期	7-1	7-2	7-3	7-4	7-5	7-6	7-7	7-8
質詢率	44%	56%	62%	57%	58%	67%	63%	57%
屆期	8-1	8-2	8-3	8-4	8-5	8-6	8-7	8-8
質詢率	76%	79%	69%	65%	65%	66%	73%	60%
屆期	9-1	9-2	9-3	9-4	9-5	9-6	9-7	9-8
質詢率	88%	86%	89%	89%	-	-	-	-

資料來源：社團法人公民監督國會聯盟（2008；2009a；2009b；2010a；2010b；2011a；2011b；2012a；2012b；2013a；2013b；2014a；2014b；2015a；2015b；2016a；2016b；2017a；2017b；2018）。

　　與第七屆相比，第八屆普遍委員會立委的質詢率有提升，最低的也有維持在65%（不包括第八會期），大致上還算穩定。然而，到了第九屆，也是全部所有會期以來平均質詢率最高的四個會期，立委們積極的出席並重視在各委員會的質詢，整體來說第九屆的四個會期表現都非常好。這和

電視直播的出現有沒有關係則很難測量。不過一開始立法院的隨選視訊系統畫質不好，且所有的畫面皆只有質詢者或被質詢者之上半身，無法看到全場，觀看的人數並不多。因此IVOD的出現並未伴隨質詢率之增加。

在民間監督團體的推波助瀾下，蘇嘉全院長於2016年2月同意先進行電視試播，再修改「立法院組織法」，終於在IVOD上線後的5年，國會頻道在2016年4月8日正式試播，其中包含無償公益轉播的民視四季台、八大娛樂台、冠軍電視台，以及10多家新媒體也會連結會議影像，包含公視、中央社、中華電信、四季、沃草、報橘、關鍵評論網、聯合新聞網、蘋果日報、愛卡拉、壹電視、冠傳媒等。此時鏡頭不再限於質詢者與被質詢者，而是有多個角度的鏡頭，可以觀察到整個議場。隔年2月國會頻道正式交由公視來轉播，並且定頻有線電視第123、124台及無線數位第21、22台。

根據報導，2015年全年觀看立法院IVOD直播之點閱人次只有82.9萬，2016年的試播以及讓多家新媒體連結會議影像，全年累計觀看立法院議事直播超過1,006萬人次，成長驚人（蘇龍麒，2017），到2017年5月前則累積到1,600萬人次（蔡易軒，2017）。另外，根據立法院的進行國會頻道開播後收視情況之統計，自2017年3月至2018年6月國會一台、二台的有線與無線頻道，收視接觸總人次高達33,955,073（立法院公報處，2018）。整體觀看直播人數的大幅增加，電視直播系統和多家新媒介之網路轉播可以說發揮了其功用。第九屆在電視與網路直播的影響下，質詢率達到第九屆第一會期的88%，第三與第四會期的89%。

三、提案數量變化

對一個國家的國會來說，提案都是相當重要的一環，除了提供立委向選民表達立場，更是一種邀功的機會（盛杏湲，1997）。如同 Mayhew（1974）所言，爭取連任、制定良好政策、建立在國會的影響力都是國會議員立法的目的，因此，對於立委來說，「提案」很重要。

在立法提案方面，公督盟開始只是計算立委提案數，在第八屆第四會

期開始細分提案的計分方式，將其分成主提案第一人，非主提案第一人，
以及提出了合併計算的方式。為方便比較，表8-6中第七屆第一會期至第
八屆第三會期主提案第一人與非主提案第一人的提案筆數是由筆者自行計
算的。

表8-6　第七屆至第九屆主提案第一人與非主提案第一人的提案筆數

屆期	7-1	7-2	7-3	7-4	7-5	7-6	7-7	7-8
主提案第一人	8.16	5.78	5.8	5.49	4.67	5.3	7.92	4.9
非主提案第一人	7.29	4.84	5.13	5.08	3.71	4.28	6.18	3.31
屆期	8-1	8-2	8-3	8-4	8-5	8-6	8-7	8-8
主提案第一人	10.89	9.66	6.00	8.30	5.65	5.60	4.33	2.57
非主提案第一人	10.04	8.66	6.52	8.77	6.34	6.47	5.17	4.08
屆期	9-1	9-2	9-3	9-4	9-5	9-6	9-7	9-8
主提案第一人	12.7	5.91	6.79	5.79	—	—	—	—
非主提案第一人	7.9	3.05	7.76	6.89	—	—	—	—

資料來源：社團法人公民監督國會聯盟（2008；2009a；2009b；2010a；2010b；2011a；2011b；
2012a；2012b；2013a；2013b；2014a；2014b；2015a；2015b；2016；2016b；2017a；
2017b；2018）。

　　表8-6可以看到一個有趣的現象，無論哪一屆的第一會期，提案數皆
為該屆之冠，其原因應該是屆期不連續原則，所有在上一屆未審查完畢的
法案皆全部歸零。在新的一屆開始，立委會將上一屆未審畢之法案再度提
出，因此第一會期的法案數會較多，第二會期就恢復正常。另外，無論是
第七屆或第八屆的第八會期提案平均數皆為該屆最低，主要因素可能適逢

選舉期間，立委無心問政，再加上公督盟對該屆的評鑑結果出爐時，委員在該屆的任期已經結束。

　　前面提到公督盟發現立委為衝量而拼命提案不但對議事人員造成沉重負擔，也無助於議案品質，第八屆第五會期的評鑑指標開始針對提案筆數設限，每位立委在主提案第一人的部分最多只計算5筆，非主提案的部分最多10筆。表8-6可以看到第八屆第五會期的主提案第一人由前一會期的8.30，立刻降到5.65。到第八屆第七會期非主提案的部分也減為最多5筆，非主提案第一人的共同提案筆數由前一會期的5.60，立刻降到第七會期的4.33。第九屆第二會期至第四會期的平均提案數，最多為6.47，最少為5.17，不像未設限之前的第八屆第四會期，非主提案第一人之提案平均數曾達8.77。由立委提案數的變化可見立委還是有在關心評鑑指標的變化。

　　在法案小組的討論與審查過程中，公督盟評委們發現立委們為做業績，衝高提案數，會將同一提案拆成數筆，或是一次提出多件相同意旨修法的法案。例如：為因應組織改造，文建會改為文化部，於是立委便將所有出現文建會的法案皆拿出來修正。假設有20個法律提到文建會，那只要將文建會改為文化部，就有20個提案。因此公督盟在第八屆第三會期提出法律案合併的標準，在同一會期內，同一委員針對相同法律所提出複數之提案以及在同一會期內，同一委員針對相同修法意旨之不同提案合併計算，在該會期共有56個併案（社團法人公民監督國會聯盟，2013b）。不過併案的影響是短暫的，因為立委會因應調整。

　　除此之外，為促使立委對於提案內容對於品質的重視，因此從第一次評鑑開始便有所謂的陽光公益法案加分指標，陽光公益法案是指照顧弱勢公益、強化利益迴避、促進公平正義、國家資源有效利用及環境保護相關的法案。是否為陽光公益法案由公督盟法案小組開會討論，以共識決來決定。

　　第七屆對於陽光公益（義）法案主提案每一筆加1分，連署每一筆加0.2分最多加到5分。到了第八屆第一會期開始則是細分為立新法及修正、

廢止法案，新立法案最多可以加到10分，修正及廢止則是最多加到3分。第八屆第四會期立新法最多可以加到10分，修正最多加到5分。爾後大致維持這樣的分數，加分指標分數的增加，同時也可看出立委對此指標的重視，從第八屆第三會期的39案到第八屆第四會期的94案，增加不可謂不多。

　　反之，從第七屆第七會期公督盟開始對於侵害人權法案扣分，所謂侵害人權法案指的是該法案可能圖利特定團體或傷害特定弱勢族群、侵害人民的基本權利與自由、破壞環境等。侵害基本人權法案也是由法案評鑑小組審查。我們可以從表8-7中看出第八屆第七會期之後就沒有任何被列為侵害人權的提案。當立委對於公民評鑑非常在意時，他們對於提案就非常小心，因此侵害人權的提案這幾個會期就不再出現，而陽光公益之提案則維持在七、八十案以上。

　　另外一個立法委員對於公督盟評鑑的在意程度可以從立委資訊揭露繳交狀況來觀察。自第八屆第五會期開始，公督盟提出立委資訊揭露表，請立委填答。表8-8顯示在第八屆的四個會期中，繳交率皆維持在兩成左右，但是第九屆立委選舉由於多名被評估待觀察之立委落選之後，呈現不一樣的情況，在第九屆至今繳交率皆超過六成，在第三會期甚至達到六成八。剛開始對於民間團體的評鑑感到不以然的立委，竟然會有超過六成的他們願意繳交資訊揭露表，其意義非凡。

表8-7　立法院第七屆至九屆每個會期陽光法案與侵害人權法案次數

屆期	7-1	7-2	7-3	7-4	7-5	7-6	7-7	7-8
陽光法案	5	5	7	22	11	16	4	2
侵害人權法案	N/A	N/A	N/A	N/A	N/A	N/A	1	0
屆期	8-1	8-2	8-3	8-4	8-5	8-6	8-7	8-8
陽光法案	10	36	39	94	86	122	156	73
侵害人權法案	1	3	6	2	1	1	0	0

表8-7　立法院第七屆至九屆每個會期陽光法案與侵害人權法案次數（續）

屆期	9-1	9-2	9-3	9-4	9-5	9-6	9-7	9-8
陽光法案	116	122	83	83	-	-	-	-
侵害人權法案	0	0	0	0	-	-	-	-

資料來源：社團法人公民監督國會聯盟（2008；2009a；2009b；2010a；2010b；2011a；2011b；2012a；2012b；2013a；2013b；2014a；2014b；2015a；2015b；2016a；2016b；2017a；2017b；2018）。

表8-8　立委資訊揭露繳交狀況

屆期	8-5	8-6	8-7	8-8	9-1	9-2	9-3	9-4
繳交人數	15	23	28	23	69	73	77	72
繳交率	13.3%	20.4%	24.8%	20.4%	61.1%	64.6%	68.1%	63.7%

資料來源：社團法人公民監督國會聯盟（2014b；2015a；2015b；2016a；2016b；2017a；2017b；2018）。

柒、結論

　　國會監督團體成立的目的本來就是想要改變立委的行為，促成一個更為開放、透明與負責任的國會。對立法委員的監督屬於外部因素對立委產生的壓力，若壓力足夠，才有可能影響立委的行為；否則，不痛不癢的根本產生不了結果。

　　本文一開始討論了國內公民社會在過去國會監督團體的情況，接著探討國外的各種國會監督團體的監督方式。其次，檢視國內學者對於公民評鑑團體的研究，根據廖育嶙（2015）的研究公督盟的評鑑確實會影響立委行為。不過當時該文主要是針對第七屆的討論。爾後，公督盟的評鑑指標還有不少轉變。因此，本文接著討論，公督盟評鑑指標變化的情形並觀察指標變動是否影響立委行為。這些改變包括：對委員會質詢的計算、對提案筆數設限、IVOD和現場直播之效應等。

在出席率的部分，除了第七屆第一會期的分數較低之外，在每一屆的最後兩個會期平均也會降低，委員可能面臨選舉期間，對於出席在院會或委員會沒有太過在意，而其他會期皆沒有太大幅度的變化。到第九屆第四會期，平均出席率已高達98%，除非因公出差，目前已不再有委員對於不出席有任何藉口。

在質詢率的部分，在第七屆第一會期的質詢率為44%，為最低的分數，此時還沒有IVOD轉播，但在第三會期達到62%，第四、五會期稍微下降，爾後差異並不是非常大。而以第八屆來說，普遍委員會的質詢率有提升，最低的也有維持在60%的平均數上，大致上還算穩定。第九屆的四個會期，質詢率都很高，分別為第一會期的88%、第二會期的86%以及第三、四會期的89%。整體而言，IVOD直播開始加入評鑑後，質詢率有稍微穩定提升，但不明顯，真正大幅提升是在電視與網路直播之後。第九屆第一會期開始，電視與網路直播讓立委們質詢官員的狀況呈現在鏡頭前，除了盡到立委職責，更是可以替自己在選民心中加分，而選民不再只是看新聞得知立法委員如何質詢，可以看到整個質詢的經過，以及對於立委及官員的相互反應。

最後，法律提案數的部分，在整體的提案數變化中，我們可以看出在第七屆及第八屆的最後兩個會期，提案數都有下降的趨勢，可見到了選舉期間，委員們忙著連任，對於提案似乎是無法上心。另外，在第一會期則因屆期不連續原則，在上一屆未通過之法案會再被提出，因此提案特別多。本文發現，併案的影響不大，但是主提案第一人最多只計算5筆提案數，立刻使立委的平均提案數下降。同樣的，非第一人的提案數量上，也因為只計算5筆而下降，顯現立委是關心公督盟指標的。

最後，從每個會期陽光法案之增加與侵害人權法案次數之歸零以及立委資訊揭露繳交狀況，在在都可以看出立委的行為變化以及對公督盟評鑑指標的在意。

本文是由整體數據、各會期平均數的變化來推論評鑑指標對於立委問政行為的影響。然而此種方式仍有缺陷，平均數的變化是否真正反映整體

委員的行為，或是受少數在意評鑑者的極端值所影響並不清楚。除之外，目前的分析亦無法知道論評鑑指標對於立委問政行為的影響與立委的區域、所屬政黨、資歷以及性別等因素是否有關，這是未來值得再研究與探討的議題。

參考書目

外文部分

Kim, Hyuk-Rae. 2004. "Dilemmas in the Making of Civil Society in Korean Political Reform." *Journal of Contemporary Asia* 34, 1:55-69.

La fabrique De la loi. 2017. "Les parlementaires font-ils la loi? (Do Parliamentarians Make the Law?)" in https://www.lafabriquedelaloi.fr/. Latest update 26 May 2017.

Mandelbaum, Andrew G. 2011. *Strengthening Parliamentary Accountability, Citizen Engagement and Access to Information*. Washington D.C.: National Democratic Institute and World Bank Institute.

Mandelbaum, Andrew G. and Daniel R. Swislow. 2016. "The Role of Parliamentary Monitoring Organizations." in Mitchell O'Brien, Rick Stapenhurst, and Lisa von Trapp. eds. *Benchmarking and Self-Assessment for Parliaments*: 155-174. Washington D.C.: World Bank. http://dx.doi.org/10.1596/978-1-4648. Latest update 12 December 2017.

Mayhew, David. 1974. *Congress: The Electoral Connection*. New Haven: Yale University Press.

Nyhan, Brendan and Jason Reifler. 2015. "The Effect of Fact-Checking on Elites: A Field Experiment on U.S. State Legislators." *American Journal of Political Science* 59, 3: 628-640.

Open knowledge Foundation Deutschland. 2017. "Open Data Network." in https://okfn.de/. Latest update 26 May 2017.

Steven, Fish M. 2006. "Stronger Legislatures, Stronger Democracies." *Journal of Democracy* 17, 1: 5-20.

中文部分

三立新聞網。2016。〈王進士潑墨控抹黑　公督盟打臉：你拿5次待觀察耶〉。《三立新聞網》2016/01/12。http://www.setn.com/News.aspx?NewsID=117873。2017/12/10。

王宏恩。2011。〈資訊提供與立法院政治信任：使用IVOD的探索性研究〉。《台灣民主季刊》8，3：161-97。

立法院公報處。2018。〈國會頻道網站上線記者會資料手冊〉。台北：立法院。

呂建億。2010。〈民主政治，公民監督國會全球化〉。《大紀元時報》2010/09/22。http://epochtw.com/10/9/22/148259.htm。2012/04/06。

社團法人公民監督國會聯盟。2008。《立法院第七屆第一會期評鑑報告書》。台北：公督盟。

社團法人公民監督國會聯盟。2009a。《立法院第七屆第二會期評鑑報告書》。台北：公督盟。

社團法人公民監督國會聯盟。2009b。《立法院第七屆第三會期評鑑報告書》。台北：公督盟。

社團法人公民監督國會聯盟。2010a。《立法院第七屆第四會期評鑑報告書》。台北：公督盟。

社團法人公民監督國會聯盟。2010b。《立法院第七屆第五會期評鑑報告書》。台北：公督盟。

社團法人公民監督國會聯盟。2011a。《立法院第七屆第六會期評鑑報告書》。台北：公督盟。

社團法人公民監督國會聯盟。2011b。《立法院第七屆第七會期評鑑報告書》。台北：公督盟。

社團法人公民監督國會聯盟。2012a。《立法院第七屆第八會期評鑑報告書》。台北：公督盟。

社團法人公民監督國會聯盟。2012b。《立法院第八屆第一會期評鑑報告書》。台北：公督盟。

社團法人公民監督國會聯盟。2013a。《立法院第八屆第二會期評鑑報告書》。台北：公督盟。

社團法人公民監督國會聯盟。2013b。《立法院第八屆第三會期評鑑報告書》。台北：公督盟。

社團法人公民監督國會聯盟。2014a。《立法院第八屆第四會期評鑑報告書》。台北：公督盟。

社團法人公民監督國會聯盟。2014b。《立法院第八屆第五會期評鑑報告書》。台北：公督盟。

社團法人公民監督國會聯盟。2015a。《立法院第八屆第六會期評鑑報告書》。台北：公督盟。

社團法人公民監督國會聯盟。2015b。《立法院第八屆第七會期評鑑報告書》。台北：公督盟。

社團法人公民監督國會聯盟。2016a。《立法院第八屆第八會期評鑑報告書》。台北：公督盟。

社團法人公民監督國會聯盟。2016b。《立法院第九屆第一會期評鑑報告書》。台北：公督盟。

社團法人公民監督國會聯盟。2017a。《立法院第九屆第二會期評鑑報告書》。台北：公督盟。

社團法人公民監督國會聯盟。2017b。《立法院第九屆第三會期評鑑報告書》。台北：公督盟。

社團法人公民監督國會聯盟。2018。《立法院第九屆第四會期評鑑報告書》。台北：公督盟。

公民監督國會聯盟。2014。〈【新聞稿】公督盟第八屆第五會期優秀及待觀察立委成績公布〉。2014/09/13。http://www.ccw.org.tw/p/21715。2018/06/10。

盛杏湲。1997。〈國會議員的代表行為：研究方法的探討〉。《問題與研究》36，9：37-58。

盛杏湲。2014。〈再探選區服務與立法問政：選制改革前後的比較〉。《東吳政治學報》32，2：1-55。

許正宏。2017。〈公督盟頒獎給26位優秀立委〉。《聯合新聞網》
　　2017/09/29。https://udn.com/news/story/6656/2729966。2017/12/10。

陳俊明。2010。《法務部99年台灣地區廉政指標民意調查第2次調查報
　　告》。台北：法務部。

黃瀚儀。2006。〈台灣「監督國會」的發展：代議民主再思考〉。國立台
　　灣大學政治學系碩士論文。

新時代基金會增額立委問政表現評估小組。1990。《立法院擂台：增額立
　　委問政評估》。台北：時報文化。

廖育嶒。2013。〈公民監督國會聯盟與國會政治〉。國立政治大學政治學
　　系碩士論文。

廖育嶒。2015。〈「立委評鑑」對立委立法行為的影響：一個探索性的研
　　究〉。《台灣民主季刊》12，1：177-89。

蔡易軒。2017。〈【國會新改革】議事線上看「破1600萬人次」大幅成長
　　20倍〉。《上報快訊》2017/05/20。https://www.upmedia.mg/news_info.
　　php?SerialNo=17490。2017/10/20/。

瞿海源、林繼文、王業立、黃秀端與顧忠華。2003。《解構國會：改造國
　　會》。台北：允晨文化。

瞿海源、王業立、黃秀端、洪裕宏與林靜萍。2004。《透視立法院：2003
　　年澄社監督國會報告》。台北：允晨文化。

顧忠華。2008。〈國會監督與公民社會〉。《台灣民主季刊》5，1：181-
　　89。

蘇龍麒。2017。〈新國會議事直播　點閱人次成長12倍〉。《經濟日
　　報》2017/11/18。https://money.udn.com/money/story/5641/2826092。
　　2018/06/30。

第九章
論國會資訊公開制度：以立法院黨團協商之公開為例

陳耀祥

壹、前言

　　政府資訊公開是現代民主國家之重要制度，基於憲法上之國民主權原則及民主原則，政府受國民之委託而進行統治行為，施政過程必須公開透明，讓國民得以了解其作為，而能進行有效參與及實施監督。所以，資訊公開、公眾參與及權利救濟構成民主治理之三項重要支柱。基此，政府作為資訊最大擁有者，公開保有資訊、滿足人民知的權利是提升民主政治之必要手段。

　　國會資訊公開為政府資訊公開制度之一環，主要目的在於便利人民共享及公平利用政府資訊，保障人民知的權利，增進人民對公共事務之了解、信賴及監督，並促進民主參與，是建立「透明政府」與落實「民主課責」的重要制度。政府資訊公開是以公開為原則，不公開為例外，公開方式則區分為「主動公開」與「被動公開」兩種。國會資訊公開當中，關於黨團協商之資訊公開為核心重點。立法院是國家最高立法機關，是各種政治意見匯集及溝通之平台，除質詢、公聽會及表決之外，在各種國會活動當中，黨團協商已成為立法院權力運作的重要方式，因此，立法院職權行使法第68條至第74條即對於黨團協商的條件及程序定有相關規範。黨團協商主要目的本來在於提高議事效率，避免因為政黨意見歧異及冗長的議事程序而阻礙國會運作。但是，立法院所進行的黨團協商內容卻未依照前述規定予以公開，許多法案的立法理由僅簡短地記載黨團協商，沒有其他任

何具體的理由，故經常被批評為「密室政治」或「分贓政治」。針對此項問題，公民團體曾一再針對重要法案的黨團協商過程，依照政府資訊公開法規定申請提供，卻被立法院否決，如何改革立法院的黨團協商更成為國會制度改革的倡議重點。

「三一八學運」發生的主要原因之一，就是人民質疑代議民主之功能，不滿國會的黑箱作業。此次學運的四大訴求，包括退回服貿協議、制定兩岸監督條例、先立法再審查及召開公民憲政會議，都是涉及國會的功能與制度改革，而國會程序透明與資訊公開就是國會改革的第一步。依照政府資訊公開法，國會資訊公開是立法院之義務而非權力，在此並無所謂國會裁量之餘地，合先說明。

貳、政府資訊公開之憲法基礎

一、滿足人民知的權利

政府資訊公開法是陽光法案之一，為落實保障人民知的權利。該法於94年12月28日公布施行，分「總則」、「政府資訊之主動公開」、「申請提供政府資訊」、「政府資訊公開之限制」、「救濟」、「附則」等六章，共24條，該法除將「保障人民知的權利」為立法目之外，並於該法相關條文中賦予人民「政府資訊公開請求權」，其內容包括「政府資訊申請提供權」、「政府資訊申請更正及補充權」及「資訊申請否決之行政救濟權」。

知的權利或稱資訊自由是人民之基本權利，為「資訊憲法（Informations Verfassungsrecht）」之重要內涵，其主要目的在於解決憲法所承認的，與資訊相關之利益衝突，尤其是資訊接收者與資訊提供者間之衝突，以形成法定之資訊秩序（Kloepfer, 2002: 64）。世界人權宣言第19條規定：「人人有權享有主張和發表意見的自由；此項權利包括持有

主張而不受干涉的自由，和通過任何媒介和不論國界尋求、接受和傳遞消息和思想的自由。」公民與政治權利公約第19條第1項也有類似的規定：「人人有發表自由之權利；此種權利包括以語言、文字或出版物、藝術或自己選擇之其他方式，不分國界，尋求、接受及傳播各種消息及思想之自由。」「知的權利」成為重要之國際人權，主要是美國於第二次世界大戰之後積極推動保障此項基本權利。美國國內於1950年發生所謂「知的權利運動」（the right to know movement），美國新聞編輯協會因為對於二戰期間政府對於媒體保密防諜措施相當不滿，故設置「資訊自由委員會」，推動要求政府資訊公開，並委託新聞法權威學者Harold L. Cross進行專業研究，於1953年出版「The People's Right to Know: Legal Access to Public Records and Proceedings」研究報告，引起對於聯邦憲法增修條文第1條表現自由的爭論（松井茂記，2003：484）。美國國會於1946年制定行政程序法時，明文承認人民具有向政府機關請求公開資訊之權利，並於1966年制定「聯邦資訊自由法」（Freedom of Information Act）[1]。

　　有別於美國以聯邦法律保障人民之知的權利，德國於聯邦基本法第5條第1項第1句後段規定，「任何人皆享有從一般公開來源不受妨礙地獲取資訊之權利」，稱之為「資訊自由」（Informationsfreiheit）。此項自由為表意自由與媒體自由之配套，因為形成意見必須接受資訊及他人之觀點。（Stern and Becker, 2010: 545）在此，所謂「來源」（Quelle）係採廣義解釋，包括任何種類的資訊載體，例如，書報雜誌、廣播電視及網際網路等，其客體包含政治、經濟、社會、文化或運動等之訊息，而且，無論國內外重要事件之報導或評論等皆屬之。再者，所謂「一般公開」（allgemein zugänglich），係指一般非特定範圍之個人在技術上得由來源獲取適當及特定之資訊，（Kloepfer, 2002: 89）例如，大眾傳播媒體等事

---

[1] 關於美國聯邦資訊自由法之介紹，請參閱U.S. Department of Justice. 2004. "Freedom of Information Act Guide." in http://www.justice.gov/oip/usdoj-oip-freedom-information-act-guide-may-2004#content. Latest update 4 December 2016。

實上可得確定之資訊來源。

二、關於資訊公開之憲法解釋

至於我國憲法對於知的權利或資訊自由並無明文規定，而係透過司法院大法官解釋予以肯認，釋字509號解釋指出：「憲法第十一條規定，人民之言論自由應予保障，鑑於言論自由有實現自我、溝通意見、追求真理、**滿足人民知的權利**，形成公意，促進各種合理的政治及社會活動之功能，乃維持民主多元社會正常發展不可或缺之機制，國家應給予最大限度之保障。」釋字623號解釋也指出：「憲法第十一條保障人民之言論自由，乃在保障意見之自由流通，**使人民有取得充分資訊**及自我實現之機會，包括政治、學術、宗教及商業言論等，並依其性質而有不同之保護範疇及限制之準則。」換言之，司法院是從憲法第11條言論自由導出人民享有知的權利或資訊自由。

除知的權利之外，政府資訊公開也涉及「資訊自決權」的概念，亦即每個人基本上有權自行決定，是否將其個人資料交付與供利用。易言之，個人資料非經本人許諾，不得任意蒐集、儲存、運用、傳遞，若基於公益的理由，必須限制該項權利，當然需遵循民生法治國之諸多原則。資訊自決權之用語在德國聯邦憲法法院1983年之「人口普查判決」（Volkszählungsurteil）中出現後，受到廣泛引用，將其視為是源自於基本人權中之一般人格權與人性尊嚴，應屬於就基本人權條款之保護範圍，故在基本法中找到根據。而在我國新近在公法中提及人格權者，就憲法層次言，有憲法增修條文第9條第4項：「國家應維護婦女之人格尊嚴……」，其係包括人格權與人性尊嚴，此外在憲法第12條中有祕密通訊自由之保障，藉以維護人民在通訊過程中之隱密之權利，進而保障人民擁有隱私空間的生活利益。最高行政法院判決即指出：「按隱私權雖非憲法揭明之權利，但參照司法院釋字603號解釋可知，其仍為憲法之基本權，受憲法第22條保障。而個人資訊因涉及個人隱私權，應加以保護，除基於公益之必

要而訂定法律始得據以公開外，原則上不得任意公開。次按政府資訊公開法第18條第1項規定，個人資訊之公開須符合一定要件，或基於公益之必要，或為保護人民生命、身體、健康之必要，或經該當事人之同意，始得加以公開，因此請求公開個人資訊者，依例外從嚴之法理，必須證明其請求公開之個人資訊符合上開法條但書之要件，否則應不予公開。」[2]

參、國會資訊公開之義務

一、政府資訊公開法為主要依據

　　國會資訊公開為政府資訊公開制度之一環，是建立「透明政府」與落實「民主課責」的必要制度。在探討國會資訊公開制度前，有必要對於我國政府資訊公開法制先予說明。依照政府資訊公開法第2條規定：「政府資訊之公開，依本法之規定。但其他法律另有規定者，依其規定。」換言之，政府資訊公開法應定位為普通法，若其他法律另有規定者，依特別法優先於普通法適用之法理，應適用特別法，若無，則依據政府資訊公開法處理。例如：政府採購法第27條規定：「機關辦理公開招標或選擇性招標，應將招標公告或辦理資格審查之公告刊登於政府採購公報並公開於資訊網路。公告之內容修正時，亦同。」依此，公開招標或選擇性招標之資訊公開是根據政府採購法進行，若有採購法沒有規定的資訊公開規定則適用政府資訊公開法。此外，檔案法第1條亦規定：「為健全政府機關檔案管理，促進檔案開放與運用，發揮檔案功能，特制定本法。本法未規定者，適用其他法令規定。」關於檔案法與政府資訊公開法之適用關係，台北高等行政法院曾指出：「按政府資訊公開法所定義之『政府資訊』，其涵蓋範圍較檔案法所定義之『檔案』為廣，亦即檔案乃屬政府資訊之一部

2　最高行政法院100年度判字第427號判決。

分。故從法律性質而言，政府資訊公開法乃資訊公開法制之基本法規，檔案法則係屬於資訊公開法制之周邊性配套立法，故人民申請閱覽或複製之政府資訊，如屬業經歸檔管理之檔案，雖應優先適用檔案法之規定處理，惟並非完全排除政府資訊公開法或其它法律之適用。」[3]由此可知，政府資訊公開法為規範政府資訊公開之主要依據，但若有其他特別法規定，則優先適用特別法，包括國會資訊之公開。

二、公開之主體

政府資訊公開之主體是政府機關，政府資訊公開法第4條規定：「本法所稱政府機關，指中央、地方各級機關及其設立之實（試）驗、研究、文教、醫療及特種基金管理等機構（第1項）。受政府機關委託行使公權力之個人、法人或團體，於本法適用範圍內，就其受託事務視同政府機關（第2項）。」依此規定，公司組織之公營事業及財團法人並非本法所指之「政府機關」；而行政法人根據行政法人法第38條第1項規定：「行政法人之相關資訊，應依政府資訊公開法相關規定公開之；其年度財務報表、年度營運（業務）資訊及年度績效評鑑報告，應主動公開。」所以，政府機關涵蓋範圍極廣，不限於行政機關，包括立法機關及司法關機，也涵蓋中央機關與地方機關；換言之，立法院或地方議會等也都負有資訊公開義務。

三、公開之範圍及原則

（一）公開之範圍

依政府資訊公開法第3條規定：「本法所稱政府資訊，指政府機關於職權範圍內作成或取得而存在於文書、圖畫、照片、磁碟、磁帶、光碟

3　臺北高等行政法院101年度訴字第1932號判決。

片、微縮片、積體電路晶片等媒介物及其他得以讀、看、聽或以技術、輔助方法理解之任何紀錄內之訊息。」基此，政府資訊公開之範圍，原則上以政府之「現有資訊」（vorhandenen Informationen）為限。關於「資訊」此項概念，應採取廣義解釋，包括政府機關於職權範圍內作成或取得，任何可能儲存形式之訊息皆涵蓋在內。然而，政府資訊公開法並未如德國聯邦資訊自由法第11條第1項一樣，規定機關負有整理現有整體資訊之目錄並向公眾公開之義務。但是，政府機關對於人民並無「資訊蒐集義務」（Informationsbeschaffungspflicht），亦即並無為人民蒐集所想要資訊之義務。至於政府機關所掌有之資訊遺失或因可歸責於該機關之事由，導致資訊不完全、分類混亂或其他儲存不當之情形時，機關是否應負法律責任或負起何種程度之法律責任，政府資訊公開法並無規範，應依公務員服務法或公務人員考績法追究相關法律責任。至於申請政府提供之資訊，非受理申請機關於職權範圍內所作成或取得者，該受理機關除負有說明義務之外，如確知係屬其他政府機關於職權範圍內作成或取得之資訊者，應函轉該機關並通知申請人（第17條）。

此外，政府資訊公開法所規範之一般性資訊公開請求權與行政程序法第46條之卷宗抄錄閱覽權不同，應予區別。最高行政法院102年度判字第147號判決即指出：「按政府資訊公開法要求政府機關主動或依申請公開政府資訊，係藉政府資訊之公開以保障人民知的權利，增進人民對公共事務之了解、信賴及監督並促進民主參與。是以公開政府資訊本身即具有公益性，不問人民要求政府公開資訊之動機及目的為何，即得依該法請求政府公開資訊，與行政程序法第46條所規定行政程序中資訊公開請求權，以當事人或利害關係人，並以主張或維護其法律上利益有必要者為限，有所不同。是以政府資訊公開法相關規定，以政府資訊公開為原則，不公開為例外。基於政府資訊公開之目的及例外解釋從嚴之法解釋原則，該法第18條第1項所列限制公開或不予提供之例外事由，應從嚴解釋。而公開政府資訊公益性之大小，恆以該政府資訊涉及公益程度，及其應受人民監督必要性之高低有關。是以，原判決已自系爭檔案之資訊所涉事項、資訊之

時間性，衡量准申請人閱覽之公益，及政府機關所主張之經營事業有關之資訊（料）、工商祕密，因准申請人閱覽，所可能受影響，認前者大於後者，核其認事用法無不合。此即該當政府資訊公開法第18條第1項第8款但書及第9款但書對公益有必要之規定，政府機關自不得限制公開或不予提供系爭檔案。」

（二）公開之原則

　　政府資訊公開之公開原則包括主動公開原則與被動公開原則；所謂「主動公開」係指政府機關對於所持有或保管之特定範圍或種類之資訊，無需人民提出申請而由機關依法主動對外公布而言，故其公開對象為一般社會大眾，是「一般性之資訊公開」。依政府資訊公開法第7條第1項規定，除限制公開之資訊以外，攸關人民權益之政府資訊，政府均應主動公開。此類資訊有些與人民具有切身關係，例如，條約、法令與行政指導，有的涉及政府施政之公開，例如，預算書、公共工程及採購契約之公開，以及各機關之統計資訊，以利人民之民主參與及監督。此外，政府亦得被動地應人民之申請或要求而提供資訊，保障人民閱覽、抄錄及攝影、影印相關資訊之權利。然而，為避免因為提供資訊而導致毀損或滅失，受理申請機關對於核准提供政府資訊時，應按資訊或其所在媒介物之型態給予重製品，若涉及第三人之智慧財產權或有其他難於執行之情形時，則可以僅給予閱覽。政府資訊之存在型態，並不侷限於傳統之文書、圖畫、照片等，因為資訊科技之發展，亦有可能是磁碟、磁帶、光碟片、微縮片、積體電路晶片等媒介物及其他得以讀、看、聽或以技術、輔助方法理解之任何紀錄內之訊息，型態非常多元複雜。

　　因為政府資訊公開法所規定之資訊公開請求權係屬「實體權利」，「凡與人民權益攸關之施政、措施及其他有關之政府資訊，除具有政府資訊公開法第 18 條所定應限制公開或不予提供之情形外，政府均應斟酌公開技術之可行性，選擇適當之方式適時主動公開；或應人民申請時按政府資訊所在媒介物之型態給予申請人重製或複製品、或提供申請人閱覽、抄

錄或攝影。」[4]

（三）政府資訊之豁免公開

　　不過，政府資訊不是毫無限制地公開，政府資訊公開法第18條至第19條即有「豁免公開」範圍之規定，依此列舉政府資訊限制公開或提供之事項共9款，依其性質得區分國安資訊或依法應保密事項、執法資訊、其他公務資訊及涉及第三人之私密資訊等四大類。所謂國安資訊或依法應保密事項是指經依法核定為國家機密或其他法律、法規命令規定應祕密事項或限制、禁止公開者（第18條第1項第1款）；而執法資訊則指公開或提供有礙犯罪之偵查、追訴、執行或足以妨害刑事被告受公正之裁判或有危害他人生命、身體、自由、財產者（第1項第2款），政府機關為實施監督、管理、檢（調）查、取締等業務，而取得或製作監督、管理、檢（調）查、取締對象之相關資料，其公開或提供將對實施目的造成困難或妨害者（第1項第4款）。另外，其他公務資訊係指政府機關作成意思決定前，內部單位之擬稿或其他準備作業。但對公益有必要者，得公開或提供之（第1項第3款）；在此，所謂「作成意思決定前，內部單位之擬稿或其他準備作業」，係指函稿、簽呈或會辦意見等政府機關內部作業文件而言。而有關專門知識、技能或資格所為之考試、檢定或鑑定等有關資料，其公開或提供將影響其公正效率之執行者（第1項第5款）。為保存文化資產必須特別管理，而公開或提供有滅失或減損其價值之虞者（第1項第8款）。公營事業機構經營之有關資料，其公開或提供將妨害其經營上之正當利益者。但對公益有必要者，得公開或提供之（第1項第9款）。

　　最後，所謂涉及第三人之私密資訊，則涵蓋公開或提供有侵害個人隱私、職業上祕密或著作權人之公開發表權者。但對公益有必要或為保護人民生命、身體、健康有必要或經當事人同意者，不在此限（第1項第6款）；以及個人、法人或團體營業上祕密或經營事業有關之資訊，其公開

---

[4]　參照最高行政法院102年度判字第746號判決。

或提供有侵害該個人、法人或團體之權利、競爭地位或其他正當利益者。但對公益有必要或為保護人民生命、身體、健康有必要或經當事人同意者，不在此限（第1項第7款）。此處限制公開之「個人隱私」資訊，應指隱私權所保障之資訊隱私權部分，司法院釋字第603號解釋明白指出，資訊隱私權係指保障人民決定是否揭露其個人資料、及在何種範圍內、於何時、以何種方式、向何人揭露之決定權，並保障人民對其個人資料之使用有知悉與控制權及資料記載錯誤之更正權。因此，政府資訊公開若涉及第三人隱私資訊時必須「例外地」限制公開。不過，基於所謂的分離原則，政府資訊含有限制公開或不予提供之事項者，應僅就其他部分公開或提供之。所以，政府資訊可得分割時，其中若含有限制公開或不予提供之部分，應將此部分剔除後，將其餘可公開或提供部分公開之。

四、公開之方式

至於政府資訊公開方式，依據該法規定第8條規定，除法律另有規定外，應斟酌公開技術之可行性，選擇適當方式行之，包括：刊載於政府機關公報或其他出版品；利用電信網路傳送或其他方式供公眾線上查詢；提供公開閱覽、抄錄、影印、錄音、錄影或攝影；舉行記者會、說明會或其他足以使公眾得知之方式。換言之，公開機關得視資訊類型、內容、性質等依人民之需求採取適當方式。此外，政府為提供公開閱覽、抄錄、影印、錄音、錄影或攝影者，應將相關資訊建立目錄或索引，方便人民檢索，避免資訊欠缺整理而過於散亂或因時間因素而無公開實益。此外，配合電子化政府之公共管理，公開機關應將存於磁碟、磁帶、光碟或得數位化之資料以電子傳遞方式提供人民自由查詢、或申請公開資訊，以提高政府資訊公開之效率與方便性。

肆、黨團協商內容為資訊公開之標的

一、立法院黨團協商內容為資訊公開對象

　　承上所述，立法院為政府資訊公開之義務主體，政府資訊公開法並未將其排除於適用範圍，立法院須依政府資訊公開法或立法院職權行使法（以下簡稱行使法）等規定主動公開或應人民申請提供各項立法相關資訊，其中，包括「黨團協商」之內容。民主政治是民意政治、責任政治及政黨政治，政黨透過選舉彙集各種民意，並在國會內部中經由質詢、溝通、協商、辯論及表決等各項程序而訂定法律或作出各類決議。為保障立法委員受人民付託之職務地位，並避免國家最高立法機關之功能遭致其他國家機關之干擾而受影響。讓立法委員得無所瞻顧及無溝通障礙之情境下，暢所欲言，充分表達民意，反映多元社會之不同理念，形成多數意見，以符代議民主制度理性決策之要求，並善盡監督政府之職責，所以憲法第73條保障立法委員之言論免責權。此項特權保障之範圍應作最大程度之界定，舉凡立法委員在院會或委員會之發言、質詢、提案、表決以及與此直接相關之附隨行為，如院內黨團協商、公聽會之發言等均屬應予保障之事項。[5]

　　依此可知，立法院之黨團協商雖然憲法上並無明文，但釋憲者肯認其屬於立法院行使職權之重要附隨行為，受言論免責權之保障。黨團是政黨於國會中建置之組織，立法委員之「黨團組成權」（Fraktionsbildungsrecht）係規定於立法院組織法，該法第33條第1項規定：「每屆立法委員選舉當選席次達三席且席次較多之五個政黨得各組成黨團；席次相同時，以抽籤決定組成之。立法委員依其所屬政黨參加黨團。每一政黨以組成一黨團為限；每一黨團至少須維持三人以上。」除黨團之外，還有所謂「政團」，係指黨團未達5個時，得合組4人以上

---

[5]　參照司法院釋字第435號解釋理由書。

之政團；依第4項將名單送交人事處之政團，以席次較多者優先組成，黨（政）團總數合計以5個為限。政團準用有關黨團之規定。我國立法院黨團之組成是以立法委員的席次為標準，而不是以國會議員的比例為準。以德國聯邦眾議院為例，議員法定人數之百分之五即可組成黨團，而且此項規定是合憲的[6]。不過，從政治學及國會法學理而言，黨團組成之基礎在於議員之「政治同質性」（die politische Homogenität），故德國學界認為，應排除由處於競爭地位之不同政黨議員共同組成之情形（Jarass and Pieroth, 2012: 715）。相較於此，行使法第33條第2項規定：「未能依前項規定組成黨團之政黨或無黨籍之委員，得加入其他黨團。」此項規定，雖有政治實務上之需要，卻與黨團組成之理論有扞格之處。

　　黨團協商制度是起因於中國國民黨（以下簡稱國民黨）在第三屆立法院時居於脆弱多數，許多法案經常成為關鍵少數立委杯葛或政治勒索之對象，讓國民黨經常動員表決而疲於奔命，為解決此種問題而逐漸發展出此種機制，並於1999年制定立法院職權行使法時將黨團協商制度法制化，其主要目的在於促進議事和諧、提升議事效率及解決各項紛爭（胡文棟，2006：113-114）。因此，行使法第68條第1項規定，為協商議案或解決爭議事項，得由院長或各黨團向院長請求進行黨團協商；換言之，進行黨團協商之提議權人為院長或黨團。至於黨團協商之進行，協商會議是由院長、副院長及各黨團負責人或黨鞭出席參加；並由院長主持，院長因故不能主持時，由副院長主持。前項會議原則上於每週星期三舉行，在休會或停會期間，如有必要時，亦得舉行，其協商日期由主席通知。而同法第71條復規定，黨團協商經各黨團代表達成共識後，應即簽名，作成協商結論，並經各黨團負責人簽名，於院會宣讀後，列入紀錄，刊登公報。

　　以因應黑心油事件所進行之食品安全衛生管理法增修為例，立法院第八屆第六會期第10次會議紀錄載明，針對增訂食品安全衛生管理法第2-1條、第42-1條及第49-2條條文；並修正第5條等條文規定，立法院於民國

---

[6]　德國聯邦憲法法院判決BVerfGE 84, 304/326; 96, 264/279。

103年11月18日（星期二）上午9時41分由王金平院長主持會議，處理朝野黨團協商結論，並宣讀朝野黨團協商結論如下：「103年11月18日朝野黨團協商經決定如下：一、本（18）日院會上午整理食品安全衛生管理法部分條文修正草案協商條文，下午進行二、三讀程序，完成立法。二、本日中午程序委員會審定11月21日（星期五）及12月2日（星期二）第11次會議議程，討論事項第1案食品安全衛生管理法部分條文修正草案、第2案性別工作平等法部分條文修正草案、第3案所得稅法第15條條文修正草案、第4案長期照護服務法草案、第5案兩岸訂定協議處理及監督條例草案之復議案及其他議案。」[7]公報中並載明協商主持人及出席者。

二、黨團協商內容公開之法律依據

　　針對黨團協商，行使法除有相關程序規範之外，也特別訂有公開之規定。該法第70條第4項及第5項規定：「議案進行協商時，由祕書長派員支援，全程錄影、錄音、記錄，併同協商結論，刊登公報。」、「協商結論如與審查會之決議或原提案條文有明顯差異時，應由提出修正之黨團或提案委員，以書面附具條文及立法理由，併同協商結論，刊登公報。」換言之，依法，黨團協商過程及結論是必須主動公開，無待人民申請提供。立法院職權行使法就黨團協商之公開規範是特別法，優先於政府資訊公開法適用。然而，立法院身為立法者卻不遵守自己所制定之法律，社團法人公民監督國會聯盟（以下簡稱公督盟）曾數次去函請求提供黨團協商內容，卻被再三否決。以102年5月10日出版之立法院公報第102卷第26期為例，立法院院財政委員會報告審查「中華民國102年度中央政府總預算案（含附屬單位預算及綜計表－營業及非營業部分）」案。其中記載「主席：本案因尚待協商，作以下決議：『協商後再行處理。』」[8]立法院公報經常僅見「協商時間、地點、決定事項、協商代表」，而未見協商之過程紀

---

[7]　參閱立法院公報第103卷第76期，103年11月24日，頁73。
[8]　參閱立法院公報第102卷第26期，102年5月10日，頁64。

錄。黨團協商雖有法律依據，但立法院卻未依正當法律程序進行，作為國家最高立法機關，因為政治需要而無視制度，實非法治國家應有之行為。

三、未依法公開黨團協商內容之法律責任

透明政府是民主政治的基本要求，所有國家公權力機關行使權力，除依法或權力本質必須保密者外，原則上都應公開透明，不僅行政機關如此，國會亦是如此。「黨團協商透明化」是國會透明化之核心事項，基於民主原則及保障人民知的權利，以及遵守憲法及立法院職權行使法之規定，立法院負有公開黨團協商內容之義務，除有前述政府資訊公開法第18條豁免公開之情形外，應將協商過程紀錄，併同協商結論，刊登公報。人民申請提供之國會資訊中若含有限制公開或不予提供之事項者，因為政府資訊之限制公開或不予提供係採「分離原則」，受理申請之立法院仍應就可公開部分提供之，而非予以否准。

因此，立法院祕書長及所屬職員如果未依行使法第70條第4項規定，進行全程錄影、錄音、記錄時，顯已違反公務員服務法第1條依法令執行職務之義務，應負行政責任。對於立法院堅持不公開黨團協商內容之行為，公督盟曾向監察院提出陳情；[9]就此，立法院祕書長回函表示：「（一）本院黨團協商係本院委員行使職權之行為，受憲法保障，有國會自律原則之適用。黨團協商結論經院會宣讀通過後，其作有過程紀錄者，本院自當依法並同結論刊登公報；至基於國會自律原則未作成過程紀錄者，本院亦會將協商結論刊登公報。（二）立法院職權行使法第70條第4項規定之黨團協商錄音、錄影、記錄，其性質為立法行為之一環，屬國會自律問題，政府資訊公開法於此種立法行為之適用，應有所限縮，方符憲法權力分立原則。」[10]

從立法院祕書長之回函可知，立法院主張基於國會自律原則，故政府

---

[9] 參閱監察院院台業五字第1020133065號函。
[10] 參閱立法院祕書長台立院報字第1020800165號函。

資訊公開法於黨團協商行為，其適用應有所限縮。此種主張，理由顯有不備，因為，國會自律原則係為維護國會職權之行使，避免來自於行政權或司法權之侵擾，故立法委員之行為是否已逾越範圍而應負相關法律責任，於維持議事運作之限度內，應受到尊重，行政權及司法權不得任意訴追或審判。然而，國會自律原則是為了維持權力分立原則，並不能以此迴避公民監督。

四、未依法公開黨團協商違背責任政治

最後，基於國民主權原則及民主原則，立法院權力來自於人民，其代表人民行使立法權力或監督權力，故其是否有「密室政治」或「黑箱作業」，是否產生貪腐或危害國家利益之情事，必須接受民主課責。立法院長或副院長，以及各黨團代表不可要求不留下任何紀錄，否則責任政治無以維持。以2007年7月11日修正增訂之記帳士法第2條第2項被宣告違憲為例，此項修正規定：「依本法第三十五條規定領有記帳及報稅代理業務人登錄執業證明書者，得換領記帳士證書，並充任記帳士。」司法院釋字第655號解釋指出：「記帳士係專門職業人員，依憲法第八十六條第二款規定，其執業資格應經考試院依法考選之。記帳士法第二條第二項之規定，使未經考試院依法考試及格之記帳及報稅代理業務人取得與經依法考選為記帳士者相同之資格，有違上開憲法規定之意旨，應自本解釋公布之日起失其效力。」

本案起因於2007年4月26日立法院第六屆第五會期財政委員會第12次全體委員會議審查蔡家福立法委員等119人擬具「記帳士法第二條條文修正草案」，增訂第2項規定：「依本法第三十五條規定領有記帳及報稅代理業務人登錄執業證明書者，得換領記帳士證書，並充任記帳士。」對於此項修正，考試院主張，基於原商業會計法第5條第4項有關商業會計事務，得委由經中央主管機關認可商業會計記帳人辦理之規定，業經司法院釋字第45號解釋宣告違憲，記帳士依法應經專門職業及技術人員考試及

格，並建議參酌其他職業管理法體例，於記帳士法第35條第2項、第3項修正，另設特種考試。但是，提案委員仍堅決表示支持本案通過，最後主席裁示本案審查通過，並於同年5月29日朝野黨團協商結論略以：「記帳士法第2條條文，照審查會通過條文通過，並送院會表決」。其後立法院於同年6月15日三讀表決通過上述修正條文，並於同年7月11日經總統令修正公布。[11]

　　此項違憲修法，除提案委員應負起政治責任之外，從黨團協商內容根本無法得知究竟何人支持及何人反對此項提案，只由提案委員負責或是反對黨也有責任？由此可知，黨團協商公開不落實，責任政治就難以建立。黨團協商公開不是立法技術問題，是深化民主不可或缺之重要制度，立法院目前之作法顯有違憲之嫌，應儘速進行改革。

伍、結論

　　國會為國家政治中心，基於國民主權原則及民主原則，立法院權力來自於人民，代表人民行使憲法所賦予之立法或監督權力。另外，本於透明政府與民主課責之要求，人民有權知悉國會是否有「密室政治」或「黑箱作業」，是否產生貪腐或危害國家利益之情事。而民主課責之前提要件就是資訊公開，所以政府資訊公開法制為陽光法案之一環，唯有落實政府資訊公開，方能落實民主政治。依照政府資訊公開法及立法院職權行使法，立法院為政府資訊公開之義務主體，其黨團協商為公開對象。然而，至今為止，作為立法者，立法院卻不遵守自己所訂之法律，對於公民團體要求公開黨團協商內容，以監督立法行為之要求。立法院祕書長對於監察院之調查行為則以國會自律原則作為護身符，明顯違反憲法中國民主權原則及民主原則，也侵害人民知的權利，應予究責，以建立真正的透明國會！

11　參閱司法院釋字第655號解釋所載考試院釋憲聲請書。

後記：

　　在公民監督國會聯盟和其他民間團體的要求下，蘇嘉全院長答應開放國會電視頻道，直播立法院議事。首先在2016年4月8日開始於三家頻道（民視四季台、八大娛樂台與冠軍電視台）試播。除了電視轉播外，包括四季、台灣《蘋果日報》、中華電信、愛卡拉、中央社、公視、聯合新聞網、冠傳媒、壹電視、關鍵評論網、報橘、沃草，也都在網站上提供國會直播，從此上網就可以收看院會與委員會的全程實況轉播。然而一開始，朝野協商暫時只能錄音錄影，會後公開記錄，無法直播。不過後來在時代力量的抗議下，黨團協商稍後也開放直播了。

　　2016年11月25日立法院通過立法院組織法第5條第3款，修訂國會頻道轉播的法源，並明定由公廣集團來執行。隔年國會頻道正式成立，無線台在21、22頻道，由公廣集團華視擔起21、22台無線頻道轉播。有線電視則定頻在123、124頻道。

　　在本文經由外審之後，黨團協商才開放直播。雖然黨團協商已開放直播，站在政府資訊公開，包括黨團協商內容，屬於人民知的權利之角度下，該篇文章仍值得刊登。

參考書目

外文部分

Jarass, Hans D. and Bodo Pieroth. 2012. *Grundgesetz für die Bundesrepublik Deutschland*. München: C.H. Beck Verlag.

Kloepfer, Michael. 2002. *Informationsrecht*. München: C.H. Beck Verlag.

Stern, K. and Florian Becker. 2010. *Grundrechte-Kommentar*. Köln: Carl Heymanns Verlag.

中文部分

胡文棟。2006。〈我國立法院黨團協商制度之探討〉。《國立空中大學社會科學學報》2：111-137。

松井茂記。2003。《情報公開法》。東京：有斐閣。

第十章
誰來監督監督者：
以檢察總長任命的國會授權與監督
爲例*

陳鴻章、宋秉仁

陳瑞仁：台灣需要有一群檢察官沒有後顧之憂，當他發現大案時可以專心去追查。（王迺嘉等，2012）

壹、前言

　　2006年法院組織法修法，一個被期待能夠讓檢察總長超然獨立，特別偵查組可以專司重大案件的制度變革，在經歷了十年左右的運作。[1]不但沒有如當初的預期，反而留下遭到監察院彈劾請辭（陳聰明檢察總長）、官司纏身（黃世銘檢察總長），以及充滿爭議的特偵組。為何這樣一個立意良好的制度變革，未能產生如預期的效益。我們所面對的是制度設計缺陷的問題，或是所託非人，還是因為其他的因素，讓我們所期待檢察體系的最高層（檢察總長陳聰明、黃世銘、特偵組），不但未若預期超

---

* 筆者們感謝兩位評審的提點指正，同時也感謝研討會初稿評論人吳重禮教授及與會者們的寶貴意見。

[1] 2006年1月13日立法院修改法院組織法第66條（檢察總長任命）、第63-1條（特偵組）、第59-1條（檢審會）。檢察總長改由總統提名、立法院過半數同意、一任四年不得連任，設立特偵組專司重大案件偵辦，以及檢察官人事審議委員會合法化、檢察官票選人審委員過半等重大的制度變革，檢察體制改革取得了前所未有的成就。

然獨立並有所作為，反而只留下各種爭議，這將會是本文所欲了解的。

　　為此，我們一方面將會從制度層面切入，比較2006年1月13日，法院組織法修改前後，所呈現的制度結構差異。另一方面，本文也嘗試出人事任命的面向，分析謝文定、陳聰明，以及黃世銘等三位檢察總長被提名人，在立法院的聯席審查情況，以及探究陳聰明、黃世銘等兩位檢察總長所組成的特偵組有何差異。相信透過相關制度、檢察總長的人事任命審查，以及特偵組人事結構分析，我們可以了解為何特偵組與檢察總長，均沒有能夠如我們所期待的超然獨立並有所作為。

貳、檢察司法獨立與課責　

　　在這一節我們將簡要介紹檢察司法獨立與課責（judicial independence and accountability）的相關理論觀點，並說明如何區分特定國家的司法檢察機關，所呈現的司法獨立與課責類型。首先，所謂的司法檢察獨立，如Ramseyer（1994: 721-723）就認為獨立的司法體系，是指一個政治人物並不會因為法官做出的判決，而加以介入且嘗試透過獎賞或處罰法官的體系。

　　換言之，一般而言我們對於檢察司法體系獨立的概念即是，一個獨立的檢察司法體系，是不受到來自於行政、立法部門的干涉與控制，本於法律所賦予的職權，執行相關偵查、起訴，以及判決等司法部門的任務。同時，司法獨立更被認為是自由民主所不可或缺的一個特質，且是一個達成重要目的與期待的制度性工具（Russell, 2001: 1-3; Ferejohn, 1999: 353）。而且Larkins（1996: 605-608）也指出獨立的司法可以調解紛爭，更會讓法治得以實現，並且守護民主憲政與正義。

　　由此我們可知，對於司法獨立抱持正面評價觀點者，基本上並沒有將司法獨立視為是具有應然價值目的，不過卻被認為是可以實現法治、守護民主憲政與正義等，所不可或缺的制度工具。也因為如此，司法獨立的

相關問題，均圍繞在如何確保司法人員的決定是依循法律，而非是自身的想像或是其他政治部門（行政、立法）的意圖（Breyer, 1996: 898）。所以，在實務上我們會讓司法人員（法官等），獲得不用憂慮其正確的司法判決等決定，將會對其個人造成不利影響的制度性保護（Ferejohn, 1999: 354）。

不過，這一種對於司法獨立，正面工具性的論述觀點，以及對於司法人員獨立的制度性保障等制度設計，也並非全然被加以認同，或是毫無理論上的爭議。首先，我們必須認知到的是，即便在規範性的期待上，法官是要可以獨立於外界收買、自身意識型態，進而被託付去執行他的公共職責（public duties）的自主性道德代理人，但事實上法官也是人，且其所作出的決定更是影響甚鉅。而且在諸多歷史性的判決爭議上，往往被認為是因為我們給予裁判者，太多的制度性保護，而留下過多讓裁判者將自身觀點加諸於社會的餘地（Ferejohn, 1999: 353-354）。

此外，如Cross（2003: 196-197）更是認為司法獨立本身潛在困境不外是，司法人員具有自己的利益以及意識型態的偏好，一個絕對獨立不受到制衡的司法體系，很容易在做出相關裁決時，是基於自身的奇想或是偏好，但未必是依循著法律。而這樣的情況，就常發生在伊朗那極為具有獨立性的司法體系，所做出的判決。伊朗的司法體系，除了拒絕受到多數人民支持的民主方案，並且關閉新聞媒體，甚至逮捕改革派的新聞記者與學生等。

由以上討論我們可以了解，一個沒有制衡可能性，亦即不具有可課責性（accountable），而完全獨立的司法體系，其實並非是毫無風險可言。因為如果我們讓任何一種權力（行政、立法、司法），毫無受到制衡的可能性，那麼除非掌握這個毫不受到節制權力的個人或群體，是有著絕對性的善與永遠不會犯下任何錯誤的能力。不然，當我們在創造或是允許一個不受到節制的司法、檢察權力出現的同時，我們事實上就已經落入了Cappelletti（1983）所提出的「誰來監督監督者」（Who watches the watchmen?）的困境當中。

　　所以，實質上司法獨立與民主課責之間，是存有一定程度的緊張關係（Cappelletti, 1983; Russell, 2001; Shetreet, 1985）。因為一個完全獨立，毫無課責可能性的司法體系，除了本身就存有一定程度的風險之外，其實也不符合民主體制運作的需求。不過，若是要司法體系，對於各方面的需求，完全加以回應，勢必將使得司法體系失去應該保有的獨立性，甚至將無法期待司法體系可以去維持法治、守護民主憲政與正義的可能。

　　那麼，除了司法獨立與民主課責，必然存有一定程度的緊張關係之外，在經驗或實證上，我們又該如何看待或是將特定的司法體系，所具備的司法獨立與民主課責特質，加以歸類呢？而分屬於不同型態的司法獨立與民主課責類型的司法體系，其又可能存有那些優缺點呢？對於這一個實證的問題，Cappelletti（1983）提出了一個可以加以參考與運用的司法獨立與民主課責分類。

　　Cappelletti（1983）提出了（一）壓抑或依賴模式（the repressive or dependency model）、（二）統合自主模式（the corporative-autonomous model）以及（三）回應或是消費者取向模式（the responsive or consumer oriented model）等三大類，司法體系與政治社會之間的關係模式。首先，在壓抑或是依賴模式當中，司法體系並不具有獨立性，不過卻是最負責任的。而此一司法體系，是對直接掌控他的行政部門，或者是政黨負責，但並非回應人民，符合這個模式的司法體系，如前蘇聯的司法體系即是。

　　其次，所謂的統合自主模式，司法體系是與政治及社會部門幾乎是呈現相互隔絕的狀態，歐陸國家當中的法國、義大利，以及諸多拉丁美洲國家，即可被視為是此一類型。而這一個類型的司法體系，是所有類型當中最為具有獨立性的司法體系，同時也是被監督程度最低的一種類型。但卻也因為這種高度的獨立性，所以往往回應社會或是政治部門的需求，被其視為是次要的，而追求司法體系的利益，或是被其所認知的價值，才是最為重要的。

　　至於第三種「回應或是消費者取向模式」，其基本特質是司法體系同時具有法律上的責任，但也必須回應社會的需求。該模式的基本理念是，

司法體系在一個分權制衡的民主環境當中，在擁有權力的同時，也必須受到相對的限制或是控制。王金壽（2007）指出：美國的大法官任命模式，就是回應或是消費者取向模式的展現。而此一模式同時也是，Cappelletti（1983）認為有可能解決「誰來監督監督者」困境，進而讓司法獨立與民主課責取得平衡點的一個模式。

　　那麼，在以上的說明之後，接著我們將進一步從制度設計層面切入，並試圖由人事任命的面向探究，台灣在2006年法院組織法修改之後，到底使得台灣的檢察體系，往哪個司法檢察獨立與民主課責的型態發展。而且在這樣的過程當中，到底是制度的設計不良，或者是所託非人，才使得特偵組與檢察總長，均沒有能夠如制度設計所期待，反而留下諸多的爭議。

參、司法檢察類型與資料蒐集

　　上一節討論司法檢察獨立與民主課責，以及介紹三種司法體系與社會關係模式後。接著要說明的是，如何從司法檢察制度設計層面、重要司法檢察人事任免等面向進行觀察，進而了解特定國家的檢察體系是屬於哪一種類型的司法檢察獨立，以及可能面對的難題。在這一節，也將說明本文所需相關資料的蒐集。

一、司法檢察獨立的類型

　　如前一節所提及的三種司法體系與社會關係模式，基本上第一種「壓抑或依賴模式」模式，將會出現以服務當權者為主要目的，但卻未必是一個能夠維護社會公平正義，或是法治等多數價值的司法檢察體系。該類型的司法檢察體系，即是「壓抑或依賴」型的司法檢察體系。除非掌控該司法檢察體系的有權者，是有意識讓這個體系，成為多數社會價值的維護者。那麼，情勢就將有所不同，但通常這樣的掌權者，只有在特定情況下才有可能出現，或者是可遇而不可求。

　　而在這種模式下的司法檢察獨立情況，若具體呈現在制度上，或是實際的司法人事掌控上，我們將會發現明確的制度性司法檢察控制機制，或是存有高度的司法檢察人事操控模式存在。例如在制度層面上，司法體系的判決往往並非是最終的裁決，政黨的力量或是行政權的掌握者，可以直接否定司法體系的決定。至於在司法檢察人事操控上，常見的模式則是有權者，掌控了司法檢察體系當中，擁有關鍵權力者的任命或是調動權。

　　相較之下，處在第二種「**統合自主模式**」之下，最極端的情況就是將會出現一個幾乎完全獨立的司法檢察體系，且是毫無任何可課責性存在，這等於是已經成為司法檢察治國一般。不過，這樣的情況下，即便司法檢察人員素質再高，也無法避免落入「誰來監督監督者」的制度性困境當中。一旦司法檢察人員在執法的過程當中，以自身或是司法體系的利益、意識型態等作為基準，而非是依循著法律執法，那麼將無可避免造成法律的扭曲，以及不可預期的影響。

　　於該模式下，我們將可以明顯的在制度上觀察到，一個近似於國中之國的司法檢察體系。在制度層面上，這個司法體系將會有最終裁決的權力，同時這個體系的成員，也將在職業生涯、薪資等福利上，擁有制度性的保障。換句話說，其他政治或社會團體的力量，均沒有能夠參與或實質的影響，此一體系的運作或決定。該類型的司法檢察體系，我們可以將其稱為是「統合自主」型的司法檢察體系。然而，絕然獨立的司法體系，將會造什麼樣的影響，其實是存有一定程度的風險，畢竟執法者也是人，又怎可被期待是「全知、全能、全善」呢？

　　至於，處在第三種「**回應或是消費者取向模式**」之下，既然是一個要兼具法律責任，同時又要回應社會需求的模式。因此，為了要能夠回應社會的需求，同時又要兼顧法律的責任。我們將會發現，在這個模式下的司法檢察人員，會有一定程度的獨立性，或者是制度性的保障，但卻不可能是毫無受到制衡的。就以美國的法院體系為例，個別法官雖然具有職務與薪資等的保障，但法官的任命，是來自於行政部門的提名，立法部門的同意。同時，立法與行政部門，還握有諸多影響法院運作的制度性工具。而

這樣讓法官具有一定程度的獨立性，但卻非毫無限制或是不受到立法與行政制衡的制度設計，即是Ferejohn（1999）所謂的「獨立的法官、不獨立的法院」。

不過，還必須強調的是，在這一種同時兼具法律責任，但又具有回應性的制度型態下，所呈現的司法檢察獨立的制度設計。基本上，是需要有較好的民主品質作為其運作的基礎，不然我們很難以期待，司法或檢察部門如何在素質低劣的民主環境當中，一方面可以因為政治社會力量的參與而有良性的司法或檢察人員甄補（若是採行美式的法官提名任命模式），而另一方面卻是又要回應來自社會，或者是政治上的各種需求。而該類型的司法檢察體系，我們可以將其稱為是「回應或是消費者取向」型的司法檢察體系。

二、資料蒐集

介紹司法檢察體系的三種類型之後，接著為了解台灣的檢察體系在2006年法院組織法修法之後，在制度上，以及重要檢察人事的任命，所產生的改變，我們將蒐集相關制度變革，及重要檢察人事任命資料。首先，就制度層面的資料蒐集而言，我們將會著重於2006年法院組織法修改前後，關於檢察體系重要人事任命、組織調整及檢察權力等方面的資料。

透過制度性資料的蒐集，我們可以分析比較，到底在制度修改的前後，讓整個檢察體系朝向那一個類型的司法檢察型態發展。假設在這一次的法院組織法修改過程，檢察體系的重大人事權，是由原本的行政權主宰的制度型態，被修改成行政與立法權共享的狀態。那麼我們就可以得知，就制度層面觀之，檢察體系是由原本的「壓抑或依賴」型，轉變為「回應或是消費者取向」型的司法檢察體系。

其次，除了蒐集制度層面變化的相關資料，進行分析與比較之外，另一個值得深入分析的面向即是重要檢察人事的任命過程，以及重要檢察機構人員組成情況的資料。在這方面的資料蒐集，本文將觀察的重心放

在2006-2010年間，成功獲得立法院同意的陳聰明、黃世銘等兩位檢察總長，其所組成的特偵組的人員結構，以及謝文定、陳聰明、黃世銘等三位檢察總長被提名人，立法院的聯席審查會，不同黨派立委的參與以及實際的質詢內容資料的蒐集。

就特偵組人事資料的蒐集方面，我們將會蒐集陳聰明、黃世銘等兩位檢察總長任內，其所調任的特偵組檢察官的司法官訓練班期別，以及在特偵組的任職時間等資料。對於期別資料的蒐集，主要能夠了解，到底前後兩任檢察總長，組成了一個什麼樣的特偵組。尤其是在相當講究期別倫理的檢察體系內，其實不同的特偵組期別結構，是會有一定意義的。

理論上，當整個特偵組成員，期別與檢察總長之間的差距愈是拉大，將可能使得檢察總長對於特偵組的主導力量，更加的擴張與深化。這種情況，若是配合上檢察總長在整個檢察體系內的聲望，以及擁有實質的檢察人事升遷影響力，那更是不容忽視。所以，對於特偵組檢察官的司法官訓練期別的資料蒐集與分析，是一個值得切入的研究重點。

另一方面，到目前為止，從2006年法院組織法修法，到2016年特偵組遭到廢止，在檢察總長可以指揮特偵組的制度架構下，一共有謝文定、陳聰明、黃世銘，以及顏大和等四位檢察總長被提名人。由於顏大和總長任內，特偵組已經備受輿論的壓力，所以相較於前兩任總長及特偵組而言，進行比較與分析未必合宜，因此就先不列入分析。

而在謝文定被提名人方面，他是第一個制度變革之後，被總統提名的檢察總長被提名人，但卻也是到目前為止第一個未獲立院過半同意的被提名人。所以，雖然謝文定未有上任後的相關作為可供比對，但確實是需要了解整個聯席審查過程當中，是遭到那些質疑，以至於未能獲得立院的過半同意。至於陳聰明、黃世銘等兩位檢察總長被提名人，雖然在不同的政治局勢下，都順利獲得了立法院的過半數同意支持，而順利出任檢察總長職務。

不過，這兩位風評各異的檢察總長，均未能夠將一任四年，不得連任的任期任滿，陳聰明總長是遭到監察院彈劾下台，而黃世銘總長則因為遭

到台北地院判刑一年兩個月，雖可易科罰金42萬，但卻不得緩刑，而辭職下台。那麼，在立法院的聯席審查過程當中，是否早已透露出端倪呢？這將會是我們欲蒐集並且深入探究，以及分析的重要資料。同時這也將讓我們了解到，立法院對於檢察總長提名人，所進行的聯席審查，是否有實質的意義。

肆、2006年法院組織法修法前後的制度差異

上一節說明相關資料的蒐集之後，在此就以表10-1呈現，2006年1月13日法院組織法修法前後，台灣的檢察體系在整個制度層面上，出現了什麼樣的變革。

表10-1　2006年法院組織法修法前後制度差異比較

	修法前	修法後
特別偵查機關	台灣高檢署查緝黑金行動中心（時任法務部長陳定南核定之臺灣高等法院檢察署查緝黑金行動中心及各特別偵查組作業要點）	最高檢察署特別偵查組（2006年1月13日立法院通過法院組織法第63-1條）
檢察總長任命與職權	1.法院組織法無特別規定，實際上是由總統任命。（原法院組織法第66條僅規定檢察總長為特任官，並無規定任命方式） 2.檢察總長指揮監督該署檢察官及高等法院以下各級法院及分院檢察署檢察官。（依據法院組織法第66條）	1.由總統提名，立法院過半數同意。（2006年1月13日立法院修改法院組織法第66條，明文規定最高檢察署檢察總長，為特任，由總統提名，立法院過半同意。一任四年，不得連任。） 2.檢察總長指揮監督該署檢察

表10-1　2006年法院組織法修法前後制度差異比較（續）

	修法前	修法後
		官及高等法院以下各級法院及分院檢察署檢察官。最高檢察署設特別偵查組，檢察總長指定一人為主任，該組之檢察官、檢察事務官及其他人員，由最高法院檢察署檢察總長自各級法院檢察署中調最高法院檢察署辦事。（依據法院組織法第66條、第66-1條）
檢察人事	檢察官人事審議委員會（沒有法源依據的黑機關，實質影響力有限，檢察官調動等重大人事權由法務部長操控）	檢察官人事審議委員會（2006年1月13日立法院修改法院組織法第59-1條，明文規定設置檢察官人事審議委員會，審議高等法院檢察署以下各級法院及其分院檢察署主任檢察官、檢察官之任免、轉任、遷調、考核及獎懲事項。法務部部長遴任檢察長前，檢察官人事審議委員會應提出職缺二倍人選，由法務部部長圈選之。檢察長之遷調應送檢察官人事審議委員會徵詢意見。）

資料來源：作者自行整理自王金壽（2008）、蔡碧玉（2010）、全國法規資料庫（2018；2019）。

　　如表10-1所示，針對2006年1月這一波的法院組織法修改，我們將觀察的重心放在特別偵查機關、檢察總長任命與職權，以及檢察人事等三個對於檢察體系所屬類型，將會造成重要影響的幾個部分。首先，在該次法院組織法修法之前，台灣的檢察體系當中，就已經存有以高檢署查緝黑金

行動中心作為核心，然後在各個高分檢也有特別偵查組，並且採行一、二審檢察官一起運作的模式，進行重大黑金案件的偵查工作。不過，值得一提的是，此一檢察體系內的特別偵查機構設立，就制度層面而言，是由行政部門所支持而設立的。

而在最高檢察署檢察總長的任命、重要職權方面，同樣在2006年的法院組織法修改之前，並沒有明確規範，整個檢察總長的任命程序，僅在法院組織法第66條，規定檢察總長為特任官。而事實上，這個時期的檢察總長，是由掌控行政權的掌權者所加以任命，而且在制度層面上，檢察總長此一職位，完全是不具有任期保障的。

此外，就法院組織法第63條的規定，檢察總長是整個檢察體系當中，掌控整個檢察體系，任何個案偵辦、指揮、監督的權力者。但與檢察總長最為直接隸屬的最高檢察署，事實上是個有將無兵，位階雖然是最高，不過完全不具有第一線相關案件偵辦功能的單位。因此，檢察總長雖然看似位高，但其實際能夠展現的權力，是受到相當大的制度性限制。

至於在檢察人事方面，雖然法院組織法修法之前，法務部就已經有檢察官人事審議委員會，以下簡稱為檢審會，此一看似對於檢察人事具有一定影響，且也成為檢察改革運動，爭取相關人事權改革訴求的制度設計（王金壽，2008：132-147）。不過，實質上檢審會的存在並沒有法源依據，除了是一個黑機關之外，其所能發揮的實質影響力，其實是相當之有限的，檢察體系的人事權，是掌控在行政權所指派的法務部長。

由以上簡要說明，我們不難發現，分別從檢察體系的特別偵查機關、檢察總長的任命、重要職權，以及檢察人事等幾個部分觀察，都可以得知在2006年法院組織法修改之前，檢察體系幾乎是完全受制於行政權的。換言之，就制度設計層面觀之，我們可以認定這個檢察體系，在制度上是一個「壓抑或依賴」型的司法檢察體系。

相較之下，在2006年法院組織法修改之後，就特別偵查機關觀之，依據修改後的法院組織法第66-1條的規定，在最高檢察署設立特別偵查組，專司總統、副總統以及部長級以上高官犯罪，重大選舉舞弊，以及嚴

重影響經濟社會秩序等重大案件。若是單就特偵組的設立而言，相較於高檢署查緝黑金行動中心，可以說一方面層級提升了，另一方面檢察體系的特別偵察機關，也由原先缺乏法源依據的黑機關，轉變為依法有據。

　　而在檢察總長的任命、重要職權方面，則是出現了制度性的變革，且讓檢察總長的權力實質的擴張。依據修訂後的法院組織法第66條規定，檢察總長由總統提名，立法院過半數同意任命，一任四年不可連任。在這樣的制度變革之下，原先不具有任期保障，完全掌控在行政權手中的檢察總長，一舉成為具有需要立院同意，具有民意基礎，且有任期保障的檢察總長。很明顯的，這一波修法，在制度設計上限縮了行政權，而且讓立法權參與了檢察體系極為重要的人事任命權力。同時，檢察總長也在這樣的制度變革當中，進而脫離了原先受到行政體系宰制的處境。

　　至於在檢察總長權力擴張方面，依照修法前法院組織法第63條的規定，總長雖然看似位高權重，但實質上最高檢察署，是一個有將無兵的單位，而負責實際偵查的地檢署，或者是設置於二審的查緝黑金中心，基本上都不是直接隸屬於檢察總長。不過，隨著法院組織法第63-1條的制定，最高檢察署有了專司重大案件偵辦的特別偵查組。且更為重要的是，此一特別偵查組的成員，均由檢察總長來挑選。

　　一時之間檢察總長不再只是位高但卻有將無兵，而更為重要的是，這一個特偵組的人員均由其調任組成，這更是有別於地檢署檢察長，幾乎沒有選擇兵將權力的情況。雖然，如2006年的立法院的聯席審查中，謝文定被提名人就提到檢察總長可以組成特偵組，但只要特偵組的檢察官是由一、二審調任，均要獲得檢察官人事審議委員會的同意，這不但是檢察體系內部的一種民主機制，同時也是對檢察總長的制衡[2]。

　　但事實上，一個擁有最高個案指揮監督權、掌控四席人審會委員，且經過國會過半數同意的檢察總長，理論上其所提出的特偵組檢察官人選，遭到檢察官人事審議委員會否決的可能性，是相當之微小的。如陳聰明、

黃世銘等兩位檢察總長所提出的名單，均順利獲得檢審會的同意。

最後，在檢察人事的變革方面，2006年法院組織法的修法，在制度上有了結構性的變革。法院組織法第59-1條規定，法務部設置檢察官人事審議委員會，同時賦予該會，一、二審檢察官人事調動決定權，以及針對出缺檢察長職位，提出職缺二倍人選，供法務部長圈選的重要檢察人事權。然而，更為重要的制度性變革在於，法制化之後的檢察官人事審議委員會，17名人審委員當中，4名由法務部長任命、檢察總長為當然委員，並指定3名代表，其餘9名則是由全體檢察官票選產生。

此一檢察官人事審議委員會的制度性變革，就人審委員的分配而言，一方面將行政權的影響力大幅度的壓縮，另一方面則是擴張了檢察總長在檢察人事上的權力。同時，更透過剛好過半的全體檢察官票選委員，讓整個檢察人事權，在制度上大幅度的朝向檢察獨立的方向轉變。

由以上說明，我們可以得知，分別從檢察體系的特別偵查機關、檢察總長的任命，以及檢察人事等幾個部分觀察，都可以發現在2006年法院組織法修改之後，檢察體系原先受制於行政權的情況，產生了結構性的變化。就制度設計層面觀之，一個「壓抑或依賴」型的司法檢察體系，其實已經轉變成為近似「統合自主」型的檢察體系。

然而，之所以未能完全被歸類為「統合自主」型的檢察體系，關鍵在於檢察總長任命，是要由總統提名，國會過半同意。雖然，檢察總長有四年的任期保障，且沒有退場機制的設計，但這仍然是一個有著「回應或是消費者取向」型的司法檢察體系色彩的制度型態。當然，就檢審會的委員比例分配而言，代表行政體系的力量，雖然被大幅縮減，但依然有四席的檢審委員，這也是一個並非全然符合「統合自主」型的檢察體系的制度設計。不過，特別要加以注意的是，在這個轉變的過程當中，檢察總長可說是最大的贏家，其一方面擺脫了完全受到行政宰制的狀態，另一方面大舉的擴張了檢察人事影響力，同時又獲得了一個有可能完全操控的特偵組。

雖然，2006年法院組織法的修改，在制度設計上，沒有讓整個檢察體系一舉完全轉變為「統合自主」型的檢察體系。但這確實是一個，讓檢

察體系高度自主性的制度變革,而陳瑞仁(2007)檢察官更認為「這是基層檢察官劃時代的重大勝利」。不過,當檢察體系在制度層面上,大幅轉變成為準「統合自主」型態的同時,一個必須要被深刻體認到的問題即是,Cappelletti(1983)所強調的「誰來監督監督者」困境,似乎已經無可避免。

伍、特偵組的組成

　　上一節探討2006年法院組織法修法前後,制度層面上所呈現的差異,及檢察體系的型態轉變後。接著我們進一步要探究的是,在台灣司法檢察史上,所屬層級位階最高,被賦予最大權力的特別偵查單位「特偵組」,相較於以往的查緝黑金行動中心有什麼樣的差異,以及兩任由國會同意檢察總長陳聰明、黃世銘所建立的特偵組所呈現的差異性。以下,就以表10-2呈現,特偵查組與查緝黑金行動中心的比較。

表10-2　特偵組與查緝黑金行動中心比較

	最高檢察署特別偵查組	臺灣高檢署查緝黑金行動中心
起訖時間	2007年4月3日-2017年1月1日	2000年7月1日-2007年4月2日
法源依據	1.法院組織法第63-1條(2006年增訂2006年1月13日三讀通過)	1.掃除黑金行動方案(2000.06.28由行政院核定) 2.臺灣高等法院檢察署查緝黑金行動中心及各特別偵查組作業要點(由法務部長陳定南核定)
組織及實際進駐人員	1.設於最高檢察署 2.主要法定員額為6到15名檢察官(設有主任1名) 3.不受審級、地域約束 4.專門處理總統、副總統、部長級以上官員、選舉重大舞弊,以及由檢察總長認定之影響社	1.臺灣高檢署設查緝黑金行動中心 2.台北、台中、台南、高雄等四地分設特別偵查組,結合一、二審檢察人力與物力 3.採取一、二審檢察官合署辦公,或協同辦案名義運作 4.相關人事的遴選等,是獲得時

表10-2　特偵組與查緝黑金行動中心比較（續）

	最高檢察署特別偵查組	臺灣高檢署查緝黑金行動中心
	會經濟之重大案件 5.成員均由檢察總長挑選組成，從未遭到檢審會否決或質疑	任法務部長陳定南的支持
主要推動者與支持者	1.檢協會 2.反貪腐行動聯盟（由檢改會、民間司改會、泛紫聯盟、台灣透明組織、律師全國聯合會、台北律師公會、台灣人權促進會、台灣法學會、乾淨選舉促進會等組成）	1.陳定南（首次政黨輪替首位法務部部長） 2.檢改會（由陳瑞仁等改革派檢察官組成） 3.陳水扁（時任總統）
位階	設置於最高檢察署	設置於臺灣高檢署
組織主要人員甄補權力	1.最高檢察署檢察總長 2.若甄補之成員為一、二審檢察官，需經檢察官人事審議委員會同意。	法務部部長（陳定南）
獨立性	法規上高，實質上飽受爭議	法規上低，實質上高
社會認同	設立初期就面對兩極化的社會評價，且爭議日增，2013年9月政爭後，更是飽受質疑	高社會認同
備註	1.二次政黨輪替之後，被質疑是專辦在野黨的政治打手 2.陳瑞仁擔憂選擇性辦案、呂太郎憂心只辦在野黨（2008年） 3.陳瑞仁對於特偵組存廢持開放態度（2012年5月12日台灣法學會舉辦的特偵組法制省思論壇發言） 4.9月政爭爆發監聽國會總機事件（代理發言人楊榮宗於2013年9月29日早上七度堅稱絕對沒有監聽立法院總機後，同日晚間由檢察總長招開記者會鞠躬道歉）	1.遭到質疑是沒有法源依據的「黑機關」 2.於2002年立委羅福助羈押抗告獲得合法性肯定（臺灣高等法院以91年度抗字第193號裁定）

資料來源：作者整理自王金壽（2013）、朱朝亮（2009）、陳瑞仁（2005）、陳鋕銘（2003）、全國法規資料庫（2018；2019）。

　　如表10-2所示，就設立時間觀之，特偵組並不是台灣檢察體系當中，第一個特別偵查單位，在首次政黨輪替之後的2000年7月，就在行政權的主導之下，於高檢署設立了查緝黑金行動中心。並且在台北、台中、台南、高雄等四地分設特別偵查組，結合一、二審檢察人力與物力，並採取合署辦公、協同辦案的方式運作。而該特別偵查單位的設立，是由改革派檢察官組成的檢改會推動，並且獲得當時主政的陳水扁總統，以及法務部長陳定南等人的支持（陳瑞仁，2005）。

　　其次，就位階層級而言，查緝黑金行動中心，並沒有如特偵組設置於最高檢察署，同時相關法律制度與規劃，查緝黑心行動中心也未具有如同特偵組一樣由法規上所給予的獨立性。因為從制度設計層面上觀之，查緝黑金行動中心及幾個遍布於北中南等地的特偵組，幾乎就是由行政權所掌控，不具有人事獨立性的特別偵查單位。所以，正也因為如此，使得查緝黑金行動中心，一度還被稱之為是黑機關。

　　不過，值得一提的是，雖然查緝黑金行動中心，以及分別於北中南各大都會成立的特偵組，面對著各種人力、物力資源的匱乏等挑戰，以及遭到是否具有合法性的質疑。但就在如劉惟宗、朱朝亮等已升二審但仍有辦案意願的檢察官，配合上遴選一審優秀檢察官協同辦案的情況之下，在北中南各地偵辦了諸多重大黑金案件（陳鋕銘，2003）。而這樣的表現，也獲得了民眾的肯定，依據研考會的民調，2000年11月民眾的掃黑肅貪滿意度為61.2%；2001年5月對掃除黑金的表現滿意度更達到70%；2001年12月對於查辦立委、縣市首長選舉賄選滿意度，也有69.3%（陳瑞仁，2005）。

　　相較之下，隨著2006年法院組織法的修法，進而獲得法律地位，同時又設置於最高檢察署的特偵組，是一個隸屬於檢察總長的特別偵查單位，最高法定額有就有15名檢察官之多，且是專司重大案件偵查工作。不過，朱朝亮（2009）認為特偵組檢察官，應是獨立官署，不應是檢察總長的科員，同時應該由特偵組主任負責操盤，而非總長親自為之，而且特偵組的人力規模，也未必能夠負荷相關案件偵辦的需求。

　　此外，蔡碧玉（2009：16-17）對於特偵組設置於最高檢察署，也提出疑慮：僅於最高檢察署設置特偵組，使得檢察總長指揮監督缺乏緩衝空間，除了必須要在第一線面對外界壓力，更無法以總長高度統籌指揮。同時檢察一體的審級監督，更因為最高檢察署特偵組，並無上級機關，而無從發揮。而更嚴重的是，當檢察總長與特偵組檢察官利害與共時，那更難以期待內部監督的可能性。

　　所以，這一個設置於最高檢察署的特偵組，雖然在制度上是個不受到行政、立法等權力的節制。而且其又直接隸屬於國會過半數同意的檢察總長，是個具有相當高獨立性，且相關法制化過程也受到社會各界的支持。但事實上，在2008年二次政黨輪替之後，特偵組的表現，就已經分別讓陳瑞仁檢察官憂心有「辦案對象群組化」疑慮，以及呂太郎法官更是質疑存有「選擇性辦案」的問題（楊國文，2008）。

　　也許，對於特偵組出現了「辦案對象群組化」或者是「選擇性辦案」的情況。如果，我們直接認定特偵組一定沒有偏袒特定政治勢力的意圖加以解釋。這些情況所反映的是特偵組真的是如同朱朝亮（2009）所指出的，以特偵組的人力規模，未必能夠負荷相關案件偵辦的需求。所以，特偵組就選擇了，其所認為最為受到社會注目的案件，優先加以處理。

　　然而，隨著二次政黨輪替，特偵組也經歷了陳聰明，以及黃世銘等兩任檢察總長。經歷了數年的運作，雖然也曾將國民黨籍的行政院祕書長林益世起訴，以及幾度的人員改組，但特偵組並沒有能夠如同查緝黑金行動中心一樣，獲得人民的普遍肯定。[3]此外，更值得一提的是，早在2012年5月，陳瑞仁檢察官在一場由台灣法學會主辦的「特偵組法制省思論壇」當中也直言：「我認為要廢掉也不要緊，或者要怎麼改都不要緊，因為每個時代有不同的時代背景，或許現在我們也不需要了也說不定。」（王迺嘉

---

[3]　於2013年9月高達76%的民眾，表示特偵組傷害司法公正，亦有51.1%的民眾支持廢除特偵組，該民調請參考台灣智庫http://www.taiwanthinktank.org/chinese/page/2411/2410/2713/0。

等，2012）。

　　由以上關於查緝黑金行動中心，以及特偵組的比較，我們可以發現，雖然查緝黑金行動中心在制度設計上是由行政權所主導，但在前法務部長陳定南的支持，及諸多改革派檢察官的努力之下，使得這個屬於「壓抑或依賴」型的檢察特別偵查組織，交出了普遍受到民眾肯定的成績單。但位階最高，且有著高度獨立性的「特偵組」，雖然是「統合自主」型的檢察機關，但運作之初就已經存有爭議。

　　很明顯的，我們已經可以發現，轉變為「統合自主」型的檢察體系，似乎已經出現了如Cappelletti（1983）所指出的，在統合自主的關係模式下，司法體系將以追求司法體系的利益，或是被其所認知的價值，才是最為重要的。然而，回應社會或是政治部門的需求，被其視為是次要的。

　　那麼，除了針對特偵組與查緝黑金行動中心，進行比較與分析之外，另一個值得我們注意的是，特偵組的組成結構。我們就以表10-3呈現，陳聰明、黃世銘等兩位檢察總長，所組成的特偵組，呈現出的期別結構。

　　如表10-3所呈現的特偵組檢察官，司法官訓練班期別及任職情況，首先我們可以發現，在陳聰明總長任職期間，一共進行了三次特偵組檢察官的人員甄補。陳聰明總長是司法官訓練班第13期，而其所選擇的特偵組主任陳雲南，為司法官訓練班第17期，兩人之間有4期的差距，可說是期別差距不算大的學長、學弟關係。而且就經歷而言，陳雲南在出任特偵組主任之前，曾經擔任南投、新竹地檢署檢察長，是具有一定的經歷。[4]至於在特偵組的整個檢察官而言，首次組成特偵組時，平均期別為26.1期，最大期別為17期，最小期別為39期，而期別的標準差為6.8。

　　隨後，陳聰明檢察總長又進行了兩次人員的更新與甄補，在這兩次人員的調整過程，我們可以發現的是，特偵組檢察官的平均期別，也由

---

[4]　關於陳雲南檢察官以及陳宏達檢察官等檢察官的重要經歷，可以由總統府網站的總統府公報系統查詢即可。總統府公報網站網址為http://www.president.gov.tw/Default.aspx?tabid=164。

表10-3　最高檢察署特別偵查組檢察官期別與任期結構（陳聰明、黃世銘）

檢察總長	陳聰明（35.29月）			黃世銘（47.47月）	
特偵組期別	1.1	1.2	1.3	2.1	2.2
總長期別	13	13	13	14	14
主任期別	17	17	17	26	26
最小期別	39	39	41	39	41
最大期別	17	17	17	26	26
平均期別	26.10	29.60	30.21	32.38	35.64
期別標準差	6.80	6.23	6.35	4.39	4.48
留任者比率	0.00	0.45	0.79	0.15	0.71
最長任期（月）	36.35			47.60	
最短任期（月）	4.52			10.33	
平均任期（月）	18.98			37.72	
任期標準差（月）	11.72			13.59	
總人數	10	11	14	13	14

資料來源：由作者自行整理自yahoo, google等搜尋引擎，以及最高檢察署特偵組網頁http://www.tps.moj.gov.tw/ct.asp?xItem=221114&CtNode=30090&mp=002。

26.1增加為30.21期。而檢察總長與特偵組檢官的平均司法官訓練班期別差距，也由原本的13期左右，拉大到有17期左右的差距。同時期別標準差也有縮小的情況，而最小期別也成為司法官訓練班41期。由以上的討論我們可以了解到，在陳聰明檢察總長的特偵組檢察官組成，以及後續的調整，是使得整個檢察官的期別差距些微的縮小，同時也增加了一些較為資淺檢察官。

相較之下，司法官訓練班14期的黃世銘檢察總長，選擇了陳宏達出任特偵組主任一職。陳宏達雖然當時是現任金門地檢署檢察長，不過卻也是第一次出任地檢署檢察長職務，而其司法官訓練班期別為第26期。雖然，陳宏達主任，是黃世銘總長時期，特偵組成員當中，司法官訓練期別最為

資深的檢察官。

　　不過，就司法官訓練班期別差距觀之，新任特偵組主任陳宏達與黃世銘檢察總長之間，就有12期的差距。這樣的期別差距，已經是老學長與小學弟的關係了，甚至是有拉大到師徒關係的差距。而且又加上陳宏達主任，在檢察體系的歷練，僅是首次接任金門地檢署的檢察長。所以，黃世銘總長時期的特偵組，陳宏達主任所能扮演的角色，相對於陳雲南擔任主任時期，應該是相對有限的。

　　此外，黃世銘檢察總長第一次組成的特偵組，一共有13位檢察官，其中兩位是陳聰明總長時期特偵組成員留任，其餘11位均是由黃世銘總長所選任。這13位特偵組檢察官，最大與最小司法官訓練班期別，分別為26期及39期，而平均期別為32.38期，至於期別標準則為4.39。對於這樣的情況，若是和陳聰明檢察總長時期的特偵組加以比較，一方面平均期別增加了，同時期別標準差也大幅下降。

　　很明顯的，黃世銘檢察總長時期的特偵組檢察官，呈現資深檢察官的比率降低，且人員的期別也更為集中。當然這樣的情況，也明顯反映在特偵組檢察官的平均期別，也由陳聰明第三次甄補後的30.21增加為，黃世銘第一次甄補的32.38期。而檢察總長與特偵組檢察官的平均司法官訓練班期別差距，也由陳聰明第三次甄補後的17期左右，些微增加為黃世銘第一次甄補的18期左右的差距。

　　但是情況在黃世銘總長，進行第二次特偵組的人員甄補之後，總長與特偵組檢察官的平均司法官訓練班期別差距，一舉擴大到21期。表面上，特偵組檢察官的期別增加，資歷較淺的檢察官持續的被選拔進入特偵組，似乎可以被解讀為是讓特偵組更有活力，以及衝勁的人員調整。不過，這個相對資淺人員逐漸增加的特偵組，事實上是正在實質強化檢察總長的內部控制力。

　　因為在一個講究期別倫理，且又有著檢察一體原則的檢察體系當中，若是再加上進入了如特偵組這樣一個人員的去留，幾乎是由一個位高權重，且又有著「司法鐵漢」聲望的總長掌控的特別偵查機關。那麼，一個

檢察官是否有足夠的歷練，以及與總長之間的期別差距，就會影響其是否能在任何的情況下，一定程度的堅持作為獨立官署，或者是在不知不覺中，很自然的成為乎是不假思索的，完全聽從於總長指示的科員了。

陸、「誰是檢察總長」、「檢察總長是誰」

　　在比較了特偵組與查緝黑金行動中心，並且探究了陳聰明、黃世銘等兩位檢察總長時期，所組成特偵組的司法官期別後，接著要探討的是2006-2014年間，3位檢察總長被提名人（謝文定、陳聰明、黃世銘），在立法院行使同意權之前，進行委員會聯席審查的情況。

　　在法院組織法的規範下，檢察總長需要立法院過半同意始能出任，同時這也是立法院對於檢察體系直接，且最有影響可能的制度設計。所以，歷年來立法院，是如何審查呢？到底一個檢察總長被提名人，為何無法獲得立院的過半數同意，而獲得過半數同意的被提名人，立法院是否又在委員會聯席審查的過程，善盡審查責任呢？在此我們將加以解讀，以下就以表10-4呈現，歷任檢察總長上下台的情況。

　　如表10-4所呈現2006年法院組織法修改之後，於2006-2014年間，三位檢察總長被提名人（謝文定、陳聰明、黃世銘），立法院同意權行使的情況，以及其中兩位（陳聰明、黃世銘）獲得立院過半同意，出任檢察總長下台的原因。

　　首先，謝文定是2006年法院組織法修改之後，第一個獲得時任總統陳水扁提名，同時也是檢協會發起票選檢察總長第二名，並獲得檢協會、檢改會支持的檢察總長被提名人（蘋果日報，2006）。不過，當時的執政黨民進黨，在第六屆立委時期的立法院，雖然是國會第一大黨，但僅有89席，占總席次數39.6%。即使與較為友好的台聯黨（12席），一起支持謝文定的同意權行使案，也僅能達到101席，依舊是未能過半的情況。

表10-4　歷任檢察總長上下台情況（2006～2014年）

被提名人	謝文定	陳聰明	黃世銘
提名時現職	高檢署檢察長	高雄高分檢檢察長	法務部政務次長
提名人	陳水扁	陳水扁	馬英九
同意	(48.6) 101	(58.6) 126	(68.8) 75
不同意	(9.1) 19	(0.9) 2	(29.4) 32
無效	(42.3) 88	(40.5) 87	(1.8) 2
出席數	208	215	109
執政黨席次	(39.6) 89	(39.6) 89	(69.0) 78
卸任原因	（未獲國會通過，故未上任）	遭到監察院因未能依法守分、敬慎自持彈劾，因而請辭（彈劾原因：私會黃芳彥、出席蔡竹雄新同樂魚翅宴前後說詞反覆、到蔡竹雄辦公室表示歉意）	遭到台北地方法院判刑請辭（違反通訊保障及監察法等三罪，判一年兩個月徒刑，不得緩刑，得易科罰金42萬元。

資料來源：作者自行整理。

　　雖然，檢察總長同意權行使，是採行不計名投票方式進行，但在藍綠持續對峙的政治格局下。其實，我們是可以推估到，若沒有跨藍綠黨派的溝通，或是有其他意外。那麼，謝文定檢察總長被提名人，確實是會以相當接近過半數的101票，成為改制後第一個檢察總長被提名人及第一個未獲得立院通過者。當然，謝文定也就因為沒有獲得半數支持，並未能夠順利出任改制後第一任檢察總長。

　　其次，情況到了陳聰明檢察總長被提名人，獲得時任總統陳水扁提名時，整個政治權力的格局，並沒有太大的改變。這個時候的執政黨民進黨，同樣是一個擁有國會89席，占總席次數39.6%的執政黨。而且同樣配合上台聯黨所擁有的12席，也一樣呈現接近過半，但卻無法過半的101席。而且，陳聰明檢察長被提名人，是檢協會票選檢察總長第四名（楊國文，2006），同時檢協、檢改也呈現意見分歧，並且傳出曾關說辦案，以及透過關係向立委拜票的爭議（蘋果日報，2007）。

　　然而，情況卻是完全的改觀，在這一次立法院檢察總長的同意行使，陳聰明獲得了民進黨、台聯黨、親民黨，以及無黨團結聯盟的支持，一共是以126票（58.6%）順利獲得立法院的同意，成為改制後第一個檢察總長（黃忠榮等，2007）。不過，陳聰明檢察總長上任之後，出現頗多因為人際交往等，所引發的爭議。最後，導致陳聰明檢察總長下台的關鍵，即是因為遭到監察院以未能依法守分、敬慎自持彈劾，因而請辭下台。

　　至於黃世銘檢察總長部分，是在二次政黨輪替之後，因為陳聰明總長被監院彈劾，請辭下台，而由時任總統馬英九提名，並且獲得國會高達68.8%，75席立委支持，順利擔任檢察總長一職。黃世銘總長被提名時，其所面對的政治局勢，迥異於陳聰明總長時期，是一個執政黨掌握了78席立委席次，而在野的民進黨卻僅有30席（26.5%），高度一黨獨大的格局。

　　而黃世銘檢察總長的立法院同意權行使，除了擁有絕對席次優勢的執政黨支持之外，另一方面其更是分別在檢協會、檢改會，所辦理的票選檢察總長活動獲得第一名（楊國文，2006；蘋果日報，2010），同時更是有著「司法鐵漢」之稱（自由時報，2010）。所以，相較於陳聰明總長的同

意權行使，黃世銘總長的提名，以及同意權的行使，可說是相當之順利，且並沒有向立委拉票或關說個案等傳聞。

　　不過，即便是被檢察官所期待的第一名檢察總長，同時又獲得立法院高票通過而任命。然而，最終黃世銘總長，還是和前任的陳聰明總長一樣，並沒有能夠把一任四年，不得連任的總長任期給任滿。黃世銘總長遭到台北地檢署以觸犯「刑法洩密罪、通訊保障及監察法」提起公訴（自由時報，2013）。同時，黃世銘檢察總長，遭到台北地方法院判刑。台北地方法院認定，黃世銘總長所犯三次洩密罪行均成立，所以判刑一年兩個月，得易科罰金42萬，但因犯後未承認犯行，且審酌其態度，故未給予緩刑。（張文川、項程鎮，2014）

　　由以上討論，我們可以初步了解，在2006年法院組織法修法之後的檢察總長同意權行使，其實是有著高度政治性。同時，陳聰明、黃世銘等兩任檢察總長，雖然正式獲得立法院過半數同意之前，有著前後不一的檢察官票選檢察總長的排名順序，更有截然不同的個人風評。但兩位檢察總長均未能任滿任期，就分別涉及不同的事件與爭議而請辭下台。那麼，對於這樣的情況，我們實有必要進一步探究，到底立法院在進行檢察總長提名人的委員會聯席審查，呈現出什麼樣的情況。

　　以下，就以表10-5呈現，歷次檢察總長聯席審查會議，不同黨派委員的比例，以及質詢概況。理論上立法院的總長被提名人的委員會聯席審查，是一個在院會進行同意權行使前，極為重要的實質審查過程。因此，在有限的時間之內，各黨派的立法委員，以及該聯席審查委員會的立法委員，均會盡可能的要參與這個聯席審查，這是身為國會議員，極為重要的職責。

　　所以，如果各黨派、聯席委員會的委員，均相當之重視該審查會議，那麼理論上參與質詢的比率，將會和各黨派的立委席次比率，或者是委員會所占席次比率接近。反之，若是參與審查的比率，與席次占有比率存有高度的落差。我們就可以得知，特定黨派立委，在該次檢察總長人事審查，是有明顯的放水，或者是未善盡職責的情況發生。

表10-5　主要政黨檢察總長聯席審查會議席次與質詢人次比例表（2006-2010年）⁵

政黨	謝文定 總席次⁵	謝文定 審查委員會席次⁶	謝文定 質詢人次⁷	陳聰明 總席次	陳聰明 審查委員會席次	陳聰明 質詢人次	黃世銘 總席次	黃世銘 審查委員會席次	黃世銘 質詢人次
KMT	35.1%	46.7%	51.3%	35.1%	46.7%	66.7%	69.0%	71.4%	57.6%
DPP	39.6%	40.0%	25.6%	39.6%	40.0%	22.2%	26.5%	21.4%	42.4%
PFP	15.1%	6.7%	15.4%	15.1%	6.7%	8.3%	0.9%	0.0%	0.0%
TSU	5.3%	2.2%	5.1%	5.3%	2.2%	2.8%	0.0%	0.0%	0.0%
NP	0.4%	0.0%	0.0%	0.4%	0.0%	0.0%	0.0%	0.0%	0.0%
無	4.5%	4.4%	2.6%	4.5%	4.4%	0.0%	2.7%	7.1%	0.0%
總數	225席	45席	39人次	225席	43席	36人次	113席	28席	33人次

資料來源：作者自行整理自中選會網站（2016）、國會圖書館網站（2016）。

5　表10-5當中各種比率的計算方式，分別為總席次比率＝A政黨席次數／（除以）該屆立委總席次數、審查委員會席次比＝A政黨於該次聯席審查委員會席次數／（除以）該次聯席審查委員會總席次數、質詢人次比＝A政黨於該次聯席審查委員會質詢人數／（除以）該次聯席審查委員會總質詢人數。

6　總席次比率所代表的是各個政黨，在這一屆的立法院當中，所擁有的政治實力，以及整個立法院的政治權力分配情況。

7　聯席審查會議席次比例，所呈現的是各政黨，在聯席審查委員會所占有的席次比，及所具有的政治實力。對於大的政黨而言，由於在每個委員會席次分配相對的平均，所以聯席委員會的席次比例，將會和該黨所占的總席次比例，呈現出接近的狀態。相較之下，席次數較少的政黨，席次主要集中在特定的委員會，所以在聯席審查委員會的席次比率，通常是相對較少的狀態。

8　質詢人次比率所代表的是，在這一次審查會議當中，各政黨的參與情況。在審查時間有限的情況下，如果各個政黨的立法委員參與情況極為踴躍，那麼可以預期的是，質詢人次的比率，會與各個政黨所擁有的席次比率接近。因為如果是在一個高度參與的情況下，勢必會走向以政黨所擁有的政治實力（席次）來分配質詢的時間。反之，如果有特定的政黨採取冷處理，刻意不參與審查，那麼其所呈現的質詢人次比率，將會和特定政黨的政治實力有著極為明顯的落差。

　　如表10-5所呈現的是，2006-2010年間，謝文定、陳聰明、黃世銘等三位檢察總長被提名人，立法院聯席委員會，各黨派的參與情況。首先，就謝文定檢察總長被提名人的資格審查而言，國民黨於該次審查期間，占有總院會席次的35.1%，聯席審查委員會委員席次的46.7%，但卻在該次審查當中，占了51.3%的質詢人次。由此我們可以初步得知的是，國民黨在該次審查，就參與的情況而言，是跟其所占有的聯席審查委員會比例相當，同時更是大幅超出其所占的院會席次比率。

　　相較之下，民進黨在該次總長被提名人的聯席委員會審查期間，其所占有的院會席次為39.6%，而聯席委員會席次也有40%，不過僅是在該次審查當中，占了25.6%的質詢人次。由這樣的情況，我們已經可以明確的了解，雖然在這個時候的民進黨是國會第一大黨，但卻明顯呈現出，未能善盡檢察總長被提名人，聯席委員會資格審查的參與責任。

　　至於在親民黨方面，雖然其占有院會席次為15.1%，聯席審查委員會席次為6.7%，但卻有15.4%的聯席審查質詢人次的比率。由這樣的情況，所反映的是雖然親民黨席次相對較少，但也相當積極參與首次檢察總長被提名人的資格審查。同樣的，台聯黨所占的院會總席次，以及聯席審查委員會席次，比親民黨更少，但其也適度參與了總長被提名人聯席審查的質詢。很明顯的，由以上的討論我們已經可以得知，在各個主要政黨當中，以當時的執政黨，同時也是國會最大黨的民進黨，採取了對總長被提名人資格審查聯席委員會，冷處理的方式。相較之下，其他主要政黨是相當之積極參與。

　　而情況到了陳聰明檢察總長被提名人的聯席委員會資格審查時，產生了相當之微妙的變化。在該次的聯席審查會議當中，由於是同一屆立委，不同會期，所以各黨派的院會席次、委員會席次比率，並沒有太大的改變。但有所改變的是，國民黨的質詢人次比率，攀升到66.7%，而民進黨的質詢人次則是更降低為22.1%，至於親民黨的質詢人次比率大幅降低為8.3%，同樣的台聯黨也僅有2.8%的質詢人次比比率。很明顯的，除了國民黨之外，其他幾個主要政黨，理論上應該已經有一定的默契，並沒有要

在聯席委員會的資格審查上，有太多的著墨。

　　至於到了黃世銘檢察總長被提名人的聯席委員會資格審查，則又呈現出另一個故事。該次聯席審查是第七屆立委時期，同時也是首次單一選區兩票制，國會席次減半下的國會。於是在這一次的院會、聯席委員會當中，除了小黨幾乎消失之外，就連已經成為在野黨的民進黨，也僅剩下26.5%的院會席次，以及21.4%的委員會席次。不過，在這個國民黨一黨絕對獨大的情況之下，民進黨卻出現了42.4%的質詢人次占有比率。當然，擁有絕大多數席次的國民黨，也占有57.6%的質詢人次比率。

　　由以上的討論，我們初步可以了解到，在這三次的檢察總長被提名人聯席委員會資格審查當中，身為執政黨的政黨，均會在聯席審查委員會當中，採取冷處理的方式，來護航該黨所提名的檢察總長。相對的，其他的在野黨，除非已經有了默契，且有意支持該位被提名人，不然勢必會相當之積極的參與聯席審查會議。

　　對於這樣的情況，也許可以被解釋為是一個，由於政黨競爭所必然呈現的結果。不過，若是從國會功能與職權的角度觀之，採取這種因為檢察總長提名黨派而異，就有著截然不同審查參與態度的方式，基本上就是未善盡身為國會議員職責的表現。那麼，除了各黨派立委的聯席委員會質詢參與情況之外，接著我們更進一步以表10-6、10-7、10-8呈現，在謝文定、陳聰明、黃世銘等三位檢察總長被提名人的聯席審查會當中，不同黨派的立委又關注了那些案件。

　　如表10-6所示，在謝文定檢察總長被提名人的聯席資格審查會議當中，39個質詢人次，一共有13個案件被反覆的提出，要求被提名人表態、承諾日後將會進行追查，或者是要加以重視。這13個案件當中，就以三一九槍擊案，在46.2%的質詢人次當中被提及，是所有案件之最。而曾經轟動一時的南迴鐵路搞軌案，也在30%的質詢人次當中被提及，是次高的比率。至於國道電子收費案、高雄捷運案，則分別也有28.2%的質詢任次提及，是第三高的比率。

表10-6　檢察總長聯席審查質詢案件（謝文定）[9]

案件	KMT	PFP	DPP	TSU	無	總和
三一九槍擊案	65.0%	66.7%	0.0%	0.0%	100.0%	46.2%
南迴搞軌案	30.0%	50.0%	20.0%	50.0%	0.0%	30.8%
國道電子收費（ETC）	40.0%	0.0%	30.0%	0.0%	0.0%	28.2%
高雄捷運案	45.0%	0.0%	20.0%	0.0%	0.0%	28.2%
拉法葉軍購傭金案	5.0%	0.0%	20.0%	0.0%	0.0%	7.7%
高速鐵路案	15.0%	0.0%	0.0%	0.0%	0.0%	7.7%
股市禿鷹案	5.0%	0.0%	10.0%	0.0%	0.0%	5.1%
華磐公司民事求償案	0.0%	0.0%	20.0%	0.0%	0.0%	5.1%
陳哲男司法黃牛案	5.0%	16.7%	0.0%	0.0%	0.0%	5.1%
兆豐金控涉嫌創投掏空背信	5.0%	0.0%	0.0%	0.0%	0.0%	2.6%
高雄市長選舉走路工案	5.0%	0.0%	0.0%	0.0%	0.0%	2.6%
反詐騙	5.0%	0.0%	0.0%	0.0%	0.0%	2.6%
三中交易案	0.0%	0.0%	0.0%	50.0%	0.0%	2.6%
質詢人次總和	20	6	10	2	1	39

資料來源：作者整理自國會圖書館網站（2016）。

　　那麼，對於這前三高被提及的案件，若是進一步觀察各黨的質詢情況，則呈現出相當有趣的差異。就以三一九槍擊案而言，是高度受到國民

---

[9] 表10-6當中所呈現的質詢案件比率，就以國民黨為例，在謝文定的檢察總長審查會議當中，一共有20人次的國民黨立委質詢謝文定。而在這20人次當中，有向總長被提名人詢問三一九槍擊案的有13位，於是國民黨立委的質詢當中，三一九槍擊案的比率就是65%。由特定案件質詢比率的計算，可以讓研究者了解到，特定政黨在這一次的審查會議當中，其所著重的是哪一類型的案件。此外，還要特別強調的是，由於每一個立法委員，並沒有被限制只能質詢一個案件，所以有可能是一個立委就質詢了好幾個案件。因此同一個政黨不同案件的質詢比率，加總起來很可能是超過100%的。表10-6、10-7、10-8等三個表格的質詢案件比率計算，都是採取同樣的方式計算，在此一併說明。

黨、親民黨加以重視的，在這兩黨的質詢當中，分別就有65%、66.7%的質詢人次提及。相較之下，在民進黨、台聯黨的質詢當中，就完全未曾提及三一九槍擊案。此外，若是進一步觀察其他兩個，受到矚目的案件（國道電子收費、高雄捷運案）而言，由於都是跟執政的民進黨，有較高的關聯性。因此，在野的國民黨質詢人次當中，被提及的比率，也是較民進黨來的高。

　　所以，由此確實是可以看出，在這個檢察總長被提名人的聯席委員會資格審會議上，就連質詢時所提及的案件，也是壁壘分明。那麼，同樣的情況，是否也發生在陳聰明被提名人的聯席委員會資格審查會議呢？以下，我們就以表10-7呈現，陳聰明被提人名，聯席委員會資格審查會議，所關注案件的情況。

表10-7　檢察總長聯席審查質詢案件（陳聰明）

案件	KMT	PFP	DPP	TSU	無	總和
高雄捷運案	33.3%	0.0%	12.5%	0.0%	0.0%	25.0%
國務機要費	25.0%	33.3%	0.0%	0.0%	0.0%	19.4%
力霸案	8.3%	0.0%	25.0%	0.0%	0.0%	11.1%
高雄市長選舉走路工案	16.7%	0.0%	0.0%	0.0%	0.0%	11.1%
三一九槍擊案	16.7%	0.0%	0.0%	0.0%	0.0%	11.1%
張熙懷爭議	4.2%	0.0%	12.5%	0.0%	0.0%	5.6%
南科減震案	0.0%	0.0%	12.5%	0.0%	0.0%	2.8%
東森固網案	4.2%	0.0%	0.0%	0.0%	0.0%	2.8%
中藥商案	4.2%	0.0%	0.0%	0.0%	0.0%	2.8%
南迴搞軌案	4.2%	0.0%	0.0%	0.0%	0.0%	2.8%
質詢人次總和	24	3	8	0	0	36

資料來源：作者整理自國會圖書館網站（2016）。

　　情況到了陳聰明檢察總長被提名人的聯席委員會資格審查會議，產生

了有趣的變化，不只相關案件在質詢人次當中所占的比率排序有所改變，相關案件的被重視程度也大幅降低。於該次審查會議當中，在36個質詢人次當中，有25%的質詢人次，提及高雄捷運案，是所有案件當中最高的比率。至於國務機要費案，則有19.4%的質詢人次提及，是各個案件當中次高的比率。

此外，力霸案、高雄市長選舉走路工案、三一九槍擊案等三個案件，則分別有11.1%的質詢人次提及，為所有案件當中，第三高的比率。由前三高被提及案件的討論，我們已經可以明顯的發現，相較於謝文定總長被提名人的資格審查會議而言，相關案件被重視的程度大幅度的降低。其中，南迴搞軌案受到重視的程度，幾乎可說是微乎其微。而三一九槍擊案，似乎也不再是那樣的重要。不過，值得一提的是，政黨之間對於不同案件的重視程度，依然是存有明顯的差異性。那麼，接著我們就以表10-8呈現，黃世銘檢察總長被提人名，聯席委員會資格審查會議，不同黨派立委所關注的案件。

表10-8　檢察總長聯席審查質詢案件（黃世銘）

案件	KMT	DPP	無	總和
首長特別費案	15.8%	50.0%	0.0%	30.3%
澎湖縣長高植澎案	0.0%	35.7%	0.0%	15.2%
三中交易案	0.0%	21.4%	0.0%	9.1%
文湖線案	0.0%	21.4%	0.0%	9.1%
馬英九的魚翅案	0.0%	21.4%	0.0%	9.1%
貓空纜車案	0.0%	14.3%	0.0%	6.1%
拉法葉案	0.0%	14.3%	0.0%	6.1%
瑞士司法互助洩密案	0.0%	14.3%	0.0%	6.1%
陳聰明會黃芳彥案	10.5%	0.0%	0.0%	6.1%
三一九槍擊案	10.5%	0.0%	0.0%	6.1%
國發院土地弊案	0.0%	7.1%	0.0%	3.0%

表10-8　檢察總長聯席審查質詢案件（黃世銘）（續）

案件	KMT	DPP	無	總和
台北市大小巨蛋弊案	0.0%	7.1%	0.0%	3.0%
馬英九黨主席競選政治獻金案	0.0%	7.1%	0.0%	3.0%
富邦北銀合併案	0.0%	7.1%	0.0%	3.0%
高雄捷運案	5.3%	0.0%	0.0%	3.0%
國務機要費	5.3%	0.0%	0.0%	3.0%
北所疑犯掉包	5.3%	0.0%	0.0%	3.0%
陳文成案	5.3%	0.0%	0.0%	3.0%
林宅血案	5.3%	0.0%	0.0%	3.0%
劉邦友血案	5.3%	0.0%	0.0%	3.0%
質詢人次總和	19	14	0	33

資料來源：作者整理自國會圖書館網站（2016）。

　　如表10-8所示，在黃世銘總長被提名人的聯席委員會資格審查會議當中，整體的案件被重視程度，似乎沒有太大的回升。於33個質詢人次當中，一共有20個案件被提及，其中又以首長特別費案，以30.3%的被提及比率，成為最受到重視的案件。其次，則是澎湖縣長高植澎案，也有15.2%的質詢人次提及。至於三中交易案、文湖線案、馬英九魚翅案，則分別有9.1%的質詢人次提及，是第三高被提及的案件。若是從整體的情況觀之，我們可以得知，隨著時間的流逝，政治環境的轉變，受到重視的前三名案件，已經完全不同。

　　若是進一步分析不同黨派所關心的案件，我們可以發現在這一次的審查會議當中，於2008年二次政黨輪替，再一次執政的國民黨，以及失去政權後的民進黨，有著截然不同的反應。首先，就再次執政的國民黨而言，有別於以往，整體上對於案件的重視程度，呈現出普遍性的冷處理態勢。不過，在國民黨的質詢人次當中，也有15.8%的質詢人次，提及首長特別費案，是各個國民黨重視的案件當中，最高的比率。

　　相較之下，在民進黨的質詢人次當中，有高達50%的質詢人次，提及首長特別費案。很明顯的，在陳聰明總長時期，對於首長特別費案件的處理，讓民進黨的立法委員，有著一定程度的質疑。此外，澎湖縣長高植澎案，因為是黃世銘總長檢察官生涯當中，存有較多爭議的案件，同時高植澎更是民進黨籍澎湖縣長，所以也有35.7%的民進黨立委質詢人次提及，是各個案件當中次高的比率。而三中交易案、文湖線案、馬英九魚翅案，均分別有21.4%的質詢人次提及，是所有案件當中第三。至於，貓纜案、拉法葉案、瑞士司法互助洩密案，均分別有14.3%的質詢人次提及，是各個案件當中的第四名。

　　由以上的分析，我們可以發現，到了黃世銘總長的資格審查會議，由於政治局勢的轉變，國、民兩黨主客易位，因此國民黨對於案件的關注程度，相對的降低。而在民進黨方面，則是對於有疑似遭到不公平待遇的案件，以及執政者所涉入的相關疑雲，顯示出頗為積極的態度。

　　此外，透過以上分析不同檢察總長被提名人的聯席委員會資格審查會議當中，不同黨派立委質詢對於案件的重視程度。我們也發現：在謝文定的資格審查會議之後，於陳聰明、黃世銘的審查會議當中，總體上相關案件的被重視程度，確實是下降了。那麼，在有限的會議時間當中，進行資格審查質詢的立委們，其所關注的焦點放在那些議題呢？這是除了案件之外，另一個值得我們去探究的部分，以下，我們就以表10-9、10-10、10-11分別呈現，於謝文定、陳聰明、黃世銘等三位檢察總長被提名人的聯席審查會當中，不同黨派的立委所關注的議題。

　　如表10-9所示，在謝文定檢察總長被提名人的審查會議，39個質詢人次當中，一共有特偵組組成、偵查不公開、檢察總長角色等，17個議題被提及。其中，以特偵組的組成此一議題，是所有議題當中最熱門，一共有高達56.4%的質詢人次提及。其次，則是關於檢察體系案件偵查時的偵查不公開、檢察總長角色等兩個議題，分別均有33.3%的質詢人次提及，是各個議題當中次高的。

表10-9　檢察總長聯席審查質詢議題（謝文定）[10]

議題	KMT	PFP	DPP	TSU	無	總和
特偵組組成	60.0%	33.3%	50.0%	100.0%	100.0%	56.4%
偵查不公開	35.0%	33.3%	30.0%	50.0%	0.0%	33.3%
檢察總長角色	40.0%	50.0%	10.0%	0.0%	100.0%	33.3%
不適任檢察官評鑑退場	20.0%	16.7%	0.0%	0.0%	0.0%	12.8%
廉政署設立	5.0%	0.0%	20.0%	50.0%	0.0%	10.3%
特偵組職權	0.0%	0.0%	30.0%	0.0%	0.0%	7.7%
廢除死刑	0.0%	0.0%	30.0%	0.0%	0.0%	7.7%
非常上訴	0.0%	0.0%	30.0%	0.0%	0.0%	7.7%
總長的私人品格條件	15.0%	0.0%	0.0%	0.0%	0.0%	7.7%
程序正義	15.0%	0.0%	0.0%	0.0%	0.0%	7.7%
檢察人事控制	0.0%	0.0%	10.0%	0.0%	0.0%	2.6%
檢察人員養成	0.0%	0.0%	10.0%	0.0%	0.0%	2.6%
財產來源不明罪	0.0%	0.0%	10.0%	0.0%	0.0%	2.6%
檢察中立	0.0%	0.0%	10.0%	0.0%	0.0%	2.6%
同性婚姻合法化	0.0%	0.0%	10.0%	0.0%	0.0%	2.6%
監察通訊	5.0%	0.0%	0.0%	0.0%	0.0%	2.6%
總長退場	5.0%	0.0%	0.0%	0.0%	0.0%	2.6%
質詢人次總和	20	6	10	2	1	39

資料來源：作者整理自國會圖書館網站（2016）。

[10] 表10-9當中所呈現的質詢議題比率，以國民黨為例，在謝文定的檢察總長審查會議中，一共有20人次的國民黨立委質詢謝文定。在這20人次當中，有向總長被提名人詢問特偵組組成的有12位，於是國民黨立委的質詢當中，特偵組組成的比率就是60%。由特定議題質詢比率的計算，可以讓研究者了解到，特定政黨在這一次的審查會議當中，其所著重的是哪一類型的議題。同時也可以觀察到對於不同政黨的立法委員而言，不同的檢察總長被提名人，在哪一個議題上，是受到特別關注或是存有疑慮的。此外，還要特別強調的是，由於每一個立法委員，並沒有被限制只能質詢一個議題，所以有可能是一個立委就質詢了好幾個議題。因此同一個政黨不同議題的質詢比率，加總起來很可能是超過100%。表10-9、10-10、10-11等三個表格的質詢案件比率計算，都是採取同樣的方式計算，在此一併說明。

　　而不適任檢察官的評鑑與退場，則也有12.8%的質詢人次，提及此一議題，是所有議題當中第三高。至於是否設立廉政署（或廉政局），則也在10.3%的質詢人次當中被提及，是所有議題當中第四高。此外，值得注意的是，雖然在這17個議題，也有涉及到檢察總長被提名人謝文定的個人品格條件的議題，但僅占整個質詢人次的7.7%。

　　所以，就整個質詢議題觀之，謝文定檢察總長被提名人，遭受到個人品格質疑並不嚴重。而在該次的總長提名人審查會議當中，委員們的主要重心是放在特偵組的組成。那麼，如果進一步觀察不同政黨委員，所關注的議題重心而言，除了民進黨之外，其餘的主要政黨，沒有例外的均最為重視特偵組的組成問題，而最受到民進黨重視的則是檢察總長的角色問題。除了謝文定總長被提名人的資格審查會議，所呈現的議題關注情況之外，接著我們就以表10-10呈現，陳聰明檢察總長被提名人的資格審查會議，所呈現的議題關注情況。

表10-10　檢察總長聯席審查質詢議題（陳聰明）

議題	KMT	PFP	DPP	TSU	無	總和
總長的私人品格條件	70.8%	66.7%	37.5%	0.0%	0.0%	61.1%
特偵組組成	29.2%	33.3%	0.0%	100.0%	0.0%	25.0%
檢察總長職權	25.0%	0.0%	25.0%	0.0%	0.0%	22.2%
總統刑事豁免權	16.7%	0.0%	25.0%	0.0%	0.0%	16.7%
檢察中立	16.7%	33.3%	0.0%	100.0%	0.0%	16.7%
特偵組職權	25.0%	0.0%	0.0%	0.0%	0.0%	16.7%
檢察官濫權	8.3%	0.0%	37.5%	0.0%	0.0%	13.9%
不適任檢察官評鑑退場	0.0%	0.0%	37.5%	0.0%	0.0%	8.3%
監察通訊	8.3%	0.0%	0.0%	0.0%	0.0%	5.6%
提升司法威信	0.0%	0.0%	12.5%	0.0%	0.0%	2.8%
廉政署設立	4.2%	0.0%	0.0%	0.0%	0.0%	2.8%
廢除死刑	4.2%	0.0%	0.0%	0.0%	0.0%	2.8%
質詢人次總和	24	3	8	1	0	36

資料來源：作者整理自國會圖書館網站（2016）。

　　如表10-10所示，在陳聰明檢察總長被提名人的資格審查會議當中，最受到關注的議題是總長的私人品格與條件議題，該議題有高達61.1%的質詢人次，均有提及。其次，則是特偵組組成的議題，該議題有25%的質詢人次當中被提及，是所有議題當中次高的。至於在檢察總長的職權議題方面，亦有22.2%的質詢人次提及，是各議題當中第三高。

　　很明顯的，由受到重視的前三個議題觀之，陳聰明相較於謝文定的資格審查，是有相當大的差異。尤其是在個人品格這一個議題，在謝文定的資格審查當中，是一個相對冷門的議題，但在陳聰明的資格審查當中，卻是一個極為熱門的議題。雖然，並非所有質詢的委員，均對於陳聰明檢察總長被提名人的品格或條件，抱持著質疑或是否定態度，亦有委員是當面誇讚。

　　但事實上已經由此可以看出，陳聰明檢察總長被提名人，其個人的品格與條件，在立法院的聯席委員會資格審查會議，就已經成為極為熱門，且是充滿爭議的議題。雖然，後來陳聰明檢察總長被提名人，還是順利獲得立院過半數委員的支持，進而成為第一位獲得國會同意而出任的檢察總長。但是最後陳聰明檢察總長，確實也是因為人際交往等問題遭到監察院彈劾，而請辭下台。

　　所以，從立院審查時就已經成為爭議性議題的總長私人品格與條件議題，以及最後導致陳總長下台因素相互對照。其實我們可以認為，立法院早在聯席委員會的資格審查，就已經揭露出陳聰明總長，未來所可能會出現的爭議，以及作為一個檢察總長，未必得宜之處。不過，可惜的是，人品與條件是否有爭議，似乎對於立法院院會行使同意權，沒有太大的影響。這樣的情況，若是對照謝文定總長被提名人的立法院聯席委員會的資格審查，就更加明確的被突顯。

　　由這樣的情況，事實上我們多少已經可以認定，所謂的立法院聯席委員會檢察總長被提名人的資格審查會議，似乎僅是徒具形式意義的一個過程。那麼，在黃世銘總長被提名人的資格審查會議，又呈現出什麼樣的情況呢？以下，就以表10-11加以呈現。

表10-11　檢察總長聯席審查質詢議題（黃世銘）

議題	KMT	DPP	無	總和
廢除死刑	47.4%	28.6%	0.0%	39.4%
檢察總長特質與角色	31.6%	28.6%	0.0%	30.3%
檢察濫權（起訴、上訴、羈押等）	26.3%	28.6%	0.0%	27.3%
偵查不公開	15.8%	21.4%	0.0%	18.2%
特偵組調整與存廢	26.3%	7.1%	0.0%	18.2%
不適任檢察官評鑑退場	21.1%	14.3%	0.0%	18.2%
檢察中立	0.0%	35.7%	0.0%	15.2%
總長退場	21.1%	0.0%	0.0%	12.1%
檢察入憲與定位	10.5%	7.1%	0.0%	9.1%
推動速偵速審	5.3%	14.3%	0.0%	9.1%
非常上訴	5.3%	14.3%	0.0%	9.1%
法院審級職能調整（一、二審）	5.3%	7.1%	0.0%	6.1%
人民司法信心重建	0.0%	7.1%	0.0%	3.0%
廉政署設立	5.3%	0.0%	0.0%	3.0%
總長部長關係	5.3%	0.0%	0.0%	3.0%
原住民司法官、法庭	5.3%	0.0%	0.0%	3.0%
質詢人次總和	19	14	0	33

資料來源：作者整理自國會圖書館網站（2016）。

　　如表10-11所示，在檢察總長被提名人黃世銘的立院聯席委員會資格審查會議，最為受到關注的議題是廢除死刑的問題，有39.4%的質詢人次，提到這個議題。廢除死刑此一議題，雖然在謝文定、陳聰明等兩位被提名人的審查會議，也均有被提及，但皆非是熱門議題。而之所以在這一次的資格審查會議當中，一舉成為最受到關注的議題，關鍵在於法務部長王清峰，才剛為了堅持不執行死刑，且主張廢除死刑，並在發表公開信之後，連夜被行政院宣布請辭獲准。

　　因此，在該次黃世銘總長被提名人的資格審查會議當中，身兼法務部代理部長、法務部政務次長，以及是檢察總長被提名人的黃世銘，才會在該次的資格審查審查會議當中，一再的被詢問關於廢除死刑的議題。而在檢察總長的特質與角色此一議題，也有30.3%的質詢人次，提到該議題，是所有議題當中次高的。至於，關於檢察濫權的議題，則有27.3%的質詢人次，提到這一個議題，是所有議題當中排名第三的。

　　此外，值得注意的是，關於檢察總長私人品格與條件的議題，在這次的審查會議當中，並沒有被任何一個朝野立委提出。這樣的情況，若和謝文定、陳聰明的資格審查會議加以對照，一個可能的解釋，不外是黃世銘檢察總長被提名人，確實在私人品格方面，並沒有可以讓朝野立委質疑之處。不過，即便如此，黃世銘總長，卻也捲入政治紛擾當中，並遭到台北地院判刑，因而在表示「悲憤莫名」的情況下，請辭下台的檢察總長。

　　所以，由以上的討論我們更可以發現的是，即使一個人格操守均未能被挑剔的檢察總長被提名人，在成為可以直接掌控特別偵查組，且被節制可能性極低的檢察總長之後，也未必能夠保證不會捲入政治紛擾當中。

柒、結論

　　為了探究是制度設計缺陷，或所託非人，還是有其他因素，讓備受期待的檢察體系最高層（檢察總長陳聰明、黃世銘、特偵組），不但沒能超然獨立有所作為，反而不斷的陷入各種紛擾，且引來各種非議。本文透過以上的分析與探究之後，得到以下幾點結論。

一、檢察體系的轉型

　　首先，從2006年法院組織法的修法之後，檢察體系出現空前的結構性變革，原本受到行政權宰制的檢察總長，不但在國會同意的背書之下，

獲得民意基礎，同時更掌控四席檢察官人事審議委員會委員，大幅擴張在檢察體系內的影響力。此外，該次修法又在最高檢察署設立了特別偵查組，更使其直接隸屬於檢察總長，且人員均由檢察總長選任。一時間原本有將無兵，位高但未必權重的檢察總長，實質上成為檢察體系當中，不論是檢察人事，或是重大個案偵查，在檢察王國當中無人可及的職位。

此外，於該次法院組織法的修改，也讓檢察官人事審議委員會，取得了法律上的地位，而由檢察官票選產生的人審會委員，亦在17席檢審會委員當中，占有過半的9席委員。這樣的制度設計，也讓整個檢察體系，由原本受到行政權操控的制度型態，轉變成為有能力自主管理的狀態。整體而言，2006年法院組織法的修法，使得我們的檢察體系已經由原本受制於行政權的「壓抑／依賴型」轉變成為「統合自主型」的檢察體系。

那麼，可以預期的是，隨著制度型態的轉變，一個原本高度向行政權負責的檢察體系，將會逐漸展現出以自身利益或是價值追求為主要目標的體系。然而，這樣的檢察體系，是否能夠符合社會的期待，以及對這個社會帶來正面的影響，則是一個有賴後續發展，以及被加以觀察與追蹤的議題。

二、「誰監督監督者」的制度困境

其次，除了整個檢察體系的型態轉變之外，另一個值得我們重視，且已經浮現出「誰監督監督者」困境的，即是2006年法院組織法修改當中，成為最大贏家的檢察總長。檢察總長在這一波的制度變革當中，權力獲得了大幅度的擴張，一舉握有特別偵查組，同時也可以影響檢察人事，但除了國會的同意權行使之外，制度上未有相關配套機制，可以在實質上相對應的節制檢察總長，所擁有的權力。

而這樣的權力結構，所存有的問題，正如蔡碧玉（2009：16-17）指出的：特偵組設於最高檢，使得檢察總長指揮監督缺乏緩衝，除了必須要直接面對外界壓力，更無法以總長的高度統籌指揮。而檢察一體的審級監

督，更因為沒有上級機關，而無從發揮。更為嚴重的是，當檢察總長與特偵組檢察官利害與共時，那就更難期待內部監督的可能性。

　　制度設計缺陷，使得原本被期待要能夠超然獨立的檢察總長，不論其是否獨立，事實上就幾乎不可能被認為是超然的。因為特偵組的一切偵查作為，必然是被認定與檢察總長有所關聯。而在辦案能量、人力物力有限的情況下，特偵組更不可能同時滿足來自各方的期待。所以，在這樣的制度結構下，檢察總長與特偵組，就逐漸走向非議不斷，輿論評價日益低落的處境。

　　當然，若是檢察總長或者特偵組有任何可以遭到非議的言行，或者是案件偵辦的瑕疵，那麼就更不可能期待檢察總長與特偵組能夠獲得輿論的肯定以及民意的支持。而隨著時間的推移，可能產生的會是一個在特定時間點或案件偵辦上，受到特定對象支持，或者根本就沒有任何人肯定的檢察總長與特偵組。

三、國會角色的省思

　　除了檢察體系的轉變，以及對於檢察總長所呈現的「誰監督監督者」的制度困境之外。另一個值得我們省思的即是，國會在這個制度變革過程當中，所想要扮演的角色，以及實際上扮演的角色。理論上，國會握有檢察總長被提名人的資格審查，以及同意權。所以，相較於以往檢察總長任命權，完全由總統所掌握的時期，國會在新的制度型態下，是有著相當之重要的影響力。

　　但事實上，這種一次性同意之後，即有四年任期保障的授權，基本上就已經大幅度削弱了國會監督檢察總長的可能性。此外，從以上的實證分析我們也可以發現，立法院聯席委員會檢察總長被提名人的資格審查，是一個形式意義大於實質意義的過程。而整個檢察總長的立院同意權行使，更是有著高度的政治折衝與可能的權力交易過程。所以，從過去的經驗看來，我們似乎沒有辦法期待，在這過程當中，立法院會是一個適格的監督者。

四、司法檢察獨立與課責

　　最後，還要特別要強調的是，當我們在急於進行相關司法檢察制度修改的時候，除了強調司法檢察獨立之外，也是有必要同時關注司法檢察課責的重要性，以及實際運作上的可能性。就以2006年法院組織法修法，為了要讓特偵組發揮更大的影響力，刻意將其設置於最高檢察署，並且由檢察總長掌控。但在毫無層級節制的情況下，卻使得這個制度設計，失去內部監督的可能性。而且從後續實際的運作，以及造成的影響觀之，其實這一個當時看似美好且立意良善的制度變革，正如同王金壽（2013）對於混亂的司法改革所下的標題「**良好的意圖是通往地獄之路**」。

參考書目

外 文部分

Breyer, Stephen G. 1996. "Judicial Independence in the United States." *The Saint Louis University Law Journal* 40: 989-996.

Cappelletti, Mauro. 1983. "Who Watches the Watchmen? A Comparative Study on Judicial Responsibility." *The American Journal of Comparative Law* 31, 1: 1-62.

Cross, Frank B. 2003. "Thoughts on Goldilocks and Judicial Independence." *Ohio State Law Journal* 64: 195-219.

Ferejohn, John. 1999. "Independent Judges, Dependent Judiciary: Explaining Judicial Independence." *Southern California Law Review* 72: 353-384.

Larkins, Christopher M. 1996. "Judicial Independence and Democratization: A Theoretical and Conceptual Analysis." *The American Journal of Comparative Law* 44, 4: 605-626.

Ramseyer, J. Mark. 1994. "The Puzzling (In) Dependence of Courts: A Comparative Approach." *The Journal of Legal Studies* 23, 2: 721-747.

Russell, Peter H. 2001. "Toward a General Theory of Judicial Independence." in P. H. Russell and D. M. O'Brien. eds. *Judicial Independence in the Age of Democracy: Critical Perspectives from Around the World*: 1-24. Charlottesville and London: University Press of Virginia.

Shetreet, Shimon. 1985. "Judicial Independence: New Conceptual Dimensions and Contemporary Challenges." in S. Shetreet and J. Deschênes. eds. *Judicial Independence: The Contemporary Debate*: 591-681. Dordrecht and Boston: Martinus Nijhoff.

中文部分

中選會網站。2016。〈歷屆公職選舉資料〉。http://db.cec.gov.tw/histMain. jsp?voteSel=20080101A2。2017/01/15。

王金壽。2007。〈獨立的司法、不獨立的法官？民主化後的司法獨立與民主監督〉。《台灣社會研究季刊》67：1-38。

王金壽。2008。〈司法獨立與民主可問責性：論台灣的司法人事權〉。《台灣政治學刊》12，2：115-164。

王金壽。2013。〈司法改革路迢迢：社會學的觀點〉。http:// twstreetcorner.org/2013/11/04/wangchinshou/。2014/5/27。

王迺嘉、陳睿哲、吳東牧。2012。〈陳瑞仁財團吞噬一切 成為台灣社會大隱憂〉。http://pnn.pts.org.tw/main/2012/05/23/%E3%80%90%E7%89 %B9%E5%81%B5%E7%B5%84%E8%AB%96%E5%A3%87%E3%80% 91%E9%99%B3%E7%91%9E%E4%BB%81%EF%BC%9A%E8%B2%A 1%E5%9C%98%E5%90%9E%E5%99%AC%E4%B8%80%E5%88%87- %E6%88%90%E7%82%BA%E5%8F%B0%E7%81%A3%E7%A4%BE/。 2014/5/27。

全國法規資料庫。2018。〈歷史法規所有條文：法院組織法〉。https://law. moj.gov.tw/LawClass/LawOldVer.aspx?pcode=A0010053。2019/02/25。

全國法規資料庫。2019。〈沿革：法院組織法〉。https://law.moj.gov.tw/ LawClass/LawHistory.aspx?pcode=A0010053。2019/02/25。

朱朝亮。2009。〈我國特別偵查組運作之現況與未來〉。《檢察新論》 5：2-19。

自由時報。2010。〈新任檢察總長　總統提名法務部次長黃世銘〉。 《自由時報》2010/1/25。http://news.ltn.com.tw/news/politics/ breakingnews/324083。2017/01/15。

自由時報。2013。〈洩密案 黃世銘起訴〉。《自由時報》2013/11/2。 http://news.ltn.com.tw/news/focus/paper/727116。2017/01/15。

國會圖書館網站。2016。〈焦點議題〉。https://npl.ly.gov.tw/do/www/ov

erallInter?blockId=3&titleName=%E7%B8%BD%E8%B3%AA%E8%A9%A2。2017/01/15。

張文川、項程鎮。2014。〈洩密給馬鍘王 黃世銘判刑1年2月〉。《自由時報》2014/3/22。http://news.ltn.com.tw/news/focus/paper/727116。2017/01/15。

陳瑞仁。2005。〈高等法院檢察署查緝黑金行動中心預算應予維持〉。http://www.lawtw.com/article.php?template=article_content&area=free_browse&parent_path=,1,1648,&job_id=67678&article_category_id=1590&article_id=31600。2014/5/23。

陳瑞仁。2007。〈輸掉戰役，贏得戰爭〉。http://www.pra-tw.org/view_topic.aspx?t=4936。2008/7/22。

陳銘銘。2003。〈獨力辦特權：談特偵組的特殊性〉。http://www.lawtw.com/article.php?template=article_content&area=free_browse&parent_path=,1,6,&job_id=22378&article_category_id=20&article_id=10913。2014/5/25。

黃忠榮、李明賢、邱燕玲、王寓中、楊國文。2007。〈立院同意 陳聰明出任檢察總長〉。《自由時報》2007/1/19。http://news.ltn.com.tw/news/focus/paper/112268。2017/01/15。

楊國文。2006。〈檢協會票選五人 陳居第四〉。《自由時報》2006/5/27。http://news.ltn.com.tw/news/politics/paper/73645。2017/04/15。

楊國文。2008。〈辦綠不辦藍 陳瑞仁憂辦案群組化〉。《自由時報》2008/11/12。http://www.libertytimes.com.tw/2008/new/nov/12/today-fo4.htm。2017/01/20。

蔡碧玉。2009。〈司改十年的回顧與展望：以檢察改革為中心〉。《檢察新論》6：1-28。

蔡碧玉。2010。〈政治與法律其實密不可分〉。http://politics.ntu.edu.tw/alumni/epaper/no7/no7_11.htm。2014/5/27。

蘋果日報。2006。〈謝文定獲提名檢總〉。《蘋果日報》2006/2/26。http://www.appledaily.com.tw/appledaily/article/headline/20060225/2427934/apples

earch/%E8%AC%9D%E6%96%87%E5%AE%9A%E7%8D%B2%E6%8F%
90%E5%90%8D%E6%AA%A2%E7%B8%BD。2017/07/15。

蘋果日報。2007。〈檢總提名人　被指關說立委〉。《蘋果日報》
2007/1/16。http://www.appledaily.com.tw/appledaily/article/headline/20070116/
3184415/applesearch/%E6%AA%A2%E7%B8%BD%E6%8F%90%E5%90
%8D%E4%BA%BA%E8%A2%AB%E6%8C%87%E9%97%9C%E8%AA
%AA%E7%AB%8B%E5%A7%94。2017/07/15。

蘋果日報。2010。〈司法鐵漢　曾遭買凶追殺〉。《蘋果日報》2010/1/26。
http://www.appledaily.com.tw/appledaily/article/headline/20100126/32259098/
applesearch/%E5%8F%B8%E6%B3%95%E9%90%B5%E6%BC%A2%E6
%9B%BE%E9%81%AD%E8%B2%B7%E5%85%87%E8%BF%BD%E6%
AE%BA。2017/01/15。

國家圖書館出版品預行編目資料

國會立法與國會監督／盛杏湲等著. —— 初
版. —— 臺北市：五南, 2019.04
　　面；　公分
　ISBN 978-957-763-328-6（平裝）
　1.立法　2.國會
　573.6　　　　　　　　　　108003138

1PAY

國會立法與國會監督

主　　編 ― 黃秀端

作　　者 ― 盛杏湲、蔡韻竹、陳進郁、林瓊珠、許恒禎
　　　　　　吳志中、廖達琪、陳月卿、黃秀端、邱禹捷
　　　　　　陳耀祥、陳鴻章、宋秉仁

發 行 人 ― 楊榮川

總 經 理 ― 楊士清

副總編輯 ― 劉靜芬

責任編輯 ― 林佳瑩、許珍珍

封面設計 ― 王麗娟

出 版 者 ― 五南圖書出版股份有限公司

地　　址：106台北市大安區和平東路二段339號4樓

電　　話：(02)2705-5066　　傳　　真：(02)2706-6100

網　　址：http://www.wunan.com.tw

電子郵件：wunan@wunan.com.tw

劃撥帳號：01068953

戶　　名：五南圖書出版股份有限公司

法律顧問　林勝安律師事務所　林勝安律師

出版日期　2019年4月初版一刷

定　　價　新臺幣420元